JN060063

ヤマ場をおさえる
学習評価
深い学びを促す 指導と評価の一体化 入門

小学校

石井英真　鈴木秀幸 編著

図書文化

まえがき

　「指導と評価の一体化」が叫ばれ，指導改善のための評価の重要性が指摘されて久しいですが，それを追求すればするほど，評価が煩雑化し，授業や学びの充実から遠ざかってしまう状況も見られます。そうした状況は，「評価」概念の未整理，「観点別評価」と「指導と評価の一体化」の日本的な捉え方の問題に起因しています。しかし，これまで評価に関する議論は，日本の固有の文脈や問題状況にメスを入れることなく，海外の最新の知見を紹介し，日本版にアレンジすることが中心になりがちでした。また，しばしば評価の専門家は，カリキュラム設計までの話はするけれど，授業論は弱く，授業論を追求する者は，評価の研究には消極的。いわば「よい授業と悪い評価」，あるいは，「精密な評価と面白くない授業」といったように，評価の工夫と授業づくりとの不幸な関係があったように思います。

　日本の教育文化に深く根差した，日常的な授業づくりの蓄積（教師の肌感覚）の上に，海外において，より実践改善を志向するかたちで発展してきた，教育評価研究の最新の知見（体系化された知）を統合すること。豊かな授業づくりの先に評価を必然的に組み込むこと。評価を工夫するからこそ，授業づくりや学びも豊かになること。そんなことを意識しながら本書を編みました。ご寄稿いただいた先生方はまさに授業の匠たちでもあります。

　本書では，「ヤマ場」という，日本の授業づくりでしばしば用いられる言葉を軸に，目指すべき評価のあり方を提起しています。授業・単元のヤマ場と評価場面を重ね合わせる，学びの舞台（見せ場）づくりとして，評価を組織すること。それによって授業づくり・単元づくりと評価実践を豊かなかたちで統合すること。それは，観点別評価の本来のあり方であると共に，「真正の評価」「パフォーマンス評価」をはじめとする，近年の新しい評価の方法の根っこにある考え方を生かすことでもあります。

　真正の評価やパフォーマンス評価の発想の原点は，学習発表会，まさに「見せ場（exhibition）」にあります。そして，見えにくい学力，高次の学力を真に育てていく上では，学校の共同体としての意味に注目することが有効です。すなわち，学校生活（暮らし）を土台にした学びであるからこそ，人間的成長にもつながる学びや長期的な変容がもたらされるのであって，行事などを見ると分かるように，長いスパンでの成長は節目によってもたらされるのです。学びの舞台や見せ場への注目は，学びの節目づくりの試みでもあります。

　これまでの評価に関する書籍からすると一風変わった本書が，「やればやるほど疲弊する評価」ではなく，「やればやるほど子供や教育への理解が深まり，教師の仕事の手応えにつながる評価」への道を拓くきっかけとなることを願っています。

　本書の刊行にあたっては，図書文化社の皆さま，とりわけ大木修平氏・佐藤達朗氏には多大なるご尽力をいただきました。心より感謝申し上げます。

2021年6月

石井　英真

目次

section 6. 「主体的に学習に取り組む態度」の評価

第2部. 教科における 指導と評価の計画と評価例

第3部. 学習評価のそもそもとこれから

付　録. 評価規準に関する資料

本書の用語表記について（凡例）

答　申
>> 幼稚園，小学校，中学校，高等学校及び特別支援学校の学習指導要領等の改善及び必要な方策等について（答申）（中教審第197号）（平成28年12月21日，中央教育審議会）
http://www.mext.go.jp/b_menu/shingi/chukyo/chukyo0/toushin/1380731.htm

報　告
>> 児童生徒の学習評価の在り方について（報告）（平成31年１月21日，中央教育審議会初等中等教育分科会教育課程部会）
http://www.mext.go.jp/b_menu/shingi/chukyo/chukyo3/004/gaiyou/1412933.htm

通　知
>> 小学校，中学校，高等学校及び特別支援学校等における児童生徒の学習評価及び指導要録の改善等について（通知）（30文科初第1845号）（平成31年３月29日，文部科学省初等中等教育局）
http://www.mext.go.jp/b_menu/hakusho/nc/1415169.htm

新学習指導要領
>> 平成29・30年改訂学習指導要領
http://www.mext.go.jp/a_menu/shotou/new-cs/1384661.htm

参考資料
>> 「指導と評価の一体化」のための学習評価に関する参考資料（小学校編／中学校編）

ハンドブック
>> 学習評価の在り方ハンドブック（小・中学校編）
https://www.nier.go.jp/kaihatsu/shidousiryou.html

その他関連資料
>> 学習指導要領の趣旨の実現に向けた個別最適な学びと協働的な学びの一体的な充実に関する参考資料
https://www.mext.go.jp/a_menu/shotou/new-cs/senseiouen/mext_01317.html

第 **1** 部.

ヤマ場をおさえる学習評価のポイント

学習評価は何のために

9

そもそも学習評価とは何か

「見取り」「評価」「評定」の違いとは——「評価」が意味するもの

　「評価」という言葉を聞いて何をイメージするでしょうか。些細な仕草からその日の子供の心理状況を感じ取ったり，授業中の子供のつぶやきをキャッチしたり，教師は授業を進めながらいろいろなことが自ずと「見える」し，見ようともしています（**見取り**）。しかし，授業中に熱心に聞いているように見えても，テストをすると理解できていないこともあります。子供の内面で生じていることは，授業を進めているだけでは見えず，そもそも授業を進めながら全ての子供の学習を把握することは不可能です。

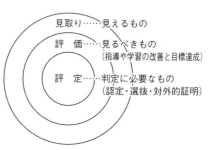

図1　「見取り」「評価」「評定」の違い

　さらに，公教育としての学校には，意識的に「見る」べきもの（保障すべき目標）があります。教える側の責務を果たすために，全ての子供について取り立てて学力・学習の実際を把握したいとき，学びの可視化の方法を工夫するところに「評価」を意識することの意味があります。そして，認定・選抜・対外的証明のために「**評価**」情報の一部が用いられるのが「**評定**」です。
　「評価」という言葉で，この「見取り」「評価」「評定」がごちゃまぜになっていることが，「評価」をすればするほど疲弊し，授業改善から遠ざかるという状況の背景にあります。

「指導と評価の一体化」が「指導の評価化」に陥らないために——教師は何を評価すべきか

　そもそも，「この内容を習得させたい」「こういう力を育てたい」といったねらいや願いをもって，子供に目的意識的に働きかければ，それが達せられたかどうかという点に自ずと意識が向くでしょう。評価的思考は，日々の教育の営みに内在しているのです。
　しばしば「アクティブ・ラーニングや探究的な学びの評価は難しい」という声を聞きますが，それはそうした学びを通して育てたいものの中身，すなわち目標が具体的にイメージできないことが大きいのではないでしょうか。また，**目標が明確でないと，学びの過程を無限定に評価する**ことになり，教師と子供の応答的な関係で自然に見えているものを，「評価」だから客観性がないといけないと**必要以上に記録（証拠集め）**をしてみたり，「評定」のまなざしをもち込んで，**日常的な学びを息苦しくしたりする**ことにつながります（**指導の評価化**）。
　特に，これまでの小・中学校の観点別評価は，毎時間の授業観察で「思考・判断・表現」や「関心・意欲・態度」の表れを見取り，さらには記録する評価として捉えられがちで，授業において教師が評価のためのデータ取りや学習状況の点検に追われる事態が生じていました。「指導と評価の一体化」の前に，「目標と評価の一体化」を追求することが必要であり，学び丸ごと（子供が学校外の生活も含めたどこかで学びえたもの）ではなく，**目的意識的に指導したこと（学校で責任をもって意図的に教え育てたこと）を中心に評価する**ことが重要です。

そもそも観点別評価とは何か

なぜ,観点別に学力を捉えるのか――観点別評価の源流

　今回の学習評価改革における大きな変化の一つは,小・中学校で実施されている観点別評価を高校でも本格的に実施することです。高校からは不安の声も聞かれますが,その不安の中身をよく聞いてみると,毎時間のきめ細やかな授業観察を通じて「主体性」等を評価するものとして,観点別評価が捉えられているようです。

　こうした「観点別評価」のイメージは,「関心・意欲・態度」重視,プロセス重視,「指導と評価の一体化」という名の下に,日本の小・中学校に特殊なかたちで根付いていったものです。本来,観点別評価は,目標や学習成果について語る共通言語を提供しようとした目標分類学（タキソノミー）の研究にルーツをもちます。それは,**目指す学力の質の違いに合わせて多様な評価方法の使用を促す点に主眼があり,1学期や1単元といったスパンで考えるべきもの**です。知識の暗記・再生ならペーパーテストで測れますが,意味理解や応用力を測るには,論述式問題やレポートを用いるなど,評価方法を工夫せねばなりません。

　本来の観点別評価のあり方をイメージするには,例えば,大学の各科目の成績評価を思い浮かべるとよいでしょう。ペーパーテストや授業中・授業後のレポート課題などの評価方法とその割合がシラバスに記載されており,前者で「知識・技能」を,後者で「思考・判断・表現」を評価することが暗黙に想定されています。

　さらに言えば,主体性などの情意領域を含まない観点別評価もあり得ます。それどころか,評価研究の中では「情意領域の評定は慎重であるべき」と指摘されています。

評価疲れの背景――形成的評価と総括的評価の混同

　観点別評価が「指導の評価化」と負担感を生み出している背景には,**総括的評価［学習状況の判定（評定）のための評価］と形成的評価［指導を改善し子供を伸ばすための評価］の混同**があります。思考力・判断力・表現力を形成するためには子供の活動やコミュニケーションを丁寧に見守り観察（評価）しなければならないのは確かですが,それは形成的評価として意識すべきものです。

　総括的評価では,子供一人一人について,確かな根拠を基に客観的に評価することが求められます。いっぽう形成的評価なら,指導の改善につながる程度の厳密さで,ポイントになる子供を机間指導でチェックし,子供たちとのやり取りを通して,理解状況や没入度合などを直観的に把握するので十分です。

　このように,形成的評価と総括的評価を区別することで,評価に関わる負担を軽減することができます。また,もともと授業の中で無自覚に行われてきた子供の学習状況の把握場面を形成的評価として意識することは,授業改善につながるでしょう。

どのような学力を育てるのか

学力の質に応じた評価方法の工夫——学力の三層構造を手がかりに

　新たな三観点による評価のあり方について，「知識・技能」において事実的で断片的な知識の暗記再生だけでなく概念理解を重視すること，「主体的に学習に取り組む態度」を授業態度ではなくメタ認知的な自己調整として捉え直し，「知識・技能」や「思考・判断・表現」と切り離さずに評価することなどが強調されています。全ての観点において，思考・判断・表現的な側面が強まったように見えますが，そこで目指されている学力像を捉えて評価方法へと具体化していく上で，学力の三層構造を念頭に置いて考えてみるとよいでしょう。

　目標分類学の研究成果を概括すれば，**教科の学力の質は右記の三つのレベルで捉える**ことができます（図２）。個別の知識・技能の習得状況を問う「**知っている・できる**」レベル（例：三権分立の三権を答えられる）であれば，穴埋め問題や選択式の問題など，客観テストで評価できます。

　しかし，概念の意味理解を問う「**わかる**」レベル（例：三権分立が確立していない場合，どのような問題が生じるのかを説明できる）については，知識同士のつながりとイメージが大事で，ある概念について例を挙げて説明させたり，構造やイメージを絵やマインドマップに表現させてみたり，適用問題を解かせたりしないと判断できません。

「使える」レベルの学力と「真正の学習」の実現へ

　さらに，実生活・実社会の文脈における知識・技能の総合的な活用力を問う「**使える**」レベル（例：三権分立という観点から見たときに，自国や他国の状況を解釈し問題点などを指摘できる）は，実際にやらせてみないと評価できません。実際に思考を伴う実践をやらせてみて，それができる力（実力）を評価するのがパフォーマンス評価です。

　社会に開かれた教育課程や資質・能力ベースをうたう新学習指導要領が目指すのは，「**真正の学習：authentic learning**（学校外や将来の生活で遭遇する本物の，あるいは本物のエッセンスを保持した活動）」を通じて「使える」レベルの知識とスキルと情意を一体的に育成することなのです。

　「社会に開かれた教育課程」，いわば各教科における「真正の学習」を目指す方向で，対話的な学びと主体的な学びを，対象世界の理解に向かう深い学びと切り離さずに，統合的に追求していく。これにより，「できた」「解けた」喜びだけでなく，内容への知的興味，さらには自分たちのよりよき生（well-being）とのつながりを実感するような主体性が，また，知識を構造化する「わかる」レベルの思考に止まらず，他者と共にもてる知識・技能を総合して協働的な問題解決を遂行していけるような，「使える」レベルの思考が育っていく。その中で，内容知識も表面的で断片的なかたちではなく，体系化され，さらにはその人の見方・考え方として内面化されていくのです。

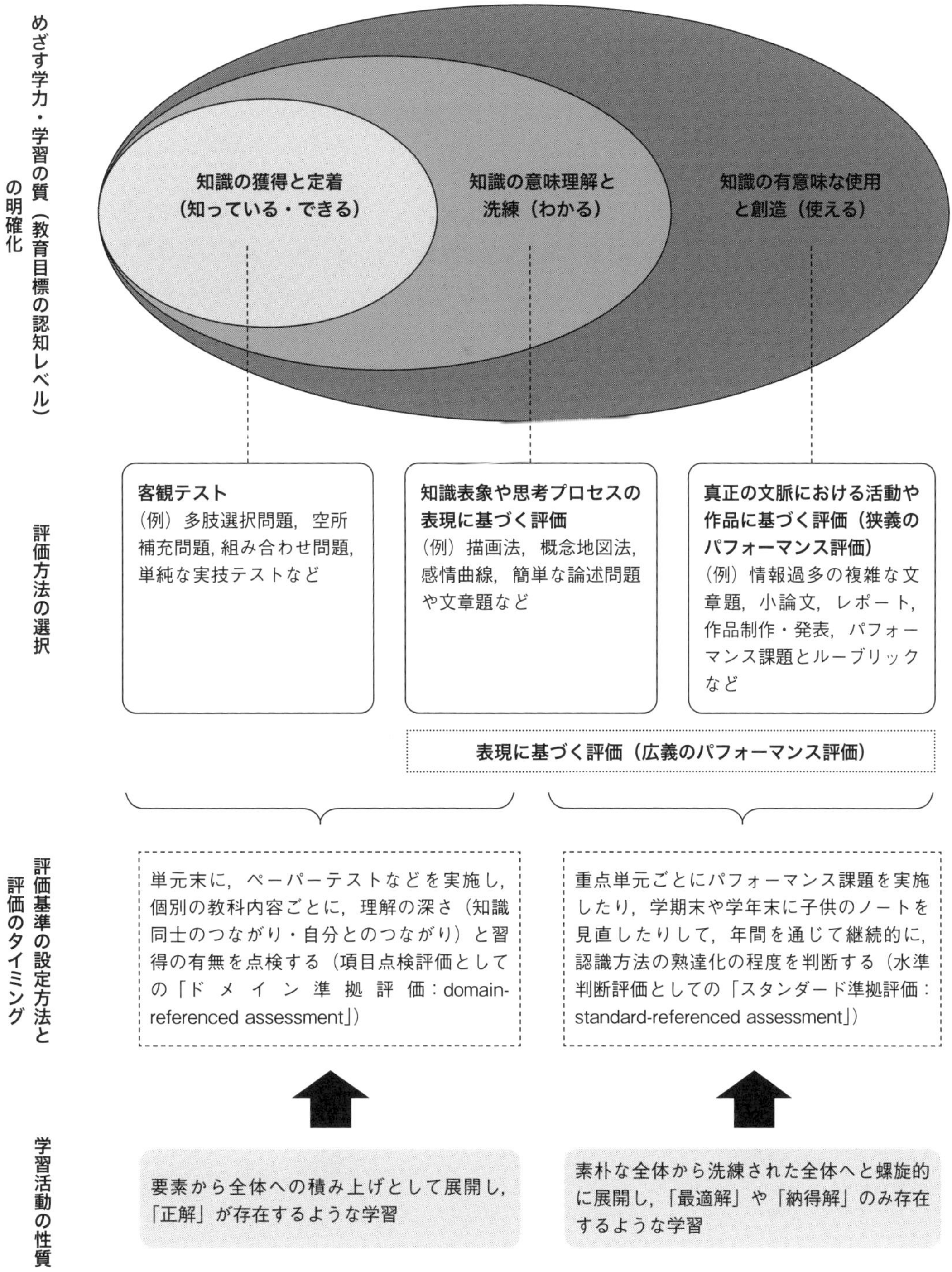
めざす学力・学習の質の明確化（教育目標の認知レベル）
知識の獲得と定着（知っている・できる）
知識の意味理解と洗練（わかる）
知識の有意味な使用と創造（使える）
評価方法の選択
客観テスト
（例）多肢選択問題，空所補充問題，組み合わせ問題，単純な実技テストなど
知識表象や思考プロセスの表現に基づく評価
（例）描画法，概念地図法，感情曲線，簡単な論述問題や文章題など
真正の文脈における活動や作品に基づく評価（狭義のパフォーマンス評価）
（例）情報過多の複雑な文章題，小論文，レポート，作品制作・発表，パフォーマンス課題とルーブリックなど
表現に基づく評価（広義のパフォーマンス評価）
評価基準の設定方法と評価のタイミング
単元末に，ペーパーテストなどを実施し，個別の教科内容ごとに，理解の深さ（知識同士のつながり・自分とのつながり）と習得の有無を点検する（項目点検評価としての「ドメイン準拠評価：domain-referenced assessment」）
重点単元ごとにパフォーマンス課題を実施したり，学期末や学年末に子供のノートを見直したりして，年間を通じて継続的に，認識方法の熟達化の程度を判断する（水準判断評価としての「スタンダード準拠評価：standard-referenced assessment」）
学習活動の性質
要素から全体への積み上げとして展開し，「正解」が存在するような学習
素朴な全体から洗練された全体へと螺旋的に展開し，「最適解」や「納得解」のみ存在するような学習

図 2　学力・学習の質と評価方法との対応関係（石井，2020b）

当事者から見た学習評価の現状と課題

　新しい時代に必要となる資質・能力と整合する学習評価がスタートしました。当事者である子供たち・教員たちはその評価の転換をどのように受け止めているのでしょうか。また，形成的評価，学習のための評価や学習としての評価は機能しているのでしょうか。インタビューの記録を紹介します。

▶ 当事者のホンネと願い[注]

【子供の声】

　インタビューに協力してくれた子供たちが共通して語っていたのは，「観点別評価をほとんど見ていない」「通知表を見ても何を頑張ったらいいかよくわからない」ということでした。

Q　通知表を見て，自分の学習上の成果と課題がわかり，さらに，頑張ろうという気持ちになりますか？

A　・通知表で目が行くのは，3,2,1やA,B,Cが何個あるかです。通知表をもらうとき，担任の先生がいろいろ説明してくれますが，正直，よくわからないです（小6児童）

　　・何を頑張ったら△や○が◎になるのかわかりません。△が多いと泣きそうになります（小4児童）

　　・評価にCがあれば「何でだろう」と一瞬思うけれど，5段階の評定しか見ていないです。だって，進路の面談などでも評定があれば話が進められるじゃないですか（中3生徒）

【教員の声】

　小・中学校とも，「主体的に学習に取り組む態度」の評価に対する困難さや，その結果，妥当性・信頼性に自信がもてないこと，また，3観点の構造（枠組み）への疑問などが語られました。

Q　3観点の学習評価を実施した感想をお願いします。（中学校の先生は実施を控えての疑問や不安などがあれば教えてください）

A　・"主体的に学習に取り組む態度"の評価が難しいです。文科省の資料（報告や通知，ハンドブック，参考資料）を使った研修を受けましたが，評価方法がわかりません。理解したことは，各教科の目標との関係で評価すること，単元・領域末や学期・学年末など長期的スパンで評価すること，挙手の回数やノートなどの提出率での評価はダメ，各観点をCCA，AACにしてはいけない，ということだけです。

　　・粘り強い取組みや自己調整，レジリエンシーやメタ認知の重要性はわかるのですが，発達段階によっても異なるし，いざ評価となると何を資料としたらいいのか……。結局これまでの関心・意欲・態度と同じような資料で評価するほかありませんでした。

　　・"主体的に学習に取り組む態度"の育成は大切だと思いますが，評定に入れる必要はあるの

でしょうか。思考・判断・表現等の観点と一体的に評価するものと聞いて，この観点で評価することは本当に必要なのかと思ってしまいます。

・国語で言えば，関心・意欲・態度，話す・聞く能力，書く能力，読む能力，言語についての知識・理解・技能だったのが，他教科と共通の3観点となりました。子供たちに，本当に国語の力が育ったのか見えづらくなったと思います。

・育成すべき資質・能力の三つの柱で観点も整理されましたが，学習の内容・活動によっては，3観点にまたがって評価することも考えられると思います。また，"知識"と"技能"を一つの観点として捉えるのが難しい教科もあります。

・考えれば考えるほど，3観点を区別して評価することが難しかったです。どの観点で評価すればよいかも手探りでした。

・教育委員会の説明では，「3観点の重み付けは33%ずつでよい」とのことでしたが，困ってしまいました。特に「主体的に学習に取り組む態度」の評価はまだ手探り状態ですし，総括におけるウエイトを低くしたいのが，正直な気持ちです。

・教員としては観点別学習状況の評価こそ見て欲しいのに，子供たちは評定しか見ていないのが実態だと思います。通知表に評定は必要でしょうか。

・学習評価に膨大な時間がかかります。所見（文章記述）の種類も多く（道徳，総合的な学習の時間，外国語活動，総合所見など）学期末や学年末は事務作業で倒れそうです。本当はもっと丁寧にコメントを書きたいのですが……。

▶ 子供を"主語"にした評価へ

　インタビューに協力してくれた子供たちから出された「どうしたらAになるのですか？」という問いと，A基準として目指すべき具体的な姿が不鮮明なことは，関係があるように思います。目標と評価は別物ではなく，表裏の関係で，「目標と指導と評価」の三位一体化こそが求められています。いっぽうで心強いことに，コロナ禍においても，「今，"単なるまとめ"とは違う，深い"省察レベル"の振り返りをどう具体化するかに取り組んでいます」「評価を単元全体で考えていくという意識が確実に高まっています」「1回の授業を振り返るだけではなく，単元や題材を通した子供の変容をどう捉えるかの視点での授業研究に切り替わりました。1時間単位の学習指導案も廃止されました」など，新しい学習評価を基にした教育実践に精力的に取り組んでいる教員の声を聞くことができました。

　教員経験が何年であろうと学習評価には悩みます。それは子供たちも同様です。進路選択の局面だけではなく，その後の人生や人間関係にも影響を及ぼすことへの不安があることを，当事者のホンネから感じます。あらためて，子供たちを"主語"にした学習評価を追究することで，子供たちに納得と励まし，意味と共感を与え，自らの成長の手応えが感じられる学習評価を届けたいものです。また，これまでの「評価する人と評価される人」の関係から一歩踏み出し，子供と学習評価の問題を考える機会をつくっていくことが大切です。各学校や地域で，学習評価の協働的・実践的研究を深め共有し，子供の「希望と未来」につながる学習評価を創り上げたいものです。

注：インタビュー時期は，2021年3月下旬～4月上旬。子供からは，保護者の協力のもとで，率直な声を聞くことができました。教員は，京都府下の小・中学校の先生方と私（盛永）の所属する研究会（「学校改革フォーラム」）の全国各地の会員に協力をいただきました。記して感謝申し上げます。

section 2

ヤマ場って何だろう

なるほど、教えたことがいまいち定着していない気がする…か

はい…あの子ならもっとうまくやれると思うんです

しっかり教材研究もして、楽しく力も付く授業をしてるつもりなのに…

例えばどんなことをしているの？

うーん…例えば授業の始めに、子供に単元のポイント（学習課題）と見通しを意識させる…とか

この単元ではここを目指すよー！

GOAL

いいじゃない！

あとは、教師も子供もヤマ場を意識しながら学習を進めることも大切かな！

あ、また！

あの！

さっきから言ってる"ヤマ場"ってなんですか!?

ヤマ場とは何か

「ドラマ性」がもたらす豊かで質の高い学び──よい授業とは

授業という営みは，教材を介した教師と子供との相互作用の過程であって，始めから終わりまで一様に推移するものではありません。それゆえ，授業過程で繰り広げられる教師と子供の活動内容からは，時間的推移に沿って一定の区切りを取り出すことができます［例えば「**導入－展開－終末（まとめ）**」といった教授段階］。すぐれたドラマや演奏に，感情のうねり，展開の緩急，緊張と弛緩などの変化があり，それが人々の集中を生み出したり，心を揺さぶったり，経験の内容や過程を記憶に焼き付けたりします。そして，すぐれた授業にも，これと同じ性質が見られます。

授業という営みは，教育の目的の追求や目標の合理的な達成に関わります（授業の技術性）。他方でそれは，それぞれに個性をもった子供が複雑に相互作用しながら，教師の意図からはみ出して学習が展開したり，張り詰めた集中や空気の緩みなど，一定のリズムをもって展開したりする，遊び的で生成的な経験です（**授業のドラマ性**）。それゆえに，授業は，内容習得などの「見えやすい学力」にとどまらず，深い理解や創造的思考力（見えにくい学力），さらには，学びの経験や意味も含んで，裾野の広い発展性のある学力を育てる機会となり得るのです。その授業が「よい授業」であるかどうかは，「結果として子供に何がもたらされたか（学力の量と質）」のみならず，「学びの過程自体がどれだけ充実していたか（没入・集中の成立，および，教師や子供が共に学び合っている感覚や成長への手応えの実感）」からも判断されるものです。

授業における「ヤマ場」の重要性──追究心のピークをつくる

授業は，教科書通りに流すものや，脈絡なく課題をこなし続けるものではありません。リズムや緩急やヤマ場があり，ストーリー性をもって局面が展開するものとして捉えるべきです。ゆえに，「展開」段階においては，「**ヤマ場（ピーク）**」を作れるかどうかがポイントになります。

授業は，いくつかの山（未知の問いや課題）を攻略しながら，教材の本質に迫っていく過程です。この山に対して，教師と子供が，もてる知識や能力を総動員し，討論や意見交流を行いながら，緊張感を帯びた深い追究を行えているかどうかが，授業のよしあしを決定する一つの目安です。

しばしば，「授業において『導入』がいのち」と言われますが，それは「『導入』段階で盛り上げる」こととは異なります。盛り上がった先は盛り下がるだけですから，「導入」段階ではむしろ，子供の追究心に静かに火を付けることのほうが大事です。知的な雰囲気と学びの姿勢を形成し，学びのスタート地点に子供を立たせることに心を砕くべきです。

そして，**ヤマ場（「展開」段階）に向けて子供の追究心をじわじわ高め，思考を練り上げ，「終末」段階において，教えたい内容を子供の心にすとんと落とします。**このように，ヤマ場を軸にした学びのストーリーを描くことが授業づくりでは重要なのです。さらに言えば，そうした授業レベルでは意識されてきたヤマ場を軸にした学びのストーリー性を，単元レベルでも意識するとよいでしょう。

ヤマ場のある授業を
どうつくるか

ポイント① メインターゲットの明確化──目標と評価の一体化

　授業づくりにおいては「ヤマ場」が大事だと言われてきました。このヤマ場づくりを，目標づくり・評価づくりとつなげることで，**何かが起こりそうなワクワク感があって，子供にとっても教師にとっても楽しく，かつ学習成果にもつながる授業**をつくることができます。すなわち，日々の授業において，「目標と評価の一体化」と「ドラマとしての授業」の二つの発想を大事にするわけです。

　「**目標と評価の一体化**」とは，メインターゲット（授業の中核目標）を絞り込んだ上で，授業後に子供に生じさせたい変化（行動・ことば・作品など）を想像して，**具体的な子供の姿で目標を明確化する**ことを意味しています。

　例えば，「植物の体のつくりと働きについて理解している」といった記述からは，指導のポイントは明確になりません。そこで授業者は，そこから一歩進めて，**「植物の体のつくりと働きを理解できた子供の姿（認識の状態）とはどのようなものか」「そこに至るつまずきのポイントはどこか」と具体的に考える**ことが必要です。指導案で詳細に記述しなくても，仮にそうした問いを投げかけられたときに，「『チューリップにタネができるか』と尋ねられたなら，『花が咲く以上，その生殖器官としての機能からして必ずタネはできる』と考えるようになってほしい」といったように，答えられる必要があるでしょう。すなわち「それをどの場面でどう評価するのか」「子供が何をどの程度できるようになればその授業は成功と言えるのか」と，計画段階で事前に評価者のように思考するわけです。毎時間の「まとめ」を意識し，それを子供の言葉で想像してみてもよいでしょう。

　このように，**授業のプランを練る際には，一貫して学習者の視点から計画を眺める**姿勢が肝要です。目標は「評価」と，指導言は「子供の反応（思考と行動）」と，板書は「ノート」と一体のもの，という意識をもつことで，授業をリアルに想像する力が育っていきます。そして，授業過程で学習者の多様な意見を受け止める応答性を高めることにもつながるのです。

ポイント② ヤマ場の設定──ドラマとしての授業

　目標と評価を一体的に明確化したなら，シンプルでストーリー性をもった授業（**ドラマとしての授業**）を組み立てることを意識します。一時間の授業のストーリーを導く課題・発問を明確にすると共に，目標として示した部分について，思考を表現する機会（子供たちの共同的な活動や討論の場面）を設定し，それを評価の機会として意識するわけです。

　グループ活動や討論は，授業のヤマ場をつくるタイミングで取り入れるべきでしょうし，どの学習活動に時間をかけるのかは，メインターゲットが何かによって判断します。何でもかんでもアクティブにするのではなく，**メインターゲットに迫るここ一番で学習者に委ねる**わけです。目標を絞ることは，あれもこれもとゴテゴテしがちな授業をシンプルなものにする意味をもち，ドラマのごとく展開のある授業の土台を形成するのです。

ポイント③ 形成的評価の設定——思考し表現する活動を軸に

　学習者に委ね活動が展開される場面は，**形成的評価の場面**として位置付け，「意図した変化が生まれているかを見取る機会・資料（例：机間指導でノートの記述を確認する）」と「基準（例：△△ができてれば OK，××だとこのように支援する）」を明確にします。その際，「限られた時間の机間指導で全ての子供の学びを把握しよう」とか，ましてや「全ての過程を記録しよう」などとは思わないでください。「この子がわかっていたら大丈夫」といった具合に当たりを付けるなどして，「授業全体としてうまく展開しているか」を確かめるようにするとよいでしょう。

　いっぽうで，「思考の場」としてのノートやワークシートなどを意識します。目標に即して子供に思考させたい部分を絞り，そのプロセスをノートに残すなどすることで，授業後に子供一人一人の中で生じていた学びをざっくり捉えることもできるでしょう。

　あらかじめ目標を明確化するからといって，目標に追い込む授業にならないよう注意が必要です。**目標に準拠しても目標にとらわれない評価**を意識しましょう。「教えたいものは教えない」という意識が大切です。何を教えるかよりも，何を教えないか（子供自身につかませるか）を考えるわけです。また，計画すること自体に意味がある（見通しを得るために綿密に計画を立てる）のであって，子供の思考の必然性に沿って臨機応変に授業をリデザインしていくことが重要です。事前に「まとめ」を明確化しても，教師の想定を超える「まとめ」が生まれることを目指すとよいでしょう。

ポイント④ 見せ場の設定——「豊かな授業と貧弱な評価」を超える

　試合，コンペ，発表会など，現実世界の真正の活動には，その分野の実力を試すテスト以外の舞台（**見せ場：exhibition**）が準備されています。そして，本番の試合や舞台のほうが，それに向けた練習よりも豊かでダイナミックです。

　しかし，学校での学習は，豊かな授業（練習）と貧弱な評価（見せ場）という状況になっています。「思考・判断・表現」などの「見えにくい学力」の評価が授業中のプロセスの評価（観察）として遂行される一方で，単元末や学期末の総括的評価は，依然として「知識・技能」の習得状況を測るペーパーテストが中心です。そうした既存の方法を問い直し，「見えにくい学力」を新たに可視化する評価方法（舞台）の工夫は十分に行われているとは言えません。ものさし（評価基準表）が作られるものの，それを当てる**「見せ場」が準備されていない状況**が，**「指導の評価化」**と**「評価の多忙化」を生み出している**のです。

　課題研究での論文作成・発表会や教科のパフォーマンス課題など，**育った実力が試され可視化されるような学びの舞台**を設定していくことが重要です。時には協働で取り組むような挑戦的な課題を単元末や学期末に設定し，その課題の遂行に向けて子供たちの自己評価・相互評価を含む形成的評価を充実させ，より豊かな質的エビデンスが自ずと残るようにします。行事などのように，節目でもてるものを使い切る経験を通して，学びは成長へとつながっていくのです。こうして，学びの舞台（見せ場）を軸に単元レベルでもヤマ場をデザインしていく単元構想力が大切なのです。

ヤマ場と見せ場の重ね合わせで単元を豊かに──なぜ評価実践でヤマ場を意識するのか

観点別評価（学びの舞台づくり）で単元設計を見直す
──「使える」レベルの学力の育成へ

　学びの舞台づくり，「見せ場」づくりとして観点別評価を実施していくことは，資質・能力ベースの新学習指導要領が重視する，既存の教科の「当たり前」を問い直す実践につながります。これまでの教科学習では，単元や授業の導入部分で具体例的に生活場面が用いられても，ひとたび科学的概念への抽象化がなされたら，後は抽象的な教科の世界の中だけで学習が進み，元の生活場面に「もどる」（知識を生活に埋め戻す）ことはまれでした。さらに，単元や授業の終末部分では，問題演習など機械的で無味乾燥な学習が展開されがちです。

　これに対して，よりリアルで複合的な現実世界において科学的概念を総合する，「使える」レベルの学力を試す課題を単元や学期の節目に盛りこむことは，**「末広がりの構造」へと単元構成を組み替える**ことを意味します。単元の最初のほうで単元を貫く問いや課題（例：「日本はどの国・地域と地域統合すればよいのだろうか」［地理］，「自分のことで I have a dream that ___. を書く」［英語］）を共有することで，学びの必然性を単元レベルで生み出すこともできるでしょう。そして，「もどり」の機会があることによって，概念として学ばれた科学的知識は，現実を読み解く眼鏡（ものの見方・考え方）として学び直されるのです。

教科の学びの「当たり前」を問い直す──単元設計にも「ヤマ場」を

　従来の日本の教科学習は，知識を問題解決的・発見的に学ばせ，「できる」だけでなく，知識をつないだり構造化したりする「わかる」レベルの思考を育てようとするものでした。

　これに対し，「使える」レベルの思考は，問題解決・意思決定などの応用志向です。その違いに関してブルーム（Bloom, B. S.）の目標分類学では，問題解決という場合に，「適用（application）：特定の解法を適用すればうまく解決できる課題」と「総合（synthesis）：論文を書いたり，企画書をまとめたりと，これを使えばうまくいくという明確な解法がなく，手持ちの知識・技能を総動員して取り組まねばらない課題）」の二つのレベルに分けられています。

　「わかる」授業を大切にしてきた従来の日本で，応用問題は「適用」問題が主流だったと言えます。しかし，「使える」レベルの学力を育てるには，折に触れて，「総合」問題に取り組ませることが必要です。**単元レベルでは「使える」レベルの「総合」問題に取り組む機会を保障しつつ，毎時間の実践では「わかる」授業を展開する**のです。

　このとき，単元における「ヤマ場」を意識することが有効です。「ヤマ場」は授業者の意図として「思考を深めたい」場所，「見せ場」は子供にとって「思考（学習成果）が試される場所」（手応えを得られる機会）です。授業のヤマ場の豊かな学びよりも，テストという貧弱な見せ場に引きずられる状況を超えて，ヤマ場と見せ場を関連付けることで，**子供にとって見せ場となる「舞台」に向けて，単元や授業のヤマ場を構想**していくことが重要です。

section 3

重点化と学びの舞台

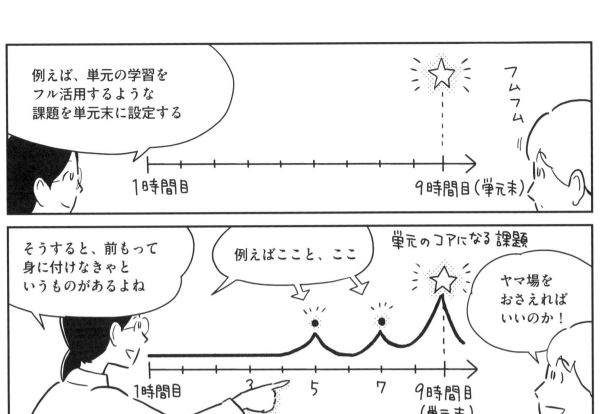

逆向き設計を生かす
——学びの舞台をどうつくるか①

「逆向き設計」の考え方

　ウィギンズ（Wiggins, G.）らの「**逆向き設計（backward design）**」論は，「目標と評価の一体化」の一つのかたちであり，次のような順序でカリキュラムを設計します。①子供に達成させたい望ましい結果（教育目標）を明確にする。②そうした結果が達成されたことを証明する証拠（評価課題，評価基準）を決める。③学習経験と指導の計画を立てる。いわば，**メインターゲットを明確化し，子供の学びの実力が試される見せ場（舞台）に向けてカリキュラムを設計する**わけです。

　逆向き設計論では特に，細かい知識の大部分を忘れてしまった後も残ってほしいと教師が願う「**永続的な理解：enduring understanding**」（例：目的に応じて収集した資料を，表，グラフに整理したり，代表値に注目したりすることで，資料全体の傾向を読み取ることができる）と，そこに導く「**本質的な問い：essential question**」（例：「全体の傾向を表すにはどうすればよいか？」という単元の問い，さらに算数・数学の「データの活用」領域で繰り返し問われる，「不確実な事象や集団の傾向を捉えるにはどうすればよいか？」という包括的な問い）に焦点を合わせ，それを育み評価する**パフォーマンス課題を軸に単元を設計します**。これにより，少ない内容を深く探究し，結果として多くを学ぶこと（less is more）を実現しようとします。

目標の絞り込みと構造化

　「本質的な問い」などを見出す上で，**教科内容のタイプ（知の構造）**を意識するとよいでしょう。「知の構造」では，まず内容知と方法知の二種類で知識が整理されています。そして，それぞれについて，学力の三つの質的レベルに対応するかたちで，特殊の要素的な知識からより一般的で概括的な知識に至る知識のタイプが示されています。図3のように，**単元の教科内容を「知の構造」で構造化することで，見せ場を設定すべき単元のコアも見えてくる**でしょう。

　毎時間のメインターゲットを絞る上で，内容知については，事実的知識よりもそれを要素として包摂し構造化する**概念的知識**に，方法知については，個別的な技能（機械的な作業）よりそれらを戦略的に組み合わせる**複合的な方略（思考を伴う実践）**に焦点を合わせます。このように，より一般的な知識に注目してこそ，授業での活動や討論において，要素を関連付け深く思考する必然性が生まれます。

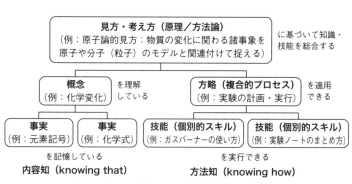

図3　「知の構造」を用いた教科内容の構造化

（出所）西岡（2013）がMcTighe & Wiggins（2004）p.65の図や, Erickson（2008）p.31の図を基に作成した図に筆者が加筆・修正した

指導と評価の計画をつくる

単元 平均とその利用（小学校・算数，第5学年）
学習指導要領との対応 D　データの活用（2）測定値の平均

①　単元の目標を確認する

・平均の意味を理解し，求めることができる。
・平均を使って長さなどの概測ができる。

②　単元の評価規準をつくる （B基準：学習を通して到達させたい最低限の姿）

知識・技能	思考・判断・表現	主体的に学習に取り組む態度
・平均は，幾つかの数量を同じ大きさの数量にならすことであることを理解している。 ・測定値を平均する方法を理解している。	・身の回りにある事柄について，より信頼できる値を求めるために，得られた測定値を平均する方法を考えている。 ・日常生活の問題（活用問題）を，測定値を平均する方法を用いて解決している。	・より信頼できる値を求めるために平均を用いるよさに気付き，測定値を平均する方法を用いることができる場面を身の回りから見付けようとしている。

③　指導と評価の計画をつくる （単元・題材の学習をどう組み立てるか）

学習活動・学習課題 （丸付き数字は授業時数）	学習評価	
	つまずきと支援 （指導に生かす評価）	総括に用いる評価 （記録に残す評価）
①「走り幅跳びの代表選手を選ぼう」という課題を知って，学習計画を立てる		
②いろいろな場面での平均値の求め方を考える	発言内容（**知**）， 活動の様子（**態**）	p.34
③平均を工夫して求める方法を考え，説明する		
④いくつかの部分の平均を知り，全体の平均を求めることができる		ワークシート（**知**）　p.41
⑤⑥平均の考えを用いることのよさがわかり，自分の歩幅を求めて道のりを概測することができる	発言内容（**思**）	p.35
⑦飛び離れた記録（外れ値）がある場合の平均の求め方を理解する		
⑧「走り幅跳びの代表選手を選ぶ」という課題を設定し，求め方を説明する		ワークシート（**思**）　p.45

第**1**部

第**2**部

第**3**部

ヤマ場をおさえる学習評価のポイント

末広がりの単元設計を生かす
──学びの舞台をどうつくるか②

「パーツ組み立て型」と「繰り返し型」──末広がりの設計パターン

　「使える」レベルの学力を試すパフォーマンス課題など，単元のコアとなる評価課題（見せ場）から逆算的に設計する「末広がり」の単元は，以下のようなかたちで組み立てることができます。

　一つは，「**パーツ組立て型**」で，内容や技能の系統性が強い教科や単元になじみやすいものです。例えば，「バランスの取れた食事を計画する課題」を中心とした単元において，「健康的な食事とは何か」という問いを設定します。そして，「自分の家族の食事を分析して，栄養価を改善するための提案をつくる」パフォーマンス課題に取り組ませます。この課題を遂行する際に，先ほどの問いを子供は繰り返し問います。こうして問い対する自分なりの答え（深い理解）を洗練していきます。

　もう一つは「**繰り返し型**」です。「説得力のある文章を書く」単元において，最初に子供たちは，「文章の導入部分を示した四つの事例に関して，どれが一番よいか，その理由は何か」という点について議論します。こうして，よい導入文の条件を整理し，自分たちの作ったルーブリックを念頭に置きながら，説得力のある文章を書く練習に取り組んでいきます。

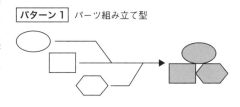

パターン1　パーツ組み立て型

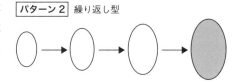

パターン2　繰り返し型

図4　パフォーマンス課題の位置付け(西岡, 2008)

　これら二つの類型は，類似の課題に取り組みつつ，新たな内容を学ぶことで活動を拡充していくといった具合に，実際にはミックスされることが多いでしょう。

核となる評価課題で単元に背骨を通す

　パーツを組み立てて総合する（パーツ組み立て型）にしても，まとまった単位を洗練・拡張しつつ繰り返す（繰り返し型）にしても，次の①と②を意識して，単元の背骨を形成する課題をつくるとよいでしょう

①概念や技能を総合し構造化する表現

　例：電流のイメージ図や江戸時代の三大改革のキーワードを構造化した概念マップなど，頭の中の知識の表現を，単元前後で書かせてその変容で伸びを実感する（before-after型）。

②主題や論点の探究

　例：自分たちの住む○○県のPR活動のプランニングをするために，地域調査を行ったり，それに必要な知識や技能を習得したり，新たな小課題を設定したりして，現状認識や解決法を洗練していく（PBL〔project-based/problem-based〕型）。

重点化を意識した単元計画とは

単元 平均とその利用（小学校・算数，第5学年）
学習指導要領との対応 D　データの活用（2）測定値の平均

単元計画の重点化を意識した例

学習活動・学習課題 （丸付き数字は授業時数）	学習評価	
	つまずきと支援 （指導に生かす評価）	総括に用いる評価 （記録に残す評価）
①「走り幅跳びの代表選手を選ぼう」という課題を知って，学習計画を立てる	単元の課題を最初に明示！	
②いろいろな場面での平均値の求め方を考える	発言内容 **(知)**, 活動の様子 **(態)**	
③平均を工夫して求める方法を考え，説明する		
④いくつかの部分の平均を知り，全体の平均を求めることができる		ワークシート **(知)**
⑤⑥平均の考えを用いることのよさがわかり，自分の歩幅を求めて道のりを概測することができる	発言内容 **(思)**	
⑦飛び離れた記録（外れ値）がある場合の平均の求め方を理解する		
⑧「走り幅跳びの代表選手を選ぶ」という課題を設定し，求め方を説明する	学びの舞台！	ワークシート **(思)**

単元計画の重点化の意識が弱い例

学習活動・学習課題 （丸付き数字は授業時数）	学習評価	
	つまずきと支援 （指導に生かす評価）	総括に用いる評価 （記録に残す評価）
①どちらがよく校庭を走ったかを考え，操作を通して「ならす」という意味を理解する		発言内容 **(知)**
②ジュースの量をならすことを計算で求める方法を考え，「平均」の意味を理解する	記録の回数が多くなると，ヤマ場のイメージが子供にも湧きにくくなりがちです	発言内容・活動の様子 **(知)**
③0を含む平均を求める		ノートの記述内容 **(知)**
④部分の平均から全体の平均を求める		ノートの記述内容 **(思)**
⑤歩幅を使った距離などの概測をする		発言内容 **(知)**
⑥歩幅での測定とその活用を図る		発言内容 **(知)**
⑦仮平均の考えを使って，平均を求める		ノートの記述内容 **(思)**
⑧外れ値の処理の仕方を考える		ノートの記述内容 **(知)**
⑨練習問題をする。既習事項を振り返る		ノート **(知)**, 活動の様子 **(態)**

※単元計画の「重点化」が弱いと、評価場面は拡散して記録の回数も多くなりがちです

ヤマ場をおさえる学習評価のポイント

第1部
第2部
第3部

総括のタイミングを柔軟化する
——学びの舞台をどうつくるか③

学力の質や観点に応じて総括のタイミングを柔軟化する

「知識・技能」については，授業や単元ごとの指導内容に即した「習得目標」について，理解を伴って習得しているかどうか（到達・未到達）を評価します（項目点検評価としてのドメイン準拠評価）。

いっぽう，「思考・判断・表現」については，その長期的でスパイラルな育ちの水準を，ルーブリックのような段階的な記述（熟達目標）のかたちで明確化し，類似のパフォーマンス課題を課すなどして，重要単元ごとに知的・社会的能力の洗練度を評価するわけです（水準判断評価としてのスタンダード準拠評価）。

例えば，単元で学んだ内容を振り返り，総合的にまとめ直す「歴史新聞」を重点単元ごとに書かせることで，概念を構造化・体系化する思考の長期的な変化を評価します。あるいは，学期に数回程度，現実世界から数学的にモデル化する課題に取り組ませ，思考の発達を明確化した一般的ルーブリックを一貫して用いて評価することで，数学的モデル化や推論の力の発達を評価するわけです。勝負の授業，単元末の課題，あるいは，中間，期末などの学期の節目など長い時間軸で成長を見守り，舞台で伸ばすことが重要です。

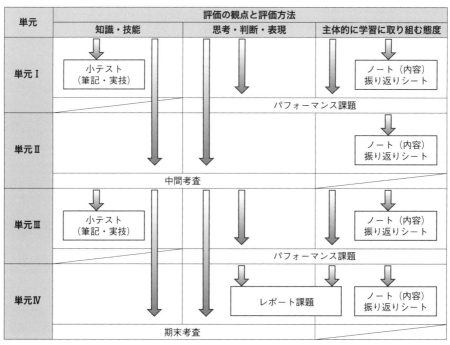

図5　各観点の評価場面の設定例

（出典：「新学習指導要領の趣旨を踏まえた『観点別学習状況の評価』実施の手引き」令和3年1月，大阪府教育委員会, 15頁）

単元の評価計画のパターン例

◎……記録に残す評価（総括に用いる），○……指導に生かす評価（形成的評価）

単元末に「単元のコアとなる評価課題」を実施する

時　間	1	2	3	4	5	6	7	8	9
知識・技能		○	○		○	○			◎
思考・判断・表現				○			○	◎	◎
主体的に学習に取り組む態度	○							◎	◎

　単元末に「単元のコアとなる評価課題（学びの舞台）」を設定し，その学習状況を観点別評価の総括や評定の主な資料とするモデル。単元末に思考を中心とした様々なパフォーマンスを確認できるので，途中の「記録に残す評価」の回数は最小限でよい。例えば，単元末に総合的なスピーチ課題や論文課題を設定したり，単元末に活用問題を含むペーパーテストを実施したりする場合など。

導入時（プレ）と単元末（ポスト）の子供の姿を比較する

時　間	1	2	3	4	5	6	7	8	9
知識・技能	◎		○	○	○	○		○	◎
思考・判断・表現	○	◎					◎		
主体的に学習に取り組む態度		◎					◎		

　単元導入（プレ）と単元末（ポスト）の評価を記録し，子供の変容を比較するモデル。学習を通した子供の伸びを具体的に確認したい場合は，この方法が採用される。個人内評価の評価資料も収集したい場合に活用しやすい。

内容の節目ごとに評価課題を実施する

時　間	1	2	3	4	5	6	7	8	9	10	11	12	13	14	15	16	17
知識・技能	○		○		◎	○		◎	○		◎	○		◎	○		
思考・判断・表現				○			○			○			○		○		◎
主体的に学習に取り組む態度		○														○	◎

　学習内容の節目ごとに，学習状況（子供の姿）を記録に残していくモデル。上記は，小単元ごとのモデルとして示したが，単元を超えて（複数の単元を束ねて）計画することも考えられる。例えば，節目となる時期に小テストを実施したり，ワークシートに記述させて思考をアウトプットさせたりすることなどが考えられる。

指導に生かす評価
（形成的評価）

翌日

…ということが
あって…

なるほど…
理解確認のポイント
かあ…

まずは子供のつまずきを見抜く目と
具体的な支援につなげる力を
養うことが大切かな

つまずきの見取り
アセスメント

支援
フィードバック

そして子供が
自分で考えて
成長できるような
授業展開が必要だね

お膳立てしすぎない
ことも支援の
ポイントだよ

確かに、子供には
なるべく自分で
気付いてもらいたい
ですよね…

そう！

だからさりげなく
声を掛けたり、
全体やグループ学習に
展開したり
するのがオススメだよ

○○さんの
見てごらん
ヒントが見つかる
かもよ

そうやって
解くんだ！

そういう
方法も
あるんだね

そうか…

自分なりに
理解しようとする
状況を作ってあげる
ことが大切
なんですね…！

指導に生かす評価
（形成的評価）とは何か

形成的評価の新しい考え方

　今回の学習評価改革では，形成的評価研究の近年の動向を踏まえて，教師が評価を指導改善に生かす（**学習のための評価**）のみならず，子供自身が評価を学習改善に生かしたり，自らの学習や探究のプロセスの「舵取り」をしたりする「**学習としての評価**」の意義が強調されています（表１）。そして，子供自身が自らのパフォーマンスのよしあしを判断していけるようにするには，授業後の振り返りや感想カードなどで，学習の意味を事後的に確認・納得するのでは不十分です。

　大切なのは，**学習の過程において目標・評価規準とそれに照らした評価情報を，教師と子供の間で共有する**ことです。これにより，子供自らが目標と自分の学習状況とのギャップを自覚し，それを埋めるための手だてを考えるよう促すことが必要となります。

　作品の相互評価の場面や日々の教室での学び合いや集団討論の場面で，よい作品や解法の具体的事例に則して，パフォーマンスの質について議論します（子供の評価力・鑑識眼を肥やし，あこがれの姿のイメージを形成する機会をもつ）。そして，どんな観点を意識しながら，どんな方向を目指して学習するのかといった各教科の卓越性の規準を，教師と子供の間で，あるいは子供間で，対話的に共有・共創していくわけです。教師が子供のつまずきを直接的に指導するよりも，**子供同士の学び合いの力を生かすような，間接的な手だてや仕掛け**を工夫することが肝要です。

表1　教育における評価活動の三つの目的 (石井, 2015)

アプローチ	目的	準拠点	主な評価者	評価規準の位置付け
学習の評価（assessment of learning）	成績認定，卒業，進学などに関する判定（評定）	他の学習者や，学校・教師が設定した目標	教師	採点基準（妥当性，信頼性，実行可能性を担保すべく，限定的かつシンプルに考える）
学習のための評価（assessment for learning）	教師の教育活動に関する意思決定のための情報収集，それに基づく指導改善	学校・教師が設定した目標	教師	実践指針（同僚との間で指導の長期的な見通しを共有できるよう，客観的な評価には必ずしもこだわらず，指導上の有効性や同僚との共有可能性を重視する）
学習としての評価（assessment as learning）	学習者による自己の学習のモニター及び，自己修正・自己調整（メタ認知）	学習者個々人が設定した目標や，学校・教師が設定した目標	学習者	自己評価のものさし（学習活動に内在する「善さ：卓越性の判断規準」の中身を，教師と学習者が共有し，双方の「鑑識眼：見る目」を鍛える）

※振り返りを促す前に，子供が自分の学習の舵取りができる力を育てる上で，何をあらかじめ共有すべきかを考える

形成的評価と教師の技量

助言（瞬時の対応やフィードバック）のポイント

　形成的評価は，教師と子供のやり取り，特に，子供の学習活動を受けてなされる助言（瞬時の対応やフィードバック）の中に埋め込まれています。助言は，「目標に対して，現在の学習状況はどうなっているか」「どこはできていてどこは課題があるのか」についての**自己認識を促しながら，改善の見通しや意識すべき点，手だてを示す**ことが大切です。「うん，残念（共感）。<u>でもとても柔らかくて，きれいに跳び箱に乗っているよ</u>（フィードバック）。<u>今度は思い切って跳んでごらん</u>（改善へのアドバイス）」のように，子供の思考や感情を共感的に受け止めた上で，値打ち付けや励ましも含むかたちでフィードバックし，学習活動を改善するための手がかりをアドバイスします。

　また，間違っている部分を直接指摘せず，子供が自覚できるように促すほうがよいこともあります。例えば，間違った単語の綴りや文章のわかりにくい部分をそのまま教師，あるいは子供自身が読み上げて，**自分で間違いや分からなさに気付くことを促す**のです。その子なりに少し挑戦する場では，活動そのものから直接的に得られるフィードバックや手応えが積み重なっていきます。そういう中で，他人に依存することなく，甘すぎず辛すぎずもない等身大の自己評価と確かな自信も形成されていくでしょう。

　形成的評価やフィードバックの際，知らず知らずのうちに子供の発言の意図を決め付けて，「要はこういうことだ」と教師の言葉でまとめてしまっていないでしょうか。子供の思いや感情を受け止める間を置かずに，教師から見た合理的な解決の提示を急いだりしてはいないでしょうか。「そういうふうに考えているんだね」と否定も肯定もせずに**子供の考えや感情をまず受け止めることが，受容的で応答的な関係を構築する出発点**となるのです。

子供が「見える」ということ

　教師としての成長の中核は，教科の内容についての正しい理解や深い教養を身に付けるだけではありません。「子供がどう思考し，どこでどうつまずくか」の予測やイメージを具体的で確かなものにすることが重要です。それはいわば**学び手の目線で教育活動の全過程を眺めて教育的な想像力を豊かにする**こと（子供が「見える」ようになること）です。評価という営みは，まさに子供理解や子供を見る目の確かさに関わるものなのです。

　例えば，「78－39＝417」と答えた子供は，「計算の手続きを正しく習得できていない」という「やり方のつまずき」ではなく，「39や417といった数の量感がイメージできていない」という「意味のつまずき」を抱えている場合もあります。もっと言えば，そもそも算数の計算を「現実世界とは全く関係のない記号操作」としか捉えられていないのかもしれません（学び方のつまずき）。計算間違い一つとっても，そこに何を見ているかは教師それぞれです。まなざしの先に見据えているものの違いに，教師としての力量の違いが表れるのです。子供が見えてくることで，**子供のことをもっと理解したくなり，子供がもっと好きになるように，評価を実施していく**ことが重要です。

つまずきと支援（指導に生かす評価）

単元 平均とその利用（小学校・算数，第5学年）
学習指導要領との対応 D　データの活用（2）測定値の平均

第②時 いろいろな場面での平均値の求め方を考える

■ 何を重点的に見るか

・評価の資料と観点

　発言内容（**知**），活動の様子（**態**）

・評価規準（B基準：学習を通して到達させたい最低限の姿）

知識・技能	思考・判断・表現	主体的に学習に取り組む態度
・平均は，幾つかの数量を同じ大きさの数量にならすことであることを理解している。 ・測定値を平均する方法を理解している。	・身の回りにある事柄について，より信頼できる値を求めるために，得られた測定値を平均する方法を考えている。 ・日常生活の問題（活用問題）を，測定値を平均する方法を用いて解決している。	・より信頼できる値を求めるために平均を用いるよさに気付き，測定値を平均する方法を用いることができる場面を身の回りから見付けようとしている。

■ 学習状況をどう見るか（つまずきと支援）

・数量をならす意味を理解していない子には，図を用いて量の移動を視認させながら，全体の量を平等に分配することの意味を考えられるように支援する。

・測定値の平均をできていない子には，図を用いて量の移動を視認させながら，全体の量を個数でわればよいことに気付けるように支援する。

・0を含めて計算できていない子には，0の時も測定をしていることを意識させて，平均を求める際には個数として計上できるように支援する。

・問題に手が付かない子には，平均を求める式を確認し，問題場面では何が合計にあたり，何が個数に当たる量なのか明確にできるように支援する。

・平均が用いられている事象を見つけることができていない子には，グループのメンバーとの意見交換を促し，ふだんから目にしていることに目を向けられるように支援する。

> **［どんな学習場面か］**
> ふだんの生活の中で平均の考えが用いられていることに気付くと共に，ほかにも平均の考えが活用できる事象について考えたりする場面。
>
> **［支援のポイント］**
> 全ての子供が平均を用いることのよさに気付けるように，また事象の平均を求めることの意味や方法を理解できるように，学習活動を通した形成的評価と，それを基にした支援を実施していく。

第⑤⑥時 ▷ 平均の考えを用いることのよさが分かり，自分の歩幅を求めて 道のりを概測する

▌何を重点的に見るか

・評価の資料と観点

　発言内容（**思**）

・評価規準（B 基準：学習を通して到達させたい最低限の姿）

知識・技能	思考・判断・表現	主体的に学習に取り組む態度
・平均は，幾つかの数量を同じ 大きさの数量にならすことで あることを理解している。 ・測定値を平均する方法を理 解している。	・身の回りにある事柄について，よ り信頼できる値を求めるために， 得られた測定値を平均する方法を 考えている。 ・日常生活の問題（活用問題）を， 測定値を平均する方法を用いて解 決している。	・より信頼できる値を求めるた めに平均を用いるよさに気付 き，測定値を平均する方法を 用いることができる場面を身 の回りから見付けようとして いる。

▌学習状況をどう見るか （つまずきと支援）

・平均の考えを用いず，1 歩の歩幅を測って道のり を求めようとする子には，1 歩の歩幅がいつも同 じではないことに気付くことができるように支援 する。

・少ない歩幅で平均を求めようとする子には，歩数 や測定回数を多くしたほうが，より妥当な数値を 求めることができることに，気付けるように支援 する。

・測定値の正確さにこだわり，歩数や測定回数をむ やみに増やそうとする子には，その意欲や姿勢を 認めつつ，ほかのグループやクラスメイトの様子 を観察させながら，活動時間内で実施可能な方法 で求めることの大切さにも気付けるように支援す る。

・求めた歩幅をどのように道のりの概測に生かした らいいかわからない子には，平均値の求め方を確 認するように支援する。

・平均の考えを用いることの意味やよさに気付いて 居ない子には，活動の前後にグループでの意見交 換をさせるなどして，自分なりに理解が深められ るように支援する。

> **［どんな学習場面か］**
> 　自分の一歩の歩幅を平均の考えを使っ て求め，それを使っていろいろな距離や 道のりを調べる場面。
> **［支援のポイント］**
> 　ここまで学んできた平均の考えを用い て，日常的な問題解決に生かそうとする ことができているか，活動の様子を見な がら，生かすことができるように支援す る。

ヤマ場をおさえる学習評価のポイント

section 5

総括に用いる評価（評定）

カオリ先生、今いいですか？

ミズキさん！どうしたの？

成績のことで質問があって…

いいよ！あっちで話そうか

その日の夜

さっきの子は何を聞いていたんですか？ずいぶん熱心でしたが

ああ、評定の理由だよどうしたら上がりますかって

評定の方法って教科や先生によって違うと感じて、不満に思う子もいるんだよ

新採の頃にすごまれたこともあるよー…

なんでですか!?

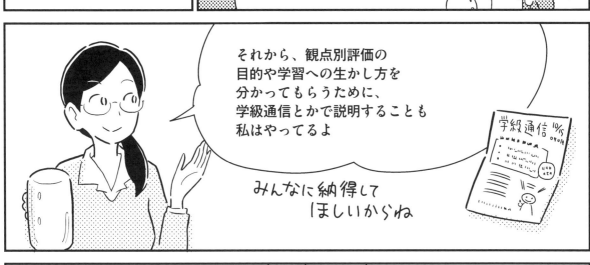

納得と信頼の学習評価を
どうつくるか

各観点で評価している力と評価材料を明確化する

　従来の観点別評価では，「知識・理解」「技能」について，断片的知識（「知っている・できる」レベル）を穴埋めや選択式などの客観テストで問い，「思考・判断・表現」については，主に概念の意味理解（「分かる」レベル）を適用問題や短めの記述式の問題で問うようなテストが作成されてきました。いっぽうで，「関心・意欲・態度」については，子供のやる気を見るテスト以外の資料を基に評価されていたように思います。

　新指導要録の観点別評価では，「知識・技能」について，理解を伴って中心概念を習得することを重視して，「知っている・できる」レベルのみならず**「わかる」レベルも含むようテスト問題を工夫する**ことが必要です。

　そして，「思考・判断・表現」については，「わかる」レベルの思考を問う問題に加え，全国学力・学習状況調査の「活用」問題のように，**「使える」レベルの思考を意識した記述式問題**を盛り込んでいくことが必要です。また，「主体的に学習に取り組む態度」も併せて評価できるような，**問いと答えの間の長い思考を試すテスト以外の課題**を工夫することが求められます（表2）。

評価手順やものさしを共有する

　文部科学省『児童生徒の学習評価の在り方について（報告）』（平成31年，以下『報告』と記す）では，「知識・技能や思考・判断・表現の観点が十分満足できるものであれば，基本的には，学習の調整も適切に行われていると考えられる」（11頁）と述べ，三観点の評価が，「CCA」や「AAC」といったばらつきが出ることは基本的にはないとしています（注：前から順に「知識・技能」「思考・判断・表現」「主体的に学習に取り組む態度」を示す）。

　また，観点別評価（分析評定）から総合評定（指導要録の「評定」）への総括に関わって，単元ごとに素点や判定（評定）を積み上げて，合算して求めるのかどうかなど，総括の具体的な手順については，基本的に現場の裁量に委ねられています。積み上げて合算する場合，各観点の重み付けについては，1：1：1と機械的に考えることもできます。また，四観点から三観点に変更になっている点，そして，「主体的に学習に取り組む態度」がほかの認知的観点と連動するものとされている点を考慮すれば，2：2：1と考えることもできます。

　こうした**総括のルールなどを事前に子供や保護者と共有**しておくことは重要です。さらに，"それ"をうまくやり遂げられれば，態度の観点もAだろうし，その教科の総合評定で3か2を付けても，**教師も子供も納得できるような，総括的で挑戦的な課題づくり**が求められています。

　そして，課題への取組み（パフォーマンス）を評価する目が子供自身に育っていることが，評価に関わる当事者間の間主観的な合意と納得，相互信頼を生み出すのです。

表 2　新しい評価実践の方向性 (石井・西岡・田中, 2019)

能力・学習活動の階層レベル（カリキュラムの構造）		資質・能力の要素（目標の柱）			
		知識	スキル		情意（関心・意欲・態度・人格特性）
			認知的スキル	社会的スキル	
教科等の枠付けの中での学習	知識の獲得と定着（知っている・できる）	事実的知識，技能（個別的スキル）	記憶と再生，機械的実行と自動化	学び合い，知識の共同構築	達成による自己効力感
	知識の意味理解と洗練（わかる）	**知識・技能** 概念的知識，方略（複合的プロセス）	解釈，関連付け，構造化，比較・分類，帰納的・演繹的推論		内容の価値に即した内発的動機，教科への関心・意欲
	知識の有意味な使用と創造（使える）	**思考・判断・表現** 見方・考え方（原理と一般化，方法論）を軸とした領域固有の知識の複合体	知的問題解決，意思決定，仮説的推論を含む証明・実験・調査，知やモノの創発（批判的思考や創造的思考が深く関わる）	**主体的に学習に取り組む態度** プロジェクトベースの対話（コミュニケーション）と協働	活動の社会的レリバンスに即した内発的動機，教科観・教科学習観（知的性向・態度）

豊かなテスト　　**豊かなタスク**

Tips　自己教育力の育成をどう捉えるか

　「自己教育力」の強調については，落とし穴もあるように思います。子供の学びへの注目は，教えっぱなしにしないという，学びを保障する教師の責任の先に意識化されるものです。いっぽうでそれは，「学びの責任」といった言葉だけが独り歩きすると，学びを保障する教師の責任の放棄（「授業からの逃走」など），子供の自己責任論に陥る危険性があります。「自己教育力」的なものの強調は，その概念のあいまいさゆえに，その語り（学習内容なども含め，自分で自分に何が必要かを判断して学校がなくても自分で学び切ること）と実態（教えられなくても自分なりに工夫しながら調べたり学んだりするといった効果的な学び方の学習）には，しばしばずれがあります。コロナ禍で重要とされた「主体性」は，自習力のように，学習（勉強）への主体性（大人にとって都合のよい主体性）に矮小化されていないでしょうか。

　勉強への主体性に閉じない生活（生きること）への主体性，社会への関心と当事者意識が重要です。発問などで現実世界を指さす，内容を伴った認識のゆさぶりと関心の広がりの重要性が再確認されねばなりません。

「知識・技能」の評価
——問題や課題をどうつくるか①

「概念」の意味理解の重視

　「知識・技能」の評価は，「ペーパーテストにおいて，事実的な知識の習得を問う問題と，知識の概念的な理解を問う問題とのバランスに配慮するなどの工夫改善を図ると共に，例えば，児童生徒が文章による説明をしたり，各教科等の内容の特質に応じて，観察・実験をしたり，式やグラフで表現したりするなど実際に知識や技能を用いる場面を設けるなど，多様な方法を適切に取り入れていくことが考えられる」（『報告』，8頁）とされています。

　「知識・技能」というと，年号や単語などの暗記再生（「知っている・できる」レベルの学力）を思い浮かべがちですが，ここで示されているのは，**「概念」の意味理解（「わかる」レベルの学力）の重視**です。これまでの「知識・理解」「技能」の観点を「知識・技能」の観点に統合するに当たり，「理解」が抜け落ちないようにすることが強調されています。日々の「わかる」授業により，**理解を伴った豊かな習得（有意味学習）を保障し，記憶に定着しかつ応用の利く知識**にして，生きて働く学力を形成していくことが求められているのです。

問題・課題づくりのポイント

　「知っている・できる」レベルの評価においては，重要語句の穴埋め問題や選択問題などの客観テスト，簡単な実技テストが有効です。これに対して，「わかる」レベルの評価では，**適用問題**（学んだ内容を使って解く問題），**描画法**（例：温めたときの空気の変化についてイメージや説明を記述する），**因果関係図やマインドマップ**で知識同士をどうつないで，どのようなイメージを構成しているのかを表現させてみること（例：歴史上の出来事がなぜ起こったか），あるいは，**学んだ内容の意味を生活と結び付けて捉えられているかを問う**こと（例：算数の問題を作らせてみる）などが有効です。また，日々の授業で学習者に考えさせる際に，**思考のプロセスや答えの理由をノートやワークシートに残させる**ことも，学習者のわかり方やつまずきを把握する上で有効です。

　日々「わかる」授業を大事にしていても，評価では，「知っている・できる」レベルに重点が置かれていることがないでしょうか。例えば，「もし三権分立の仕組みがなければどのような問題が起こるのか」と三権分立の意味理解を問う。あるいは，「墾田永年私財法は何年に発布されたか答えなさい」と問うたりするのではなく，

　　　問　次のものを年代の古い順に並べ替えよ。
　　　ア）墾田永年私財法　　イ）三世一身法　　ウ）荘園の成立　　エ）班田収授法

と問うことで，古代の土地制度で公地公民制が崩れていく過程が理解できているかどうかを評価するといった具合に，客観テストも問い方次第で「わかる」レベルを評価するものとなります。「わかる」授業の追求と同時に，「わかる」レベルの評価について，テスト問題をひと工夫してみるとよいでしょう。

「知識・技能」の評価（記録に残す評価）

第④時 いくつかの部分の平均を知り, 全体の平均を求めることができる

■ 何を重点的に見るか（資料と観点）

・ワークシート（**知**）

問題　太郎さんの庭には二羽のにわとりがいます。今週, Aのにわとりは4個の卵をうみ, 重さの平均は50gでした。いっぽう, Bのにわとりは6個の卵をうみ, 重さの平均は40gでした。すべての卵の重さの平均を求めると44gでした。

（1）以下の式から, すべての卵の重さの平均をもっとも正確に求めているものを選びなさい。
- 1．（50＋40）÷2
- 2．（4＋50－6＋40）÷2
- 3．（200＋240）÷10

（2）なぜ（1）で解答した式がもっとも正確なのですか。理由を答えなさい。

（3）Aのにわとりの卵の平均を40gとした場合, すべての卵の重さの平均を正確に求めるには, どうすればいいですか。もっとも簡単な方法を見つけて書きなさい。

・**評価規準**（B基準：学習を通して到達させたい最低限の姿）

知識・技能	思考・判断・表現	主体的に学習に取り組む態度
・平均は, 幾つかの数量を同じ大きさの数量にならすことであることを理解している。 ・測定値を平均する方法を理解している。	・身の回りにある事柄について, より信頼できる値を求めるために, 得られた測定値を平均する方法を考えている。 ・日常生活の問題（活用問題）を, 測定値を平均する方法を用いて解決している。	・より信頼できる値を求めるために平均を用いるよさに気付き, 測定値を平均する方法を用いることができる場面を身の回りから見付けようとしている。

■ 学習状況をどう見るか（観点別学習状況の判定）

ワークシートの記述（問題の解答）	判定
例①　（1）　3（正答） 　　　　（2）　重さの合計を個数の合計で割っているから（正答） 　　　　（3）　（無回答）	**B**
例②　（1）　3（正答） 　　　　（2）　重さの合計を個数の合計で割っているから（正答） 　　　　（3）　問題文を読めば, すべての卵の重さが分かる。よって計算は必要ない	**A**

〔判定のポイント〕
・全体の平均を求める式を正しく立てることができる状況であれば, 「おおむね満足できる状況（B）」と判定する。この問題では（1）（2）を正答できた状態をBと判定する。（3）は「十分満足」かどうかを見るために設定した。
・例①は, 全体の平均をもっとも正確に求める式を選択し, その理由も書けたので, Bと判定する。
・例②は, （1）（2）の正答に加えて, （3）で「計算が必要ない」ことを見つけており, Aと判定する。

「思考・判断・表現」の評価
──問題や課題をどうつくるか②

　「思考・判断・表現」の評価は，「ペーパーテストのみならず，論述やレポートの作成，発表，グループでの話合い，作品の制作や表現等の多様な活動を取り入れたり，それらを集めたポートフォリオを活用したりするなど評価方法を工夫することが考えられる」（『報告』，8-9頁）とされており，パフォーマンス評価の有効性が示されています。

パフォーマンス課題に基づく評価──狭義のパフォーマンス評価

　「パフォーマンス評価（Performance Assessment：PA）」とは，一般的には，思考する必然性のある場面（文脈）で生み出される学習者の振る舞いや作品（パフォーマンス）を手がかりに，**概念の意味理解や知識・技能の総合的な活用力を質的に評価する**方法です。

　それは狭義には，現実的で真実味のある場面を設定するなど，学習者の実力を試す評価課題（**パフォーマンス課題**）を設計し，それに対する活動のプロセスや成果物を評価する，「パフォーマンス課題に基づく評価」を意味します。具体例としては，「**学校紹介 VTR に BGM をつける**」（音楽科の課題），「**電気自動車の設計図（電気回路）を考えて提案する**」（理科の課題），「**地元で実際に活動している人たちと共に浜辺のごみを減らすためのアクションプランを考案して地域住民に提案する**」（社会科の課題）などがあります。比較・関連付けや構造化など，特定の内容の習得・適用に関わる「分かる」レベルの思考力とは異なり，**文脈に応じて複数の知識・技能を総合する「使える」レベルの思考力を試す**のがパフォーマンス課題です（表3）。

パフォーマンス（表現）に基づく評価──広義のパフォーマンス評価

　広義の PA は，授業中の発言や行動，ノートの記述から，子供の日々の学習活動をインフォーマルに形成的に評価するなど，「**パフォーマンス（表現）に基づく評価**」を意味します。「総合的な学習の時間」の評価方法としてしばしば使用される**ポートフォリオ評価法**も，PA の一種です。

　テストをはじめ従来型の評価方法では，評価の方法とタイミングを固定して，そこから捉えられるもののみ評価してきました。これに対し PA は，課題，プロセス，ポートフォリオなどにおける表現を手がかりに，**学習者が実力を発揮している場面に評価のタイミングや方法を合わせる**ものと言えます。深く豊かに思考する活動を生み出しつつ，その思考のプロセスや成果を表現する機会を盛り込み，思考の表現を質的エビデンスとして評価していくのが PA なのです（授業や学習に埋め込まれた評価）。

　なお，資料（43頁）の例のように，パフォーマンスの質（熟達度）を判断する評価指標をルーブリックと言います（成功の度合いを示す3〜5段階程度の尺度と，各段階の認識や行為の質的特徴の記述語や典型的な作品例を示した評価基準表）。ルーブリックは，右の資料のように，課題に即して作成することもできますが，スピーチの課題，実験レポートなど，単元を超えて繰り返される課題の類似性に着目して，一般的なかたちでプロトタイプを作成するとよいでしょう。

表3　学力の質的レベルに対応した各教科の課題例

	国語	社会	数学	理科	英語
「知っている・できる」レベルの課題	漢字を読み書きする。 文章中の指示語の指す内容を答える。	歴史上の人名や出来事を答える。 地形図を読み取る。	図形の名称を答える。 計算問題を解く。	酸素，二酸化炭素などの化学記号を答える。 計器の目盛りを読む。	単語を読み書きする。 文法事項を覚える。 定型的なやり取りをする。
「わかる」レベルの課題	論説文の段落同士の関係や主題を読み取る。 物語文の登場人物の心情をテクストの記述から想像する。	扇状地に果樹園が多い理由を説明する。 もし立法，行政，司法の三権が分立していなければ，どのような問題が起こるか予想する。	平行四辺形，台形，ひし形などの相互関係を図示する。 三平方の定理の適用題を解き，その解き方を説明する。	燃えているろうそくを集気びんの中に入れると炎がどうなるか予想し，そこで起こっている変化を絵で説明する。	教科書の本文で書かれている内容を把握し訳す。 設定された場面で，定型的な表現などを使って簡単な会話をする。
「使える」レベルの課題	特定の問題についての意見の異なる文章を読み比べ，それらを踏まえながら自分の考えを論説文にまとめる。そして，それをグループで相互に検討し合う。	歴史上の出来事について，その経緯と様々な立場の頃を紹介し，その意味を論評する歴史新聞を作成する。 ハンバーガー店の店長になったつもりで，駅前のどこに出店すべきかを考えて，企画書にまとめる。	ある年の年末ジャンボ宝くじの当せん金と，1千万本当たりの当せん本数を基に，この宝くじの当せん金の期待値を求める。教科書の問題の条件をいろいろと変えて発展的に問題をつくり，追究の過程と結果を数学新聞にまとめる。	クラスでバーベキューをするのに一斗缶をコンロにして火を起こそうとしているが，うまく燃え続けない。その理由を考えて，燃え続けるためにどうすればよいかを提案する。	まとまった英文を読んでポイントをつかみ，それに関する意見を英語で書いたり，クラスメイトとディスカッションしたりする。 外国映画の一幕をグループで分担して演じ，発表会を行う。

※「使える」レベルの課題を考察する際には，E.FORUMスタンダード（https://e-forum.educ.kyoto-u.ac.jp/seika/）が参考になる。そこでは，各教科における中核的な目標とパフォーマンス課題例が整理されている。

資料　パフォーマンス課題とルーブリック

[課題]
映画『独裁者』最後の演説部分を，内容がよく伝わるように工夫して群読して下さい。聴き手はクラスメートです。チャップリンは一人でこの演説をしていますが，みんなは6人で協力して演説の核心を表現できるように工夫して下さい。

	5	4	3	2	1
内容理解・表情・声・アイコンタクト	内容を理解して，表情豊かにスピーチしている。 内容がしっかりと聴き手の心に届いている。	内容を理解して，表情豊かにスピーチしている。 しっかり聞こえる声である。	内容をほぼ理解してスピーチしていることが感じられる。	棒読みである。	いやいや読んでいるように聞こえる。
英語	子音の発音がすべて英語らしくできている。	子音の発音がほぼ英語らしくできている。	子音の発音が半分くらい英語らしくできている。	カタカナ読みであるが正確である。	子音の発音に間違いがある。
協力度	グループ内の一員としておおいに力を発揮している。	グループ内の一員として力を発揮している。	グループ内の一員として自分のところだけ頑張れている。	グループの足を引っ張っている。	協力の姿勢を示さない。

（高校1年，英語科，元・京都府立園部高等学校・田中容子先生作成）

パフォーマンス課題
作成のポイント

教科の本質（見方・考え方）に迫る

　思考・判断・表現の評価方法として注目されるパフォーマンス課題は，「使える」レベルの思考を試すものです。それは，「問題のための問題」（思考する必然性を欠いた不自然な問題）に陥りがちな，学校での学習や評価の文脈をよりホンモノ（真正：authentic）なものへと問い直すものです。

　パフォーマンス課題というと，「あなたは○○です……」といったシミュレーション的なシナリオから始めがちですが，そうした**文脈（シナリオ）のホンモノさよりも，思考過程，学びのプロセスに見出せる教科の本質（見方・考え方）を追求する**ことが重要です。まずは教師自身が教科の眼鏡で現実世界を見渡し，教科の知やものの考え方が生かされている場面を発見し，その場面を切り取ることです。その上で，教師が経験した思考過程を子供もたどれるように，課題を設計するとよいでしょう。また，ありそうな場面のシミュレーションのほか，教室や学校の外のオーディエンスに向けて表現することも有効です。

共同作業と個人作業を組み合わせる

　真正のパフォーマンス課題は，しばしば評価課題であると同時に学習課題でもあります。学習課題としての性格を強調すると，作品制作過程での教師の指導，子供同士の協働を重視することになります。特に，単元の中に埋め込まれる際には，**「一人では解けないけれどもみんなと一緒ならできた」という経験**を通して，「使える」レベルの思考を体験させたり，考え抜くことを経験させたり，個々の内容の学び直し（分かり直し）を促したりするのが有効です。

　しかし，そうすると課題に対するパフォーマンスは，個人に力が付いたことの証明とはなりにくいという問題が生じます。この点に関しては，例えば，大学の卒業論文の評価で口頭試問が行われるように，**「作品の共同制作＋個々人による作品解説」「共同での作品発表＋個々人による改訂版の作成」**といった具合に，**共同作業と個人作業を組み合わせる**とよいでしょう。

ルーブリック作成を通して評価の力量を高める

　「ルーブリック評価」という誤解を招くような言葉を耳にします。ルーブリックという表が先にあり，その物差しを子供に当てはめて評価するような捉え方は本末転倒です。

　本来のパフォーマンス評価は，あるパフォーマンスを見たときに，そこに何を見てどのような点からそのようにレベルを判断したのか，そうした専門家としての見方や判断を可視化するために基準表を作成するわけで，これが逆になってはなりません。図表化された**ルーブリックはあくまでも説明の道具であって，評価自体は教師の判断をベースになされる**のです。ゆえに，ルーブリック（表）を作成して終わりというのではなく，そうした基準表づくりやその共有化の過程で**評価者の見る目を鍛え，評価力を高めていくこと（鑑識眼の練磨）**につなげていかねばならないのです。

やってみよう　学びの舞台づくり⑥

「思考・判断・表現」の評価（記録に残す評価）

> **第⑧時**　「走り幅跳びの代表選手を選ぶ」という課題を設定し，求め方を説明する

■ 何を重点的に見るか（資料と観点）

・ワークシート（思）

> **問題**　体育で行った走り幅跳びの記録を基に，地区対抗運動会に出場する代表選手を１名選びます。次の３人のうち，だれを選んだらよいでしょうか。※３人とも，４回の合計は1204cm，平均は301cmとなる（単位はcm）
>
> | | 1回目 | 2回目 | 3回目 | 4回目 |
> |---|---|---|---|---|
> | Aさん | 352 | 314 | 273 | 265 |
> | Bさん | 299 | 301 | 294 | 310 |
> | Cさん | 265 | 282 | 319 | 338 |

・**評価規準**（B基準：学習を通して到達させたい最低限の姿）

知識・技能	思考・判断・表現	主体的に学習に取り組む態度
・平均は，幾つかの数量を同じ大きさの数量にならすことであることを理解している。 ・測定値を平均する方法を理解している。	・身の回りにある事柄について，より信頼できる値を求めるために，得られた測定値を平均する方法を考えている。 ・**日常生活の問題（活用問題）を，測定値を平均する方法を用いて解決している。**	・より信頼できる値を求めるために平均を用いるよさに気付き，測定値を平均する方法を用いることができる場面を身の回りから見付けようとしている。

■ 学習状況をどう見るか（観点別学習状況の判定）

ワークシートの記述（問題の解答）	判定
例①　・3人とも，4回の合計は1204cm，平均は1204÷4＝301cmとなります。 ・だから，3人で一発勝負の代表決定戦をやればよいと思います。	B
例② ・3人とも，4回の合計は1204cm，平均は1204÷4＝301cmとなります。 ・ただ，グラフのように，平均は同じでも，3人の傾向は大きく違います。 ・AさんとCさんは記録の差が大きく，本番でよい記録が出せるか心配です。 ・だから，記録が安定しているBさんを代表に選ぶべきだと思います。 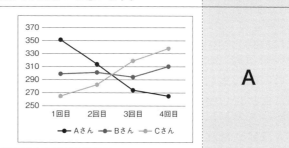	A

> **〔判定のポイント〕**
> ・4人の平均スコアを計算で求めた上で，誰を選んだらいいかを，説得力のある根拠と共に書いていれば，「おおむね満足できる状況（B）」と判定する。この問題では，自身の解答に対して，「なぜそう考えたか」という根拠を，計算で正しく示すことができれば，「おおむね満足」と考える。
> ・例①は，平均する方法を正しく用いて平均を算出し，問題を解決しているので「B」と判定する。
> ・例②は，Bの状況に加えて，データの散らばりに着目し，平均の特性を踏まえ，より説得力のある解決策を考えられているので「A」と判定する。

第1部
第2部
第3部

ヤマ場をおさえる学習評価のポイント

45

section 6

「主体的に学習に取り組む 態度」の評価

2学期も
そろそろ終盤…

先生！
カオリ先生！

先生！
テストの点が
よくなくても
頑張りを認めて
いきたいのが
教師ってもの
ですよね！？

わっ

急に
どうしたの！？

バン！

実は

僕のクラスのタケルさん、
1学期にも増して
挙手や発言やノートを頑張ったのですが
テストの点数には結び付かなくて…

タケルさん

しかも、通知表を
作ろうとしたら僕が
知っているタケルさんの
頑張りは観点別評価では
表しにくいものだったんです

ハイッ

先生、
質問が
あって…

1学期も

あんなに
頑張ったし
先生もほめて
くれたのに
なんで…

……って言ってたし

タケルさんを
認める声掛けは
増やしてきました
でも、足りない気が
します…

なるほど……。

ダイスケ先生は、評価は、誰のために、何のためにって、今はどんなふうに考えてるの？

子供に、自分の成長を実感して欲しいです
勉強することの手応えを感じて欲しいです
生きる力を身に付ける上でのヒントを与えたいです

でも、自分が評価していいのか、迷いは消えません

そうだよね…日々私も難しいと感じるよ…

……

……うん

あなたのような同僚がいて頼もしいよ

タケルさんへのサポートを考えるために「主体的に学習に取り組む態度」について一緒に考えてみようか

！

ハイ！

「主体的に学習に取り組む態度」の評価をどう考えるか

　「主体的に学習に取り組む態度」について，『報告』では，「単に継続的な行動や積極的な発言等を行うなど，性格や行動面の傾向を評価するということではなく，……（中略）知識及び技能を獲得したり，思考力，判断力，表現力等を身に付けたりするために，自らの学習状況を把握し，学習の進め方について試行錯誤するなど自らの学習を調整しながら，学ぼうとしているかどうかという意思的な側面を評価することが重要である」（10頁）とされ，それは，「①知識及び技能を獲得したり，思考力，判断力，表現力等を身に付けたりすることに向けた粘り強い取組を行おうとする側面と，②①の粘り強い取組を行う中で，自らの学習を調整しようとする側面」（12頁）で捉えられるとされています。

「入口の情意」と「出口の情意」──「評定」として意識するのはどっち?

　情意の中身を考える際には，学習を支える「入口の情意」（興味・関心・意欲など）と学習を方向付ける「出口の情意」（知的態度，思考の習慣，市民としての倫理・価値観など）とを区別する必要があります。入口の情意は，教材の工夫や教師の働きかけで喚起するものであり，授業の目標として掲げるものというよりは，授業過程で，学び手の表情や教室の空気から感じるものも含めて，授業の進め方を調整する手がかりとなるものです。

　他方，出口の情意は，教科の中身に即して形成される態度や行動の変容であり，「一言一言の言葉へのこだわり」（国語科），「物事を多面的・多角的に捉えようとする態度」（社会科）や，「条件を変えて考えてみたらどうなるかと発展的に問いを立てようとする態度」（数学科）など，意識的に指導することで育んでいける教科の目標として位置付け得るものです。

「主体的に学習に取り組む態度」をどう評価するか

　「主体的に学習に取り組む態度」については，単に継続的なやる気（側面①）を認め励ますだけでなく，教科として意味ある学習への向かい方（側面②）ができているかどうか，「出口の情意」を評価していく方向性が見て取れます。

　『報告』では，「主体的に学習に取り組む態度」のみを単体で取り出して評価するのではなく，「思考・判断・表現」などと一体的に評価していく方針が示されています。例えば，問いと答えの間が長く試行錯誤の機会を伴うパフォーマンス課題（思考のみならず，粘り強く考える意欲や根拠に基づいて考えようとする知的態度なども要求される課題）を設計し，その過程と成果物を通して，「思考・判断・表現」と「主体的に学習に取り組む態度」の両方を評価するわけです。

　美術・技術系や探究的な学習の評価でしばしばなされるように，その時点でうまくできたり結果を残せたりした部分の評価と共に，そこに至る試行錯誤の過程で見せた粘りや筋（センス）のよさにその子の伸びしろを見出し，評価するという具合です。結果にすぐにはつながらなくても，泥臭く誠実に熟考する子も含めて，主に加点的に評価していく必要があるでしょう。

情意領域の評価の留意点

情意領域の評価が抱える問題——「評価」と「評定」の線引き

　「関心・意欲・態度」の評価は，さまざまな問題を抱えてきました。それは多くの場合，挙手回数を数えたり，ノートや提出物を点検したりといった具合に，取組みの積極性や努力度，授業態度を対象としており，主観的にならないようにと，教師は証拠集めに追われがちでした。

　いっぽう，テストの点数がよくても授業態度が悪いとよい成績をもらえないので，やる気をアピールし，器用に振る舞える子が得をするなど，評価が管理的な機能を果たしてきました。その結果，保護者が総合評定や内申点に不公平感をもつといった問題も生じているように思います。

　性向（ある状況において自ずと特定の思考や行動を取ってしまう傾向性や態度）や人間性といった，価値規範や道徳的価値に関わるものを評価することについては，個々人の性格やその人らしさ丸ごとを値踏みする全人評価につながり，価値や生き方の押し付けに陥ることが危惧されます。

　これに対して，物事を鵜呑みにせずに批判的に思考しようとする態度（思考の習慣）などの認知的価値については，**認知目標の実現と密接に関わりかつ指導可能な部分について，評価の対象とする**ことは考えられます。その際も，**情意を「評価」することと「評定」することとを区別して議論**することが重要です。情意領域については，全人評価や価値の押し付けにつながる恐れがあるため，目標として掲げて形成的に「評価」はしても，「評定」することには慎重であるべきです。

情意領域の評価の工夫

　ただし，情意領域の評価については，授業やカリキュラムの最終的な成果を判断する総括的評価は有効性をもちます。例えば，単元の終了時にその単元で扱った社会問題に対してクラスの大部分が望ましくない態度を抱いているなら，それはカリキュラムの改善を促す情報となります。そうしたカリキュラム評価に必要なのは，質問紙などによる集団の傾向を示すデータのみです。実際，PISA などの大規模学力調査では，学習の背景を問う質問紙調査でそれはなされています。

　審議過程で様々に議論がありましたが，新しい指導要録においても態度観点が残り，ABC の三段階で総括（評定）するかたちとなりました。上記のような原則を念頭に置きながら，「出口の情意」としてそれを捉え，「思考・判断・表現」と一体的なものとして，メタ認知や思考の習慣などの準認知目標として捉えていくと共に，形成的「評価」と「評定」とを区別して「指導の評価化」に陥らないようにすることが肝要です。

　教科への粘り強さ，いわば思考の体力や息の長さや持続力を育てるには，見方・考え方を働かせながら，一つの問題や事象を深く掘り下げたり，問いと答えの間の長い挑戦的な課題に取り組んで試行錯誤したりして，日々の授業において考え抜く経験を保障していくことが重要でしょう。

「主体的に学習に取り組む態度」の評価

「思考・判断・表現」と一体的に評価するためのヒント

これまでの「関心・意欲・態度」の資料と何が違うのか

　「主体的に学習に取り組む態度」の評価で悩ましいことの一つに，どんな資料（課題）を基に評価したら，総括的評価（評定）の妥当性と信頼性を高めることができるのか，があります。

　今回の改訂で強調された，**「挙手の回数や毎時間ノートを取っているかなど，性格や行動面の傾向が一時的に表出された場面を捉える評価」**ではないことは改めて確認する必要があるものの，適切な意味での「関心・意欲・態度」に近い資料で評価することは引き続き妥当であると考えられます。つまり，基本的にパフォーマンス評価（観察法・作品法・ポートフォリオ評価を含む）が適しており，ペーパーテストを採用するのであれば記述式の課題が有効です。自己評価や相互評価は，形成的評価の資料や，総括的評価（評定）の補助資料として用いることが考えられます。

　また同じく強調された，「自らの学習を調整しようとする側面」（メタ認知）に注目するならば，「評価に当たっては，児童生徒が**自らの理解の状況を振り返る**ことができるような発問の工夫をしたり，**自らの考えを記述したり話し合ったりする**場面，**他者との協働を通じて自らの考えを相対化する**場面を，単元や題材などの内容のまとまりの中で設けたりするなど，『主体的・対話的で深い学び』の視点からの授業改善を図る中で，適切に評価できるようにしていくことが重要です。」（『学習評価の在り方ハンドブック』，9頁，強調は編集部による）と示されていることからも，単元や題材のヤマ場において，子供が「自らの理解・考え」にアプローチしている姿（内面的なものであり，必ずしも表面化しない）をどう捉えるかが課題です。つまり，何らかの思考活動に取り組ませる中で，なるべく他の観点と一体的に評価する（そういう評価資料・課題を用いる）ことが，効率的な評価をつくる上でもポイントになります。

評価のための資料（課題）をどうつくるか

　その上で，踏み込んで考えたいのは，これまで「思考・判断・表現」の評価資料（課題）としてきたものを活用して，どうすれば「主体的に学習に取り組む態度」も評価できるのか，です。

　ここでは，二つの評価規準の関係性等に着目することで，「思考・判断・表現」と「主体的に学習に取り組む態度」を一体的に評価する資料（課題）をつくる際のヒントを得たいと考えました。

　本稿では，代表的と思われる四つのパターンを取り上げます。

（1）評価規準の内容がほぼ重なる場合

（2）「生活や他の学習に生かそうとすること」を評価規準としている場合

（3）「他者との協調性・協働性」を評価規準としている場合

（4）「学習課題への主体性・粘り強さ」を評価規準としている場合

■1 評価規準の内容がほぼ重なる場合

思考・判断・表現	主体的に学習に取り組む態度
・三角形，平行四辺形，ひし形，台形の面積の求め方を，求積可能な図形の面積の求め方を基に考えている。	・求積可能な図形に帰着させて考えると面積を求めることができるというよさに気付き，三角形，平行四辺形，ひし形，台形の面積を求めようとしている。

ヤマ場の課題づくりにどう生かすか（目標として捉える視点）

上記のように二つの評価規準の内容がほぼ重なる場合，「思考・判断・表現」を評価できる課題を構想した上で，解答までのプロセス（試行錯誤の状況）を表現させたりすることで，二つの観点を一体的に評価することが考えられます。粘り強さや自己調整の働かせ甲斐のある，活用力を問うような課題が求められます。

> **課 題 例**　次の台形の面積を求めなさい。求め方と答えを書きなさい

総括的評価（評定）にどう生かすか（評価規準として捉える視点）

解答までのプロセスを評価の資料とする際，加点の根拠が曖昧になりやすい（絞りにくいことがあります）。一つの方法として，各教科の「見方・考え方」に注目することが考えられます。

> **評価のコツ**　思：正しく立式し解を求めることができたか　態：どのように求めようとしたか
> **おもな資料**　活動の様子，ノートなどの記述内容，ワークシートほか
> **見方・考え方**「事象を数量や図形及びそれらの関係などに着目して捉え，根拠を基に筋道を立てて考え，統合的・発展的に考えること」（小学校算数，中教審資料より）

■2 「生活や他の学習に生かそうとすること」を評価規準としている場合

思考・判断・表現	主体的に学習に取り組む態度
・交通網の広がり，外国との関わりなどに着目して，貿易や運輸の様子を捉え，それらの役割を考え，表現している。	・我が国の工業生産について，主体的に問題解決しようとしたり，よりよい社会を考え学習したことを社会生活に生かそうとしたりしている。

ヤマ場の課題づくりにどう生かすか

評価規準が「生活や他の学習に生かそうとすること」を含む場合，「学んだことを今後どのように生かしていきたいか」といった個々の展望（願い，ビジョン）を表現する学習課題を設定することが考えられます。

> **課 題 例**　これからの貿易について自分の考えをまとめなさい

総括的評価（評定）にどう生かすか

上に例示した課題は，加点の根拠が曖昧になりやすい（絞りにくい）ものです。個々の解答の多様性を認めつつ，「学んだことを文脈や対象等に応じて応用・調整等ができているか」という軸で評価して，評価の妥当性と信頼性を高めることが大切です。

> **評価のコツ**　思：複数の視点から検討できているか　態：身の回りの事象と関連付けているか
> **おもな資料**　活動の様子，ノートなどの記述内容，ワークシートほか

ヤマ場をおさえる学習評価のポイント

3 「他者との協調性・協働性」を評価規準としている場合

思考・判断・表現	主体的に学習に取り組む態度
・物の溶け方について追究する中で，物の溶け方の規則性についての予想や仮説を基に，解決の方法を発想し，表現している。	・物の溶け方についての事物・現象に進んで関わり，粘り強く，<u>他者と関わりながら問題解決しようとしている</u>とともに，学んだことを学習や生活に生かそうとしている。

ヤマ場の課題づくりにどう生かすか

　評価規準が「他者との協調性・協働性」を含む場合，グループ活動を通して評価することが考えられます。「思考・判断・表現」を評価する際には，グループ活動として実施するほうが，評価すべき姿（思考のプロセス等）が自ずと表現されやすいものがあります。途中の活動の様子を捉え，「態度」も評価できるでしょう。

　　　課　題　例　　グループで話し合い，水溶液から，溶かしたミョウバンを取り出す方法を考えよう

総括的評価（評定）にどう生かすか

　グループ学習においては，メンバーからの影響を受けやすく，個人に力が付いたのかが見えづらいことがあります。総括的評価（評定）の信頼性を高める上では，「グループの表現」と「個々の表現」を組み合わせた上で，それぞれ何を重点的に見るかを決めておくとよいでしょう。

　　　評価のコツ　　思：自分なりの仮説を表現していたか　態：課題解決のために進んで協力していたか
　　　おもな資料　　活動の様子，ノートなどの記述内容，ワークシートほか

4 「学習課題への主体性・粘り強さ」を評価規準としている場合

思考・判断・表現	主体的に学習に取り組む態度
・「書くこと」において，相手や目的を意識して，経験したことから書くことを選び，集めた材料を比較したり分類したりして，伝えたいことを明確にしている。 ・「書くこと」において，自分の考えとそれを支える理由や事例との関係を明確にして，書き表し方を工夫している。	・<u>粘り強く，書き表し方を工夫し，学習の見通しをもって報告する文章を書こうとしている</u>。

ヤマ場の課題づくりにどう生かすか

　評価規準が「学習課題への主体性・粘り強さ」を含む場合，「思考・判断・表現」を評価できる課題を構想した上で，試行錯誤の姿を「態度」の資料とすることが考えられます。基本的には，「問い」が立てられてから「解答」（考えを整理して表現する）までの期間が長いほうが，その子のよい姿（主体的に学習に取り組む態度）が発揮されやすい（見えやすい・肯定的に捉えやすい）でしょう。実態に応じた課題の設定が求められます。

　　　課　題　例　　「○○クラス版　wikipedia」をつくろう

総括的評価（評定）にどう生かすか

　上記のような課題があらかじめ明文化されて子供に示されている場合，「態度」の評価は，「解答」に向けて努力している姿を加点的に評価していくことが考えられます。

　なお，「態度」の評価規準だけでは何を見ればいいか分からないことがありますが，他の観点との一体的な評価を念頭に置き，具体的な課題を設定してみることで，評価場面（学びの舞台）がイメージできるようになることがあります。教師が明確なイメージをもち，子供に努力の方向性を明文化して伝えることも大切です。

　　　評価のコツ　　思：伝わりやすさを考えて工夫できたか　態：成果を高めようと妥協せずに行動できたか
　　　おもな資料　　活動の様子，ノートなどの記述内容，ワークシートほか

第 2 部.

教科における
指導と評価の計画
と評価例

ヤマ場をおさえる学習評価，三つの視点

　ヤマ場をおさえる学習評価（学びの舞台づくりによる指導と評価の一体化）を実践するポイントを示すべく，各教科の事例は，次の三つの視点で整理されています。

視点①：指導と評価の計画（単元計画）を改善する

　ヤマ場をおさえた評価を意識し，評価場面を精選して，評価の妥当性と信頼性を高めています。また，多くの事例では，単元を貫く課題や問いや活動を軸に，ヤマ場が構想されています。これにより，目指すゴールが共有されて，教師も，児童自身も，学びの必然性・ストーリー性や成長の手応えを感じ取りやすくなります。算数，家庭の例は，学んだことを生活場面で総合するパフォーマンス課題を軸にした単元構成，「逆向き設計」や学びの必然性を意識して重点化した単元構成をイメージしやすいでしょう。また，理科，音楽の例は，実験すること，鑑賞すること・歌唱することといった類似の過程や活動を繰り返す（新たな内容を取り込みながらせり上がる）中で，単元を通して重点的に評価する観点等を整理する際の考え方を示しています。

視点②：形成的評価（支援とつまずき）を改善する

　日々の授業での地道で的確な指導があってこそ，学びの舞台や指導のヤマ場は単元の核として有効に機能します。単元の初めは，Cと判断される状況の支援を優先します。児童のもてる力が発揮されるための足場かけとして，場面を精選して効果的な支援を行い，どの子も単元のヤマ場で意欲的に学習に臨めるようにするわけです。つまずきへの支援の例からは，児童の学びを見取る教師の目（鑑識眼）について学んでほしいですし，そうした的確で緻密な見取りを可能にしている教材研究の深さにも注目してほしいです。また，児童のつまずきに教師が直接対応するだけでなく，児童同士の協働による学びや相互評価を仕組むような，間接的な手立てからも学ぶところがあります。

　総括的評価との接続をイメージする上で，国語（短時間で児童の状況を把握するために，日々思考を可視化する一工夫がある）や図画工作（児童の学びのタイプに応じた支援）の例がわかりやすいでしょう。また，体育の例では，一人一人の児童が自分の運動レベルに沿っためあてを立てて，教師が足場かけしたり，ほかのクラスメートとの学び合い，教え合いを促したりしています。

視点③：総括的評価（評定に用いる評価）を改善する

　単元のコアとなる評価課題の作成は，「思考・判断・表現」の場合，課題の文脈や思考過程において，真正性をもたせることや，個人作業と共同作業を組み合わせた構成を意識します。悩ましい「主体的に学習に取り組む態度」の評価は，問いと答えの間が長い課題に取り組ませて，試行錯誤の様子を捉えて加点的に評価することを考えます。これらを踏まえて，単元のコアとなる評価課題を構想する際には，社会（地域の切実な課題への取組みの中で「思考・判断・表現」と「主体的に学習に取り組む態度」を一体的に評価する），生活（「おもちゃ大会」という児童の活動の見せ場と，見せ場の活動を規定する「おもちゃ研究」という学びのヤマ場），外国語（形成的評価を伴って原稿を書き溜め，単元末で小学校生活で一番の思い出を英語で発表する）などの例がわかりやすいでしょう。各教科における単元を貫く課題や問いや活動の実践的蓄積を生かすわけです。

教科名／単元名／学年	視点① 単元計画	視点② 形成的評価	視点③ 総括的評価
国語① ▶58頁 調べたことを要約して伝えよう（第4学年）	・単元の課題を軸とした構成 ・書くことの評価例	・思考ツールや構成メモを用いた思考のアウトプットと支援	・自分が選んだ伝統工芸の魅力を伝える活動
国語② ▶62頁 物語のみりょくを新聞にして伝え合おう（第5学年）	・単元の課題を軸とした構成 ・読むことの評価例	・穴埋め文を用いた思考のアウトプットと支援	・物語の主題を読み取る活動
社　会 ▶66頁 美しい日本の環境を持続するために（第5学年）	・単元の課題を軸とした構成	・自分なりの問いや答えをもつことの見取りと支援	・地域の切実な課題と向き合う活動
算数① ▶70頁 水のかさ（第2学年）	・学びの必要感を軸とした構成 ・低学年の評価例	・数学の事象と生活を関連付けることの見取りと支援	・日常の文脈を意識した問題
算数② ▶74頁 比例と反比例（第6学年）	・逆向き設計を意識した構成	・振り返りの場を中心とした見取りと支援	・総合的な活用問題 ・協同的な学びを通した評価
理　科 ▶78頁 ガリレオ・ガリレイに挑戦（第5学年）	・単元の問いを軸とした構成	・目的の理解や実験方法についての見取りと支援	・条件を制御しながら実験を繰り返す活動
生　活 ▶82頁 みんなのうごくおもちゃけんきゅうじょ（第2学年）	・一連のストーリーをもった幾つかの活動のまとまりによる構成	・子供の活動状況に応じた見取りと支援	・大会に向けてよりよいおもちゃや遊び方を研究する活動
音　楽 ▶86頁 せんりつのとくちょうをかんじとろう（第3学年）	・題材を軸とした構成	・旋律についての理解の見取りと支援	・表現と鑑賞を交互に体験しながら題材に迫る活動
図画工作 ▶90頁 ホワイトランプシェード（第4学年）	・題材を軸とした構成	・子供の学びのタイプに応じた見取りと支援	・作品（ホワイトランプシェード），製作に向けた活動
家　庭 ▶94頁 ひと針に心をこめて－ミニバッグを作ろう（第5学年）	・題材を軸とした構成 ・パフォーマンス課題や逆向き設計を意識した構成	・目的の理解や製作方法についての見取りと支援	・作品（ミニバッグ），ガイドブック，制作に向けた活動
体　育 ▶98頁 とび箱運動（第4学年）	・単元のねらいを軸とした構成	・子供の運動レベルに応じた見取りと支援	・安全やきまりを意識しながら，運動レベルの向上を図る活動
外国語 ▶102頁 My Best Memory：小学校生活・思い出（第6学年）	・逆向き設計を意識した構成	・毎時のめあて（評価規準）に応じた見取りと支援	・プレゼンテーションを練り上げる活動

第1部

第2部

第3部

教科における　指導と評価の計画と評価例

各教科で例示している「評価規準」について

　本書の評価例における評価規準の多くは，国立教育政策研究所（国研）が作成した「内容のまとまりごとの評価規準（例）」を基に設定しています。「内容のまとまりごとの評価規準（例）」から，単元・題材の評価規準を作成する際の考え方や手順は，教科によって異なる部分があります。右ページに概要を示します。詳しくは，国研が発行している，各教科の『参考資料』をご覧ください。

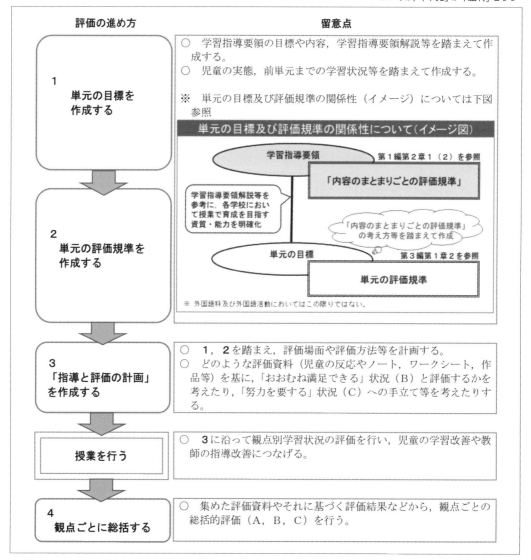

学習評価の進め方　　　　　　　※音楽，図画工作，家庭の各教科においては，「単元」が「題材」となる

評価の進め方	留意点
1　単元の目標を作成する	○　学習指導要領の目標や内容，学習指導要領解説等を踏まえて作成する。 ○　児童の実態，前単元までの学習状況等を踏まえて作成する。 ※　単元の目標及び評価規準の関係性（イメージ）については下図参照 **単元の目標及び評価規準の関係性について（イメージ図）** 学習指導要領　　第1編第2章1（2）を参照 「内容のまとまりごとの評価規準」 学習指導要領解説等を参考に，各学校において授業で育成を目指す資質・能力を明確化 「内容のまとまりごとの評価規準」の考え方等を踏まえて作成 単元の目標　　第3編第1章2を参照 単元の評価規準 ※ 外国語科及び外国語活動においてはこの限りではない。
2　単元の評価規準を作成する	
3　「指導と評価の計画」を作成する	○　1，2を踏まえ，評価場面や評価方法等を計画する。 ○　どのような評価資料（児童の反応やノート，ワークシート，作品等）を基に，「おおむね満足できる」状況（B）と評価するかを考えたり，「努力を要する」状況（C）への手立て等を考えたりする。
授業を行う	○　3に沿って観点別学習状況の評価を行い，児童の学習改善や教師の指導改善につなげる。
4　観点ごとに総括する	○　集めた評価資料やそれに基づく評価結果などから，観点ごとの総括的評価（A，B，C）を行う。

（出典：文部科学省国立教育政策研究所「『指導と評価の一体化』のための学習評価に関する参考資料」令和2年3月）

国研の『参考資料』を生かした「単元・題材の評価規準」の設定方法（概要）

詳しくは，国研が発行している，各教科の『参考資料』をご覧ください。

1．「内容のまとまりごとの評価規準（例）」を基にする

(1)「内容のまとまり」と「単元・題材」がほぼ等しい ——おもに社会，理科

社会や理科の単元は，学習指導要領に示された「内容のまとまり」ごとに，構成されることが少なくありません。ただし，「内容のまとまりごとの評価規準（例）」をそのまま流用するのではなく，学習指導要領や学習指導要領解説等における記載事項を参考にして，単元の構成や学習過程に沿った具体的な評価規準を作成します。

(2)「内容のまとまり」と「単元・題材」が必ずしも一致しない ——おもに音楽，図工，家庭，体育

音楽や図画工作では，題材の構成が複数の「内容のまとまり」にまたがることが少なくありません。また，家庭や体育の「内容のまとまりごとの評価規準（例）」は，二学年分がまとめて示されています。「内容のまとまり」と「単元・題材」が一致しない場合，単元・題材の評価規準を作成する上では，「内容のまとまりごとの評価規準（例）」から，単元・題材で指導する項目及び指導事項に関する部分を抜き出し，評価の観点ごとに再構成（整理・統合），具体化するなどを行います。

2．「具体的な内容のまとまりごとの評価規準（例）」を基にする

「具体的な内容のまとまりごとの評価規準（例）」は，「内容のまとまりごとの評価規準（例）」をより具体的に例示したものです。国研の『参考資料』では，算数と生活において示されています。

算数の単元は，「内容のまとまり」そのままに構成されることもありますし，一つの「内容のまとまり」を分割したり複数を組み合わせたりして構成されることも少なくありません。いずれにせよ，算数では「具体的な内容の〜」を基に，単元の評価規準を作成することが基本となります。

生活の評価は，活動や体験そのもの（学習の過程）を重視して行いますから，学習活動のまとまり（小単元）ごとの評価規準が必要とされます。設定にあたっては，「具体的な内容のまとまりごとの評価規準（例）」が参考になります。また，単元の評価規準の設定には，「内容のまとまりごとの評価規準（例）」が参考になります。ただし，一つの単元が複数の「内容のまとまり」で構成されることなども踏まえて，単元の構成や学習過程に沿った評価規準を作成する必要があります。

3．「国語」の場合

国語の「内容のまとまりごとの評価規準（例）」は，「話すこと・聞くこと」「書くこと」「読むこと」の領域別に，二学年分ずつ示されています。『参考資料』では以下の手順が示されています。

Step 1	Step 2	Step 3	Step 4	Step 5
単元で取り上げる指導事項の確認	単元の目標と言語活動の設定	単元の評価規準の設定	単元の指導と評価の計画の決定	評価の実際と手立ての想定

4．「外国語」の場合

外国語の「内容のまとまりごとの評価規準（例）」は，「聞くこと」「読むこと」「話すこと［やり取り］」「話すこと［発表］」「書くこと」の五つの領域ごとに示されています。単元の評価規準は，「内容のまとまりごとの評価規準（例）」を基に，各単元で取り扱う事柄や，言語の特徴やきまりに関する事項（言語材料），当該単元の中心となる言語活動において設定するコミュニケーションを行う目的や場面，状況，取り扱う話題などに即して設定します。

国語の評価①

学習過程の中で重点化する指導事項を見極める

　学習指導要領では，「A 話すこと・聞くこと」「B 書くこと」「C 読むこと」の指導事項が学習過程に従う形で示されている。それを受け，国語教科書には各言語領域の単元が学期毎に繰り返し設定され，スパイラルな学びが実現できるように単元が配列されている。

　例えば，「B 書くこと」の場合，題材の設定・情報の収集・内容の検討，構成の検討，考えの形成，記述，推敲，共有の順に指導事項が並ぶ。これら全ての手順を踏まないと文章を書き上げることはできないが，単元ごとに学習過程の一部に焦点化した指導を行う。題材の設定や情報の収集に重点をおく単元もあれば，構成の検討にねらいを絞る単元もある。学習指導要領が二学年括りのため，二年間の中で全ての学習過程の指導が行われるようになっている。したがって，重点的に指導した点を中心に評価することとなる。

　これは，「A 話すこと・聞くこと」でも同様である。教科書では重点的に学ぶところを「学習の進め方」など学習者に分かる形で示しているものが多い。指導者はどの単元で何を重点的に指導するのか，一年間（できれば二年間）の見通しをもつことが必須となる。

表現活動は準備段階の指導が鍵を握る

　観察記録文や説明文，新聞を書く，スピーチをするなど，単元終末に表現活動を設定した際に重要なのは，その過程での指導である。それが最終的な成果物に反映される。そのため，収集した情報を分類・整理する段階や，構成を考える段階でのワークシートやノートの見取りが重要となる。

　短時間で児童の状態を把握し，指導助言するには，表やマッピングにメモさせるとよい。表の場合は縦軸と横軸にどのような項目を立てるのか，マッピングの場合は中心からどのような事柄に枝を分岐させるのかがポイントとなる。話題に対してどのくらい情報をもっているのか，それらをどの程度分類・整理できているのか，児童一人一人の考えを短時間で見取ることができる。また，事前に指導者自身がワークシートを含めモデル文を書いてみることで児童のつまずきを予想し，具体的な手立てを準備することができる。

条件を明確に児童に伝える

　観点別学習状況の評価は，児童が納得できるよう，言語活動に取り組む段階で評価の条件を示すことが重要である。例えば新聞作りであれば，「①読み手に一番伝えたいことをトップ記事にする　②見出しを工夫する　③始め・中・終わりの三部構成で記事を書く　④100字程度のリード文をつける　⑤事実と意見を書き分ける」など具体的に示す。このようにねらいを意識して取り組ませることで，客観的な自己評価や効果的な学び合いにつながる。

　評価する条件が明確であれば，分量が多い，見た目がきれい，気の利いた言葉を使用しているといったことに児童も指導者も惑わされることがない。

指導と評価の計画の作成

単元 調べたことを要約して伝えよう（第4学年，光村図書出版）
学習指導要領との対応 C 読むこと（1）（2），B 書くこと（1）

評価規準 (B基準：学習を通して到達させたい最低限の姿)

知識・技能	思考・判断・表現	主体的に学習に取り組む態度
・比較や分類の仕方，必要な語句などの書き留め方，引用の仕方や出典の示し方，辞書や事典の使い方を理解し使っている。 ・幅広く読書に親しみ，読書が，必要な知識や情報を得ることに役立つことに気付いている。	・「読むこと」において，目的を意識して，中心となる語や文を見付けて要約している。 ・「書くこと」において，自分の考えとそれを支える理由や事例との関係を明確にして，書き表し方を工夫している。	・粘り強く，書き表し方を工夫し，学習の見通しをもって報告する文章を書こうとしている。

指導と評価の計画 (単元・題材の学習をどう組み立てるか)

学習活動・学習課題 （丸付き数字は授業時数）	学習評価	
	つまずきと支援 （指導に生かす評価）	総括に用いる評価 （記録に残す評価）
①単元の課題を設定する 　**単元を貫く課題：伝統工芸について調べ，魅力を伝えるリーフレットを作ろう**	態度・ノート（**思**）	
②〜⑤「世界にほこる和紙」を読み，筆者の伝えたいことや構成を捉え，中心となる語や文を使って要約する／伝統工芸のリーフレット作りに生かす書き方の工夫を確かめる	ノート（**思**）	ノート（**思**）
⑥⑦伝統工芸について百科事典や書籍で調べ，紹介するものを決める	観察（**知**）	
⑧〜⑩自分が選んだ伝統工芸の魅力を調べ，わかったことを整理する	ノート（**思**）	p.60
⑪調べたことを文章にするために，構成や資料の使い方を考える	発言・ノート（**思**）	
⑫組み立てを考え，構成メモを書く	ノート・ワークシート（**思**）	p.60
⑬〜⑮構成メモに従い，資料を使いながら説明文を書く	下書き（**思**）	リーフレット（**思**），観察（**態**） p.61
⑯完成したリーフレットを読み合い，よい点を伝え合う／学習のまとめをする		ノート（**思**）

つまずきと支援（指導に生かす評価）

第⑧⑨時　自分が選んだ伝統工芸の魅力を調べ, わかったことを整理する

■ 何を重点的に見るか（資料と観点）

・ノート（思）

■ 学習状況をどう見るか（つまずきと支援）

・知り得た情報を調べた順にメモをしている子には,「それは, どの種類の魅力かな」と問いかけ,「使いやすさ」「美しさ」のように抽象度の高い言葉で小見出しを立てて整理させたり, 教科書のモデルのようにマップ状にまとめさせたりして, 観点別にメモをとらせる。（右下の図参照）

・書籍や資料をそのまま丸写ししている子には, 概略の説明なのか,「よさ」の理由となるものなのかを分けて考えさせる。また, 文章ではなく, キーワードだけを書き抜かせる。

> [どんな学習場面か]
> 　自分が選んだ伝統工芸について, 書籍やインターネットを活用するなど, 複数の情報を使って調べる。そして, わかったことを要約してノートに書いてまとめる。その魅力について分類・整理して書きまとめているか, キーワードを落とさずに要約しているか, 思考や表現を評価し, 支援する。

よさやみりょくについてマップにまとめた例

第⑫時　組み立てを考え, 構成メモを書く

■ 何を重点的に見るか（資料と観点）

・ノート・ワークシート（思）

■ 学習状況をどう見るか（つまずきと支援）

・魅力の具体が「始め」に書かれていたり,「中」にどのような伝統工芸かといった概略が書かれていたりする子には, モデル文を参考にして「始め」「中」「終わり」の役割を振り返らせる。

・「中」の事例部分に伝えたい思いと事実を混在して書いている子には, 情報を整理したノートを見直させながら,「中」には思いの理由となる事実を書くことや, 文末表現の違いに気付かせる。

・「中」に事例が一つしか書かれていない場合は, 複数の理由を示すことで思いがより伝わることを助言し, 情報収集したノートから取り上げられるものを教師と一緒に見付ける。また, 同じ観点の事例を複数の事例として書いている場合も, 同様の支援を行う。

> [どんな学習場面か]
> 　「始め」「中」「終わり」の各部分に書く内容と順序を考えさせ, 構成メモに書かせる。「中」の内容が, 読み手に伝えたい伝統工芸の魅力の理由となっているか, 児童の思考を評価, 支援する。

総括に用いる評価（記録に残す評価）

第⑬〜⑯時 構成メモに従い，資料を使いながら説明文を書く／完成したリーフレットを読み合い，よい点を伝え合う／学習のまとめをする

■ 何を重点的に見るか（資料と観点）

・リーフレット（**思**）

【課題】 伝統工芸について調べ，魅力を伝えるリーフレットを作ろう

　この課題は，単元を貫く課題として，常に児童が意識して取り組んできたものである。したがって，下書きの推敲段階では「指導に生かす評価」となり，最終段階では「記録に残す評価」となる。また，推敲の手引きがそのまま「記録に残す評価」の観点となり，自己評価や完成したものを互いに読み合う際に評価する観点ともなる。

　構成メモを作成する際に〔評価の条件〕を示し，推敲の手引きにも使用する。本単元では，以下を条件とした。

---

①「始め」と「終わり」に伝えたいことを書き，その理由となる具体的な魅力を「中」に書く（両括型）
②「中」には，事例として異なる種類の魅力を二つ以上書く（一つの段落に一つの魅力）
③説明に合った写真や資料を効果的に使う
④最後に出典や参考文献を明記する

※完成したものと下書き原稿とを比べることで，下書きを友達や教師と交流した際に得た指摘や助言を踏まえて，よりよいものにしようと粘り強く試行錯誤したかなど「主体的に学習に取り組む態度」を評価することができる

■ 学習状況をどう見るか（観点別学習状況の判定）

リーフレットの例（課題の成果物）　　思・判・表　　**B**

[判定のポイント]
・Aと判定……上記の四つの条件を満たした上で，さらに「始め」にその伝統工芸を選んだ理由や出合ったきっかけが書かれていたり，書き出しや資料の示し方などに工夫が見られたりする／中に三つ以上の事例を挙げ，順序も吟味して書いている
・Bと判定……四つの条件を満たしている
・Cと判定……四つの条件のいずれかを満たしていない／「中」の事例が「作り方」や「歴史の説明」に終始し，魅力的であることの理由になっていないなど，伝えたいことと事例の関係や整合性がとれていない／書籍や資料をそのまま書き写しているために，必要ではない言葉や情報が多く入っていたり，反対に必要な言葉が足りなかったりしている

※将棋駒の写真提供者：左の写真中のもの「経済産業省　東北経済産業局」，右の写真中のもの「天童市商工観光課」

国語の評価②

指導内容を系統的に捉える

「国語は，他教科と比べ，何を教えたらよいのか分かりにくい」という声を聞く。もちろん，学習指導要領には指導事項が示されている。例えば「Ｃ読むこと」の第１学年及び第２学年の〈文学的な文章〉には，「イ　場面の様子や登場人物の行動など，内容の大体を捉えること。」とある。しかし，これだけでは読み取るべき具体的要素が明確でない。物語の「内容の大体を捉える」には，登場人物とその役割（主人公はだれか），時，場，出来事，結末を理解しなければならない。このような読みの要素について，系統的・構造的に把握しておくことが，「内容の大体を捉える」ことができない児童のつまずきの原因を判断し，素早い指導や支援につながる。特に「Ｃ読むこと」では，教材の文種や特性によって「読み方」が異なるため，それぞれの系統性を捉えておく必要がある。

児童の思考を可視化する

思考力の育成が重視されている。しかし，頭の中で行われている思考それ自体を見ることはできない。そのため，何をどのように考えているか，可視化することが大切である。

思考を可視化すために，「読むこと」の学習では，教材にサイドラインを引かせる，自信度によって挙手の高さを変えさせる，隣の児童と対話させる，ノートに考えを書かせるなどの方法がよくとられる。これらは，児童からの「わからない」「助言が必要」というサインを素早く見取るのに有効である。

例えば，サイドラインを引く場面で動きが止まっていたら，課題を理解していないか，どんな読み方を使ったらよいのか分からないのではないかと見取ることができる。また，誤ったところに線を引いていたら，つまずきや読み誤りの原因を推察して，それぞれに適した助言を行う。ノートに記述させる場合でも，箇条書きで記述するように指示するだけで素早く見取ることができる。このような細かな工夫が評価をする際の助けとなる。

児童に振り返らせる方法を工夫する

学習指導要領で重視されている自己学習力や自己評価能力の育成は，教科書の手引きに反映されている。知識・技能，思考・判断・表現，主体的に学習に取り組む態度の３観点に沿った「振り返り」が示されている教科書もある。このような手引きを単元の導入で子供にゴールイメージや学習目標をもたせることに活用する。これにより，児童は見通しをもって学習に取り組む。目的を明確にすることは，単元を振り返る際に児童自身が学習活動の意味と価値を実感したり，課題に気付いたりする助けとなる。さらに，児童の自己評価の客観性を高め，次の学習へと生かすことができるようになっていくことにつながる。

自己評価は，◎○△のような記号や数値ではなく，自分の言葉で記述させることが大切である。記述することは，身に付いた力や次への課題の自覚を促す。自分の言葉で表現することが難しい低学年や評価の仕方がわからない場合は，交流した後で記述させる。

指導と評価の計画の作成

単元 物語のみりょくを新聞にして伝え合おう　教材：「大造じいさんとガン」（第5学年，光村図書出版）
学習指導要領との対応　C 読むこと（1）（2）

評価規準（B基準：学習を通して到達させたい最低限の姿）

知識・技能	思考・判断・表現	主体的に学習に取り組む態度
・文章を音読したり朗読したりしている。	・「読むこと」において，登場人物の相互関係や心情などについて，描写を基に捉えている。 ・「読むこと」において，人物像や物語などの全体像を具体的に想像したり，表現の効果を考えたりしている。 ・「読むこと」において，文章を読んで理解したことに基づいて，自分の考えをまとめている。 ・「読むこと」において，文章を読んでまとめた意見や感想を共有し，自分の考えを広げている。	・進んで，物語の全体像を具体的に想像し，学習の見通しをもって考えたことを文章にまとめようとしている。

指導と評価の計画（単元・題材の学習をどう組み立てるか）

学習活動・学習課題 （丸付き数字は授業時数）	学習評価	
	つまずきと支援 （指導に生かす評価）	総括に用いる評価 （記録に残す評価）
①単元の見通しをもち，学習計画を立てる。全文通読し，初読の感想を伝え合い，課題を共有する 　**単元を貫く課題：物語のみりょくを新聞にまとめ，伝え合おう**	観察（**知**），態度・ノート（**思**）	
②登場人物の人物像や出来事を捉える	発言・ノート（**思**）	
③④大造じいさんの心情の変化や物の見方や考え方の変化を基に山場を捉え，大造じいさんの変容を書く	発言・ノート（**思**）	p.60 ▷
⑤主題（作品のテーマ）とその理由を書く		ノート（**思**）　p.61 ▷
⑥⑦情景描写や視点の転換など，本作品の魅力について新聞にまとめる		ノート・新聞（**思**）
⑧書いたものを読み合い，感想を伝え合う。学習のまとめをする		ノート（**思**）

> **[重点化のポイント]**
> 　第6〜8時には，本作品の特徴を「みりょく」として新聞にまとめる言語活動を設定した。この新聞作りは，第5時までの学習を評価するものであるが，新聞の出来は，書く能力によるところが大きい。そのため，「読むこと」の力の評価は，第5時にウエイトを置く。また，新聞作りに際しては，予め評価することと書くべき内容を条件として児童に示す。本単元では，次の三つが条件となり得る。①山場を中心とした出来事をトップ記事とすること。②作品の魅力について，効果的な情景描写，山場での視点の転換，前書きや最終場面の役割などから二つ以上取り上げて紹介すること。③作者へのインタビュー記事として，作者に語らせるかたちで主題を書くこと。大切なのは，どの学習を新聞のどの部分に活用するのか，学習者に伝えることである。

つまずきと支援（指導に生かす評価）

> ## 第③時
大造じいさんの心情の変化や物の見方や考え方の変化を基に山場を捉える

■ 何を重点的に見るか（資料と観点）

・発言・ノート（**思**）

■ 学習状況をどう見るか（つまずきと支援）

・残雪とハヤブサとの戦いよりも前にクライマックスがあると読み誤っている子には，クライマックスの定義を確かめたり，全体交流の場でクライマックスとなり得る範囲を絞ったりする。

・心情を読み取る際に，「いまいましい」などの直接的な心情表現や，大造じいさんの心内語，会話文にのみ着目する子には，行動描写や様子を表す描写，そして本教材のポイントである情景描写に目を向けるよう支援する。さらに，心情を読み取るにはどのような叙述に着目したらよいかを全体の場で整理する。

・デジタル教科書を使用している場合は，どのような叙述に着目して大造じいさんの心情や残雪に対する見方・考え方を読み取ったのか，デジタル教科書画面を見て回り，交流させる。

> ## 第④時
大造じいさんの変容を捉え，表現する

■ 何を重点的に見るか（資料と観点）

・発言・ノート（**思**）

■ 学習状況をどう見るか（つまずきと支援）

・一文を書くことができずに困っている子には，まずは〈始めの状態〉と〈変容した結果〉だけを書かせ，友達と交流することを促す。交流後に再度，一文にまとめさせる。

・変容した結果を「残雪と戦うことを止めた」「残雪を撃つのを止めた」と書き，行動の変化しか捉えられていない子には，残雪に対する見方や考え方の変容に気付かせるために，第3場面の終わりの大造じいさんの心情や，第4場面の会話文に着目するように助言する。

・変容した結果を「卑怯なやり方でやっつけたくないと思った」「堂々と戦おうと思った」のように，会話文から書き抜いただ

けの子には，原因となった〈出来事・理由〉を再考させる。その上で，「対等に戦う相手と認めた」など抽象度の高い言葉で表現するように助言する。ここで修正したものは，次時以降の主題の理由として「記録に残す評価」として扱うことになる。

総括に用いる評価（記録に残す評価）

第⑤時 ▶ 主題（作品のテーマ）とその理由を書く

■ 何を重点的に見るか（資料と観点）

・ノート（**思**）

> 【課題】「大造じいさんとガン」の主題とその理由を書き表しましょう。
>
> 　主題とは、「読者が作品全体から受け取ったテーマ」である。したがって、作品から受け取るテーマは読者それぞれに違っていてよい。ただし、何でもよいのでもない。テーマとしては不適切で誤りというものもある。テーマの多くは人の生き方につながる文言となり、抽象度の高い言葉で表現される。
>
> 　主題を、「命の大切さ」のような言葉で表現させてしまうと、メッセージがわかりにくい。そこで、「（　　　）は、（　　　）なものである」のように文にして表現させ、理由と共にノートに書かせる。主題は、抽象度の高い言葉で表す。反対にその理由については、前時までに読み取ってきた人物の変容を中心に、場面の役割、描写など、作品の具体で述べる。テーマと理由の整合性が取れていることが大切である。

■ 学習状況をどう見るか（観点別学習状況の判定）

ノートの記述（課題の解答）	思・判・表
例Ⅰ　私の考えるテーマは、「人も動物も、それぞれの立場で一生懸命生きている」である。なぜなら、大造じいさんは猟師として鳥やけものを獲って生活をしている。いっぽう、残雪たち動物は、撃たれてしまえば死んでしまう。どちらもそれぞれの立場で一生懸命に生きている。	B
例Ⅱ　（例Ⅰの記述に以下の記述が加わる）必死に仲間を助け、傷ついても威厳のある残雪の姿を見て、大造じいさんは残雪に対する見方が「ただの鳥」から「英雄」と呼ぶほど大きく変わった。しかし、次の冬もまた戦いは続くことから、それぞれの立場で一生懸命に生きているすばらしさを感じた。	A
例Ⅲ　ぼくは、この作品のテーマを「相手に敬意をもって戦うことが、人を成長させる」と考えた。その理由は、大造じいさんの残雪に対する考え方の変容である。始めは残雪をたかが鳥だと見下していた。しかし、残雪の命をかけて仲間を救おうとした姿に感動し、敬意が芽生えた。両者の関係も、えものとそれを獲る関係から、対等に戦おうとする関係に変化する。大造じいさんは、第3場面の最後で大きく変わっている。しかし、第4場面が描かれていることで、残雪を見守りつつも堂々と戦い続けようとすることがよくわかる。そこから大造じいさんの成長を感じた。	A
例Ⅳ　私の考えるテーマは、「大造じいさんが残雪に心を打たれた」です。理由は、第3場面の最後に「強く心を打たれて、ただの鳥に対しているような気がしませんでした」とあるからです。	C

> **［判定のポイント］**
> ・作品全体からテーマを捉え、理由を具体的に述べることができていれば「おおむね満足」とする。
> ・例Ⅰは、作品全体からテーマを捉え、抽象度の高い言葉で表現している。また、作品の具体を挙げながら整合性のある理由を述べていることから、「おおむね満足（B）」の状況であると判断する。
> ・例Ⅱは、例Ⅰとテーマは同じであるが、大造じいさんの変容からテーマに迫っていることから、「十分に満足できる（A）」の状況と判断できる。
> ・例Ⅲは、「人は…」と抽象度の高い言葉でテーマを表現し、その理由に人物の変容と場面の役割も挙げている。「十分に満足できる（A）」の中でも、プラスAの状況と判断する。
> ・例Ⅳは、「大造じいさん」「残雪」などの具体が含まれている。作品全体から受け止めたテーマとなっておらず、主題の理解が十分でない。理由を述べているが、作品の一部であり、印象に残った出来事レベルにとどまっている。

社会の評価

社会科では一般的に次のような学習過程が展開される。(1)学習問題を把握し，解決に向けて，予想や学習計画を立てる段階，(2)社会的事象を調べる追究段階，(3)自分なりの答えをもち寄り，吟味し，問題解決する段階（ヤマ場），(4)地域や社会の一員として自分たちができることを考える段階。このような学習過程を通して，具体的な事実に関する知識が相互に関連付き，応用性や汎用性のある概念などに関する知識へと構成され，問題を解決する学習が社会科の本質的な学習といえる。そのため，自ずと単元の各観点の評価規準の内，①を単元前半に，②を単元後半に扱うことが多くなる。つまり，単元の学習過程の中で，前半は学習問題を把握し，問題解決に必要な知識を全員が追究を通して獲得できているかを見取り指導に生かし，後半は，知識を関連付け，概念などに関する知識を形成し，問題を解決できているかを見取り記録に残すという指導と評価のイメージをもつことが，重点化・効率化のポイントである。

指導に生かす評価のポイント

指導に生かす評価は基本的には毎時間行うが，一時間の授業で全ての児童を評価する訳ではない。ヤマ場に向けて，学習問題に対する自分なりの答えをもてない児童を見取り，個別に指導する。つまずきの原因は以下の点が考えられる。(1)学習問題を把握できていない。(2)必要な知識・技能が習得できていない。(3)粘り強く取り組んだり，自らの学習を調整したりすることができていない。このようなつまずきを見逃さないために，授業中の児童の様子を観察したり，ノートや表現物などの評価資料を適宜収集したりして，学習状況を丁寧に見取る必要がある。(1)～(3)のようなつまずきへの効果的な指導として，単元導入において，全員でじっくりと学習問題を設定すること，追究するときに，常に学習問題との関連を意識させること，知識の習得が不十分な児童へは個別の指導をすること，単元の節目で，学習を振り返ったり，見直したりする時間を設定することなど，個に応じた指導が必要である。

記録に残す評価のポイント

ヤマ場では，学習問題に対する自分なりの答えを，個や集団で吟味し，全員が納得する答えや最適な答えを見出すような学習を展開し，学習状況を見取る。「知識・技能」では，概念などに関する知識を形成しているかどうかという点が重要となる。「思考・判断・表現」では，知識をどのように比較・関連付け，総合して考えているかを見取り，単元によっては，学習したことを基に，自分と社会との関わりを選択・判断し，適切に表現しているかという点を見取る。「主体的に学習に取り組む態度」では，学習したことを基に，地域や社会の一員として，自分ができることを考えようとしているかを見取る。

なお，「主体的に学習に取り組む態度」の評価規準の②が設定されていない単元では，①で評価資料を集め，記録に残す評価を行う。他の観点においても指導に生かす評価は①，記録に残す評価は②と固定的に考えず，柔軟に計画することが大切である。

指導と評価の計画の作成

単元 美しい日本の環境を持続するために（第5学年）
学習指導要領との対応 （5）我が国の国土の自然環境と国民生活との関連　ア（ウ）

評価規準（B基準：学習を通して到達させたい最低限の姿）

知識・技能	思考・判断・表現	主体的に学習に取り組む態度
①公害の発生時期や経過，人の協力や努力などについて，地図帳や各種の資料で調べて，必要な情報を集め，読み取り，公害防止や生活環境の改善の取組を理解している。 ②調べたことを図や文などにまとめ，関係機関や地域の人々の様々な努力により公害の防止や生活環境の改善が図られてきたことを理解している。	①公害の発生時期や経過，人々の協力や努力などに着目して，問いを見いだし，公害防止や生活環境の改善の取組について考え表現している。 ②鴨川や里海の取組を比較・関連付け，総合して，その働きを考えたり，学習したことを基に社会への関わり方を選択・判断したりして，適切に表現している。	①公害の防止と生活環境の改善について予想や学習計画を立て，学習を振り返ったり見直したりして，学習問題を追究し，解決しようとしている。 ②学習したことを基に公害の防止と生活環境について，自分たちが協力できることを考えようとしている。

指導と評価の計画（単元・題材の学習をどう組み立てるか）

学習活動・学習課題 （丸付き数字は授業時数）	学習評価	
	つまずきと支援 （指導に生かす評価）	総括に用いる評価 （記録に残す評価）
①②［1次］日本の美しい環境について話し合い，単元の課題を設定する **単元の課題：これからもずっと日本の美しい環境を持続するために，どうすればよいか，鴨川と瀬戸内海の事例から，だれが，どのようなことをしているか調べ，自分なりの解決策を見出そう**	ノートの記述内容や発言内容（思①） 活動の様子・ノートの記述内容（態①）	p.68 ▷
③〜⑦［2次］教科書教材（鴨川）と地域教材（里海）について調べる	ノートの記述内容や発言内容（知①，思①）	p.68 ▷
⑧［3次］鴨川と里海を比べ，美しい環境を持続するための方法について吟味する		ノートの記述内容（知②） ノートの記述内容や発言内容（態①）
⑨［4次］日本の美しい環境を持続するために，自分たちができることを考える		レポート （思②・態②） p.69 ▷

[重点化のポイント]
　本単元では，公害の防止や生活環境の改善が，関係機関や地域の人々の努力によって図られてきたことを理解し，未来を生きる自分たちは何ができるかを選択・判断することを学習する。教材として，教科書事例である「鴨川」と地域事例である「里海」を扱う。
　単元導入で，「この美しい日本の環境をこれから先もずっと持続させるためにはどうすればよいか」という学習問題（単元の課題）を設定する。なお，この課題は現代的な課題であり，絶対的な答えは無いことや，教科書や地域の事例を参考に，自分たちなりの答えを出すことがゴールであることを児童に伝えた。2次（第3〜7時）では，事例調べを通して，問題解決に必要な知識を確実に習得することや学習問題に対する自分なりの答えをもてるよう指導した。
　本単元のヤマ場は，3・4次（第8，9時）である。3次では自分なりの答えを出し合い，学習問題に対する納得できる最適な答えを吟味し，4次では，地域や社会の一員として，自分ができることを選択・判断する学習を行い，単元の課題のレポート作成（記録に残す評価）を行った。

つまずきと支援 (指導に生かす評価)

第①②時 日本の美しい環境について話し合い、単元の課題を設定する

■ 何を重点的に見るか (資料と観点)

・ノートの記述内容や発言内容 (**思①**)

・活動の様子・ノート (**態①**)

■ 学習状況をどう見るか (つまずきと支援)

・学習問題につながる自分なりの問いをもてない子には、教科書の事例だけでなく、地元の事例を提示したり、友達とのフリートークの時間を十分に設けたりする。自己や他者の経験を掘り起こし、社会的事象を身近に感じられるように支援する。

・自分なりの予想や解決の見通しを見出せない子には、自分なりの予想や見通しであり、答えは一つではないことを伝え、書くことの抵抗感を減らす支援を行う。また、一年間の学習を振り返り、今までの学習ではどのような問題解決の過程を経てきたかを想起できるように支援する。

> **[どんな学習場面か]**
> 第1時は、日本の美しい環境について、資料を基にフリートークを行う。日本には美しい環境が各地にあること、いっぽうで公害や生活環境の悪化などの問題点があること、鴨川や瀬戸内海では環境の改善が図られていることなどを知ることがねらい。今までに自分がもっている知識と新たな事実を友達との対話の中で整理し、単元の問いを設定する。
> 第2時は前時に設定した学習問題に対する予想や学習計画を立てる。
> 単元の評価規準から、以下の二つを重点的に見取って支援する。
> ----------
> **【思①】**……公害の発生時期や経過、人々の協力や努力などに着目して、問いを見出している。
> **【態①】**……公害の防止と生活環境の改善について予想や学習計画を立て、解決の見通しをもっている。

第③〜⑦時 教科書教材 (鴨川) と地域教材 (里海) について調べる

■ 何を重点的に見るか (資料と観点)

・ノートの記述内容や発言内容 (**知①・思①**)

■ 学習状況をどう見るか (つまずきと支援)

・事例についての知識の獲得が不十分な子には、「問題は何？」「この資料は問題解決につながる？」など、常に学習問題と学習活動との関連を意識させる。また、県庁の担当者との出会いなど、「ひと・もの・こと」との出会いを授業に織り込み、知識と経験が結び付くように支援する。また、時間の経過や関係する人のつながりなど、資料を読み取る際に必要な着目する視点を助言する。

・毎時間、授業の終末に「今の自分なりの答え」を書く時間を取り、複数の知識を学習問題とつなげ、考察することで、自分なりの答えを常に更新できるよう支援する。

> **[どんな学習場面か]**
> 第3〜7時は、単元の学習課題を解決するために、課題追究を通して、必要な知識・技能を習得する段階である。ここでは、受け身の習得ではなく、アクティブな習得になるよう支援する。
> 単元の評価規準から、以下の二つを重点的に見取って支援する。
> ----------
> **【知①】**……公害の発生時期や経過、人の協力や努力などについて、地図帳や各種の資料で調べて、必要な情報を集め、読み取り、公害防止や生活環境の改善の取組を理解している。
> **【思①】**……公害の発生時期や経過、人々の協力や努力などに着目して、公害防止や生活環境の改善の取組について考え表現している。

総括に用いる評価（記録に残す評価）

第⑧⑨時 鴨川と里海を比べ，美しい環境を持続するための方法について吟味する／日本の美しい環境を持続するために，自分たちができることを考える

■ 何を重点的に見るか （資料と観点）

・レポート　（思②・態②）

> 【単元の課題】　美しい日本の環境をこれから先もずっと持続させるためにはどうすればよいか。自分の考えを説明しましょう。また，そのために，自分は何ができるかを書きましょう。

■ 学習状況をどう見るか （観点別学習状況の判定）

	レポートの記述（課題の成果物）		※判定の根拠となる箇所を抜粋	
	思考・判断・表現		**主体的に学習に取り組む態度**	
	【思②】　鴨川や里海の取組を比較・関連付け，総合して，その働きを考えたり，学習したことを基に社会への関わり方を選択・判断したりして，適切に表現している。		【態②】　学習したことを基に公害の防止と生活環境について，自分たちが協力できることを考えようとしている。	
例Ⅰ	・鴨川と里海に共通するのは行政・企業・市民の連携。山・川・里・海の一体的な取組み。過去・現在・未来の連続的取組みの三つだ。この三つの内，どれか一つ欠けても日本の美しい環境は持続できない。	B	・これからもずっと美しい環境を持続していきたい。そのために，鴨川や里海に関わる人を見習って環境を大切にできる人になりたい。	B
例Ⅱ	・三つとも大切だが，特に，今の社会の課題は，行政，企業，市民の連携だ。なぜなら，私も含めて市民は行政や企業の環境保全への努力や取組みを知らないし，そのような取組みに関心が低いからだ。	A	・自分は，市民の一人として，親や友達に環境を持続する方法を伝えたい。そして，市民として，積極的に環境イベント等に参加したい。	A
例Ⅲ	・三つが一体となって取り組むことが大切だ。中でも今の社会において，一番重要なのは，過去，現在，未来の連続的な取組みだ。未来のために，過去を引き継ぎ，今，できることを考えなくてはいけない。	A	・三つの取組みが一体となって続けられるように，私は，これから，身近な人に環境問題を伝えながら，環境を考えた行動をしていきたい。	B
例Ⅳ	・地元の取組みである里海から，行政・企業・市民の連携が大切であるということが分かった。美しい環境を持続するためには，3者の関係が必要だ。	C	・これからもずっと美しい環境を持続していくために，ポスターなどで環境の大切さを宣伝していきたい。	C

> **[判定のポイント]**
> ・思考・判断・表現……例Ⅰは，鴨川・里海から得た知識を関連付け（共通点の発見等），総合してその働きを考え，学習問題の答えを見出しているため，Bと判定する。例Ⅱや Ⅲは，その上で，現在の社会の現状とも関連付け，現在の社会において必要なことを考えているためAと判定する。例Ⅳからは鴨川と里海から得た知識を関連付け・総合して考えていることが読み取れないので，Cと判定する。なお，例Ⅳを作成した児童には，ベン図を示し，二つの事例の共通点や相違点を考えられるように支援する。
> ・主体的に学習に取り組む態度……例ⅠとⅢは，学習したことを基に自分が協力できることを考えようとしているため，Bと判断する。例Ⅱは，その上に，「市民の一人として」など，社会における自分の立ち位置を認識し，自分が協力できることを考えようとしているためAと判定する。例Ⅳは，学習したことを基にしていないため，Cと判定する。例Ⅳを作成した児童には，ポスターに必ず書きたい内容は何かを尋ね，今までの学習とつながるよう支援する。

算数の評価①

単元の計画を作成する際は，最終的に何ができるようになって欲しいか，つまり，学習後の児童の姿をあらかじめ考えておくことで，単元のどこに評価の重点を置くか，それまでにどんな手立てを準備しておけばよいかという単元設計の手がかりが見えてくる。

算数の学習過程は，「数学の事象」と「日常生活や社会の事象」の問題解決が，相互にかかわり合って展開するものとされており，日常事象に近い課題の解決に挑戦させることが望まれる。ただし，単元の中心的な学習課題は，なるべく単元の初めから児童に意識させておきたい。そうして学びの必要感と見通しをもたせることが，自ら学ぶ意欲を引き出すことにもつながるからである。

考えさせる前に，教える

低学年では，「児童の既習事項が少ない」という前提を意識しながら，つまずきの原因を見取ることが大切である。特に多いのが，「文意を読み取れない」ことでのつまずきである。例えば，「5×9」も「100−45」も計算できるのに，「1個5円のチョコレートを9個買いました。100円で買い物をすると，お釣りは何円になるでしょうか」という文章問題ができないという姿を見取って支援するのである。

なお，こうした問題を解法の教示も無しに突発的に提示し，試行錯誤する姿を見取って，「思考・判断・表現」の評定の材料とすることは避けたい。つまり，思考を伴う問題を扱う際には，前時までに，①解法の教示⇒②類似題（数値を変えるなど）でのたしかめ⇒③発展問題（例：後半部を「さらに1冊100円のノートを買うと」に変えるなど），という学習に取り組むといった，解法を身に付けさせるためのかかわり（見取りと支援）を大切にしたい。

学習の手応えを感じる場を作る

上記のようなつまずきへの支援を基に，「思考・判断・表現」の記録に残す評価は，計画的に単元の後半に実施したい。その場が児童にとって，学習の手応えを味わえる場となるように工夫することが大切である。その積み上げが，低学年においては，身に付いた自信と中・高学年の学びへの期待を育んでいくのではないだろうか。

「思考・判断・表現」を評価するときに，低学年は文章記述からだけでは学習状況を見取りづらいことがある。そこで，課題を解決するために使ってほしい「思考ツール」を提示することも一手である。思考ツールとは，考えを出したりまとめたりする際に活用する図表や手法の総称である。例えば，「○○についてのあなたの考えを，テープ図を使って書きましょう」というように課題とセットにして提示をし，それを用いて課題解決ができているかどうかを見取るわけである。数学的な見方や考え方のストックが少ない，特に1，2学年のうちは有効な方法であると考える。3学年になると，いくつかの選択肢を用意して，その中から自分の考えを表すのにふさわしいツールを選ばせるのもよいかと思う。こうした経験の繰り返しによって，数学的な見方や考え方が培われていくと考える。

指導と評価の計画の作成

単元 水のかさ（第2学年）
学習指導要領との対応 C測定（1）長さやかさの単位と測定

評価規準（B基準：学習を通して到達させたい最低限の姿）

知識・技能	思考・判断・表現	主体的に学習に取り組む態度
・長さの単位（ミリメートル（mm），センチメートル（cm），メートル（m））及びかさの単位（ミリリットル（mL），デシリットル（dL），リットル（L））について知り，測定の意味を理解している。 ・長さ及びかさについて，およその見当を付け，単位を適切に選択して測定することができる。	・身の回りのものの特徴に着目し，目的に応じた単位で量の大きさを的確に表現したり，比べたりしている。	・量を比べたり測定したりすることに進んで関わり，数学的に表現・処理したことを振り返り，数学的な処理のよさに気付き，生活や学習に活用しようとしている。

指導と評価の計画（単元・題材の学習をどう組み立てるか）

学習活動・学習課題 （丸付き数字は授業時数）	学習評価	
	つまずきと支援 （指導に生かす評価）	総括に用いる評価 （記録に残す評価）
①かさを比較する活動を通して，学習の必要感と見通しをもつ。かさの単位「L」を理解する	活動の様子・ノートの記述内容（**知**）	p.72
②かさの単位「dL」と「L」の関係を理解する	活動の様子・ノートの記述内容（**知**）	
③かさの単位「mL」と「L」「dL」との関係を理解する	活動の様子・ノートの記述内容（**知**）	
④身の回りのもののかさを測定する（学びをつなぐ時間）	活動の様子（**知・思**）	p.72
⑤かさの計算の仕方を理解する	活動の様子・ノートの記述内容（**知**）	
⑥たしかめ問題に取り組む		プリント教材（**知**）
⑦日常の事象から，学びの必要感を再認識する（学びを生かす時間）		ワークシート（**思・態**） p.73

> **[重点化のポイント]**
> 　本単元で大切にしたいのは，児童が「学びの必要感」をもちながら学習を進めていくことである。そこで，単元の初め（第1時）と終わり（第7時）に日常事象の一場面を取り上げた上で，途中の段階では，児童が必要感に目を向けられるように，適宜支援を行う。
> 　終わり（第7時）の記録に残す評価の学習課題に取り組む場面では，日常事象に近い文脈で，単元を通して身に付けた知識・技能を活用できるかを見取る課題を設定した。低学年の児童における評価として，よりよく学ぼうとする態度（調整力や粘り強い姿勢）を見取ることが難しい点がある。よって，活動の様子や振り返りの記述内容のみを評価資料とするのは根拠として弱い。本例では，「活用」の様子に着目して，第7時の課題を「思考・判断・表現」と「主体的に学習に取り組む態度」を一体的に評価する資料とすることを構想した。

第1部　第2部　第3部

教科における　指導と評価の計画と評価例

つまずきと支援（指導に生かす評価）

> ### 第①時
かさを比較する活動を通して，学習の必要感と見通しをもつ。
かさの単位「L」を理解する

■ 何を重点的に見るか（資料と観点）

・活動の様子・ノートの記述内容（知）

■ 学習状況をどう見るか（つまずきと支援）

・普遍単位を決まり事として覚えてしまう児童は，「もとにする大きさ」の必要性やその量感をつかめるように支援する。例えば，教師と児童が用いる計器の大きさを変えておくと，計測を終えたとき，かさに違いがあることから，比較をするときには基準（もと）になる大きさが必要であることに自分で気付きやすくなる。「もと」という見方は，高学年で行う「倍」や「割合」の学習への接続を見通して，低学年の学習の中で身に付けられるように，つまずきの見取りと支援を行う。

・直接比較や間接比較といった計測で満足してしまいそうな児童には，「じゃあ，兄弟のジュースのかさの違いは，どれだけですか」と問い直して，正しくかさを表すことや細かなかさを測る単位の必要性に目を向けられるように支援する。

> [どんな学習場面か]
> 　体積を表す単位を知ると共に，普遍単位の必要性等を考える学習場面である。
> 　新しい単元のスタートには，学びの必要感を味わわせるかかわり（見取りと支援）が重要であると考える。ここでは，「『お兄ちゃんのジュースのほうが多い』と，弟が泣いています。本当にそうなのか，比べて解決しよう」という，児童が日常の事象としてイメージしやすい課題を用いて，学習への導入を図る。なお，この課題は，単元を通して考えていきたい課題でもある。適切な見取りと支援を通して，児童が自ずと「課題を解決するためには，どんな知識・技能が必要なのか」を見通したり，知識・技能を身に付けていく中で，「だから，この学習が必要だったんだ」という気付きにつなげたい。

> ### 第④時
身の回りのもののかさを測定する（学びをつなぐ時間）

■ 何を重点的に見るか（資料と観点）

・活動の様子（知・思）

■ 学習状況をどう見るか（つまずきと支援）

・計測を重ねていく中で，かさの加法性を見出していけるように見取りと支援を行う。単位換算が苦手な児童には以下のシート2を基にすると，同じ単位同士で計算ができることや，異なる単位でも換算をすることができることに気が付きやすい。

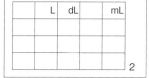

> [どんな学習場面か]
> 　体積の単位を用いて，身の回りにある様々な容器のかさを測定してみる学習場面である。計測したかさの記録用紙として，左のようなシートを用いる。単位同士の関係が見えやすくなる（2，3時の単位換算が苦手な児童の支援としても有効である）。
> 　なお，この時間は，教科書の構成上では，単元の終わりの活動として量感を豊かにするために位置付けられているが，第2，3時の学習と次時（かさの計算）への接続をスムーズに行うために第4時に設定することとした。

総括に用いる評価 (記録に残す評価)

第⑦時　学びを生かす時間

■ 何を重点的に見るか (資料と観点)

・ワークシート (**思・態**)

> **問題**
>
> 　今日は, たくさんのお客さんがやって来ます。そこで, 森さんは, ジュースを作ることにしました。説明書を読むと, ジュースのもとを400mL, 水を1200mL 準備すると書いていました。でも, 森さんの家には, 右のようなカップしかなく, かさを計れないと困っています。森さんに, このカップを使ってかさを計れることを教えてあげてください。

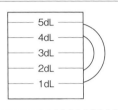

■ 学習状況をどう見るか (観点別学習状況の判定)

ワークシートの記述 (問題の解答)	思・判・表	態　度
例Ⅰ 400mL ＋1200mL ＝1600mL 1600mL ＝1L6dL 1L6dL ＝16dL	B	B
例Ⅱ 1dL は, 100mL です。なので, ジュースのもとは, 4dLのところまで入れます。水1200mL は, 12dL と同じなので, 5dL で2杯と2dL のところまで入れるとできます。	A	A
例Ⅲ 水だけでも1200mL あるので, このカップでは, 溢れてしまうので, 測ることはできません。	C	C

> **[判定のポイント]**
> 　ツールを用いて自分の考えを相手にわかるように表現できるかを見る課題である。ポイントは, 「思考・判断・表現」と「主体的に学習に取り組む態度」の状況を「学びを日常に活用する姿」から見取るという点である。それぞれ以下の学習状況があると判断できれば, Bと判定する。
> ------------------------
> 【思考・判断・表現】……身の回りのもの (ツールとして用いるカップ) の特徴に着目し, 目的に応じた単位でかさの大きさを的確に表現したり, 比べたりしている。
> 【主体的に学習に取り組む態度】……かさを比べたり測定したりする (ツールのカップを用いる想定) ことに進んで関わり, 数学的な表現・処理のよさに気付き, 生活や学習に活用しようとしている。
> ------------------------
> ・例Ⅰは, カップの単位に合わせて換算を行うことができたものの, 数学的な処理に留まり, 問題の文脈に即した解答はできなかった。しかし, dL の単位に着目したところからカップの活用を目指していたと判断できることから, 思B, 態Bと判定する。
> ・例Ⅱは, カップの単位に着目し, 的確に単位の換算を行っている。また, 指定されたカップを用いた測定方法を表現していることから, 思A, 態Aと判定する。
> ・例Ⅲは, 単位の量感が身に付いていることは見て取れるが, 換算や測定にまでは至っていないと判断できることから, 思C, 態Cと判定する。しかし, 課題そのものに問題があることも考えられる。カップから溢れないかさにするなど, 難易度の検証が必要であった。

算数の評価②

　算数科では，数学的な見方・考え方を働かせ，数学的活動を通して，数学的に考える資質・能力を育成することを目指している。単元における指導と評価の計画の作成において，数学的活動の時間に児童の力を存分に発揮させ，指導と評価を一体化させるためには，

①下学年の関連単元と比較し，当該学年の学習内容を明らかにする時間（形成的評価）
②当該学年の学習内容を身に付ける時間
③学習を振り返る時間（形成的評価）
④知識及び技能を磨く時間
⑤数学的活動の時間（総括的評価）

という「児童に還す評価」を意識した流れが必要だと考える。この流れを作ることによって，児童が単元末の学習課題（記録に残す評価）への見通しをもつことができるようになり，単元末の学習課題（記録に残す評価）の時間が，児童にとって，「ふるいにかけられる時間」から「生き生きと学ぶ時間」「学びの成果を発揮する時間」へと変わり，評価の舞台として機能する。

高学年の指導に生かす評価

　その流れを作るための指導に生かす評価のポイントは，上記の内，①と③の時間にある。
　①の時間では，児童のつまずきが下学年にあるのか，当該学年にあるのかを見取り，必要な支援につなげる。これは，各領域の縦のつながりが見えやすい算数科ならではの支援のあり方である。
　また，③の時間では，児童にどんな手立てが必要か，さらには，どの程度の難易度の学習課題が適切かをより明確にするために，児童の相互評価も交えながら，その時点の学習状況を見取る。学習後の振り返りとして，「分かったこと」や「表現・処理のよさについて考えたこと」を記述させ，それらを「主体的に学習に取り組む態度」の見取りに用いることはよくあるが，③の時間では，さらに「分からなかったこと」や「もっと知りたいこと」も児童に記述させる。これは，自身の学習状況を客観的に捉えることができるようになってくる高学年に有効な手段である。

記録に残す評価は「学びを生かす場」で

　「主体的に学習に取り組む態度」を含む，新しい3観点の評定を実施する上で，記録に残す評価のポイントとしたいのが，単元計画における「学びを生かす場」の設定である。主に単元末に，日常生活の中で起こる事象を，それまでに身に付けた「知識・技能」を用いて解決する課題を設定し，解決を通して「思考・判断・表現」も一体的に評価する。その中で，児童が，どんな数学的な見方・考え方を働かせると自分の考えがよく伝わるかと「思考・判断・表現」する状況を捉えるのである。
　本稿の評価例は，「他者と共に考えたり，支えたり支えられたりする営み」のある活動を設定し，3観点を一体的に評価する例を示した。なお，総括的評価といえども，次の学習への橋渡しも意識したい。協同的な学びを通してできるようになった部分を加点的に評価して，学習意欲を持続させながら，思考の経験を重ねられるように支援したい。

指導と評価の計画の作成

単元 比例と反比例（第6学年）
学習指導要領との対応 C 変化と関係 （1）比例

評価規準 （B基準：学習を通して到達させたい最低限の姿）

知識・技能	思考・判断・表現	主体的に学習に取り組む態度
・比例の関係の意味や性質を理解している。 ・比例の関係を用いた問題解決の方法について知っている。 ・反比例の関係について知っている。	・伴って変わる二つの数量を見いだして，それらの関係に着目し，目的に応じて表や式，グラフを用いてそれらの関係を表現して，変化や対応の特徴を見いだしているとともに，それらを日常生活に生かしている。	・伴って変わる二つの数量について，数学的に表現・処理したことを振り返り，多面的に捉え検討してよりよいものを求めて粘り強く考えたり，数学のよさに気付き学習したことを生活や学習に活用しようとしたりしている。

指導と評価の計画 （単元・題材の学習をどう組み立てるか）

学習活動・学習課題 （丸付き数字は授業時数）	学習評価	
	つまずきと支援 （指導に生かす評価）	総括に用いる評価 （記録に残す評価）
①下学年の学習を振り返る。また，単元を通した課題を設定し，6学年の学習の見通しを立てる	ノートの記述内容や発言内容（**知**）	p.76
②比例の関係を表す式について理解する ③比例のグラフの特徴を理解し，書き表す ④比例を利用してできることを理解する	活動の様子（**知**）	
⑤3～4時のたしかめ問題に取り組む		プリント教材（**知・思**）
⑥反比例の意味と，その関係を表す式を理解する ⑦反比例のグラフの特徴を理解し，書き表す ⑧比例と反比例の違いを明確にする	活動の様子（**知**）	
⑨6～8時のたしかめ問題に取り組む		プリント教材（**知・思**）
⑩学習の振り返りをする ⑪つまずきのあった問題を学習し直す	振り返り用紙・プリント教材（**知・思**）	p.76
⑫日常の事象を算数の学びを生かして解決する（学びを生かす時間）		ワークシート・活動の様子（**知・思・態**） p.77

> **［重点化のポイント］**
> 　上記は，逆向き設計の発想で，12時間目（単元末）の学習課題（記録に残す評価）に向けて，どのような力を身に付けさせていくかを考えて構成した。児童の相互評価によるインプット，アウトプットの場や，自力解決の場を組み合わせることで自身の学びを確かめる。そこで，12時間目の課題を解くために必要な思考の土台を作る。さらに，振り返りの時間（第5，9，10時）から，児童の実態をつかみ，必要に応じて課題の難易度を再検討するようにした。児童と教師の双方による確認を大切にした。単元末の学習課題（総括的評価）の場面で，より多くの児童が学習の手応えをつかめるように支援したい。

教科における　指導と評価の計画と評価例

75

つまずきと支援（指導に生かす評価）

第①時　下学年の学習を振り返る。また，単元を通した課題を設定し，6学年の学習の見通しを立てる

■ 何を重点的に見るか（資料と観点）

・ノートの記述内容や発言内容（**知**）

■ 学習状況をどう見るか（つまずきと支援）

・表の横の見方が身に付いていない児童を見取りながら，児童に発問する際に，比例であるかないかだけを問うのではなく，「なぜ，比例と言えるのか」と問うことを繰り返す。また，本時以降もこの応答を約束事としていくことで，2倍，3倍……という定義の言葉と合わせて表の横の見方を定着できるように支援する。

・縦の見方ができない場合，立式の思考にこだわらず，「表の1の下にある数がきまった数」と教示して，$y =$ きまった数$\times x$の式を，「きまった数＝一つ分」，「$x =$ いくつ分」と捉え，比例が一定の変化であることをつかむことができるように支援する。

> **［どんな学習場面か］**
> 　既習の表を用いて，表の横と縦の見方を再確認する学習場面。また，比例は連続した一定の変化が起こるという点も捉えさせ，「比例を日常のどんな場面で生かせそうか」という単元を通した課題を理解する場面でもある。
> 　児童が学びのつながりを確かめ，単元の見通しをもつことが，本時のねらい。5学年で，体積と高さの変わり方を調べることで，伴って変わる二つの数量の関係を比例と定義したことを学んでおり，「体積と高さの変わり方は，比例の関係にあります」とは答えられるが，「比例について説明しなさい」と問われると，言葉を詰まらせる児童が多いと思われる。

第⑩時　学習の振り返りをする

■ 何を重点的に見るか（資料と観点）

・振り返り用紙・プリント教材（**知・思**）

■ 学習状況をどう見るか（つまずきと支援）

　上記の1時間目があることで，表に対する抵抗感をもつ児童は少なくなっている。本時の支援は以下の2点を中心として行う。

・グラフから式を立てることが困難な児童には，グラフ全体を見るのではなく，横軸の1とそのときの縦軸の値に注目させる。その値が「きまった数」となることを教示する。

・問題文から式を立て，比例か否かを判別することが困難な児童には，乗除の学習までさかのぼり，「ずつ」や「一つ分」など立式のキーになる語句，学習してきた公式を整理するよう促し，既習事項の中にも比例があったことに気付かせる。

> **［どんな学習場面か］**
> 　当該学年（6学年）の新出事項を学んだ後で，学んだことや学習の定着状況を確認する場面である。
> 　この時間には，評価に係る二つのねらいがある。
> 　一つは，児童に「分かったこと」と「分からなかったこと」を明記させて，習熟の重点を定めること（学習を振り返る時間）。
> 　もう一つは，「表現・処理のよさ」や「もっと知りたいこと」も記述させ，総括的評価の学習課題の難易度を設定する材料とすること（総括的評価に生きる振り返り）。

総括に用いる評価（記録に残す評価）

第⑫時 日常の事象を算数の学びを生かして解決する

■ 何を重点的に見るか（資料と観点）

・ワークシート・活動の様子（**知・思・態**）

第12時の学習活動と評価の流れ　※各段階で気付いたことをワークシートに記入していく
1．自力解決の時間（個人。10〜15分程度）
2．小交流の時間（人数制限は設けない。5〜10分程度）
　　自力解決ができた児童は，解決方法について交流し，よりよい解法を見出す。できなかった児童は，でき
　た児童に，どこがわからなかったかを説明し，解法のヒントをもらい，再び自力解決に向かう
3．全体での振り返りの時間

（問題）
　森さんは，鈴木さんと温泉に行くことにしました。二人とも，朝10時に出発し，300km 先の前田温泉に15
時に着く約束をし，次のような計画を立てました。
　電車好きの森さんは，「時速100km の特急に乗り，200km 先の前田駅で降ります。そこで観光をし，2時
間後に同じ速さの特急に乗り，前田温泉に到着をする予定です」
　車好きの鈴木さんは，「時速60km で運転し，まっすぐ前田温泉まで行きます」
　2人は15時に前田温泉に到着することはできるでしょうか。ただし，二人とも一定の速さで移動すると考え計
画をしました。図や式などを用いて考えをまとめなさい。

■ 学習状況をどう見るか（観点別学習状況の判定）

ワークシートの記述及び活動の様子		知・技	思・判・表	態度
例 Ⅰ	**（1）ワークシート** 最初の自力解決： 森さん 時間：1／2／3／4／5／6 距離：100／200／／／300／400 1時間で100km 進み，2時間で前田駅に着く。そこから2時間観光して，100km 先の前田温泉に行くまで，2＋2＋1＝5時間かかる。朝10時に出発するので，15時に着く。 鈴木さん 時間：1／2／3／4／5／6 距離：60／120／180／240／300／360 時速60km で，300km 先の前田温泉にまっすぐ行くから，300÷60＝5時間かかる。朝10時に出発するので，15時に着く。 振り返りの記述：表を使うと，何時間先が求めやすいです。森さんの表は，3時間後と4時間後のところを×にして考えると，答えがわかります。 **（2）活動の様子** 解決に苦戦している児童にどうしたらわかりやすく解法のヒントを伝えられるか，他者はどのような解き方をしてどんなよさがあるか，を見出そうとしていた		**A** 目的に合わせてよりよい処理の方法を選択し（**思A**），表の特性を理解して正しく答えを求めた（**知A**）。また，理解をより深めようとしたり表による解決のよさを見出したりした（**態A**）	**A**	**A**
例 Ⅱ	**（1）ワークシート** 最初の自力解決：未記入 交流での気付き：初めはわからなかったけど，グラフがいいなと思いました。なぜなら，パッと見て，数の増え方や目的地に一緒に到着することがわかったからです。 **（2）活動の様子** 自力解決はできなかったが，他児との関わりを通して解法をつかんでいった。最終的に，グラフによる処理のよさに気が付くことができた		**C** 既習内容を生かした自力解決ができなかった（**知C**）が，交流でヒントを得て再び解決に向かい（**態B**），グラフから数量の変化の特徴を見出すに至った（**思B**）	**B**	**B**

教科における　指導と評価の計画と評価例

理科の評価

理科では，児童が『自然の事物・現象についての問題を科学的に解決するために必要な資質・能力』を育成するという教科の目標を念頭におき，児童が問題解決の過程を繰り返しながら，新たな知識や技能を獲得したり，既にもっている知識を更新したりできるよう単元や授業を設計等，問題解決の過程で資質・能力を育成することが必要である。

では，問題解決を繰り返して，児童が次第に資質・能力を身に付けながら，それらを使いこなすレベルに発展させていくには，どのように単元を設計していけばよいだろうか。

第5学年「振り子の運動」の単元では，「振り子が1往復する時間には何が関係しているのか？」という単元を貫く問題が児童から見出され，要因として予想された「振れ幅」「振り子の長さ」「おもりの重さ」の三つを一つずつ確かめていく授業づくりが多く行われる。その際，始めに確かめることが多い「振れ幅」では条件制御の考え方を働かせ，実験の計画を教師が支援しながら行い，最後に確かめる「おもりの重さ」（または「振り子の長さ」）では，児童がこれまでの学習を生かし，解決の方法を発想するようにする。

つまり，単元の後半に前半の問題解決が生きるような舞台を設計して，そこに向かい，単元のヤマ場づくりを行っていくようにする。

指導に生かす評価のポイント

指導に生かす評価は，授業を学級の児童にアジャストするための材料収集に他ならない。このアジャストが，単元のヤマ場や評価の舞台づくりにつながっていく。

単元の前半は，児童の表情，動き，ノートや学習カードへの記述を見取りながら，手厚く児童の学習状況に寄り添いながら指導を行う。このときは，児童がどんな場面で何に困っているのかを中心に読み取ることが重要である。教師は読み取ったことを基に，学級全体への指導での対応と，個々の児童への支援での対応の両面を考える必要がある。

では，指導や支援の即時的改善を図る上で，どんな材料をどのように読み取ったらよいだろうか。上述した「振り子の運動」で言えば，振り子の「長さ」を変えて実験を行う2番目の問題解決の際に，「どのような計画を立てようとしているのか」に注目し，ノートの記述やグループでの話合いなどから学習状況を見取る。その上で，つまずきが見られる状況を中心に，細やかな声かけ，場合によっては全体に結果をまとめる表の作成を促すなどの指導や支援を行う必要がある。

記録に残す評価のポイント

単元末に総括的評価を実施する上で，一連の問題解決の流れが，個々の児童にどのように身に付いているのかを見取り，記録に残したり，表現された記述内容等から学習状況を読み取ることが必要になる。「振り子の運動」では，「おもりの重さは振り子が1往復する時間に関係するのか」について，問題解決を行う際，児童がこれまでの学習を生かして「実験を計画することができるか」という観点で評価したことを記録に残す。また，実験では「適切な記録を残すことができるか」という知識・技能の観点で学習状況を記録に残す。

指導と評価の計画の作成

単元 ガリレオ・ガリレイに挑戦（第5学年）
学習指導要領との対応 A 物質・エネルギー （2）「振り子の運動」

評価規準（B基準：学習を通して到達させたい最低限の姿）

知識・技能	思考・判断・表現	主体的に学習に取り組む態度
・振り子が1往復する時間は，おもりの重さなどによっては変わらないが，振り子の長さによって変わることを理解している。 ・観察，実験などに関する技能を身に付けている。 ・振り子の運動の規則性について，観察，実験などの目的に応じて，器具や機器などを選択して，正しく扱いながら調べ，それらの過程や得られた結果を適切に記録している。	・振り子の運動の規則性について追究する中で，振り子が1往復する時間に関係する条件についての予想や仮説を基に，解決の方法を発想し，表現している。 ・振り子の運動の規則性について，観察，実験などを行い，得られた結果を基に考察し，表現するなどして問題解決している。	・振り子の運動についての事物・現象に進んで関わり，粘り強く，他者と関わりながら問題解決しようとしている。 ・振り子の運動について学んだことを学習や生活に生かそうとしている。

指導と評価の計画（単元・題材の学習をどう組み立てるか）

学習活動・学習課題 （丸付き数字は授業時数）	学習評価	
	つまずきと支援 （指導に生かす評価）	総括に用いる評価 （記録に残す評価）
①ガリレオが見た明かりの揺れをペットボトルで再現し問題を見いだす	活動の様子（**態**）	
②おもりが1往復する時間に何が関係するのかについて予想する	活動の様子・記述内容（**思**）	
③④問題解決Ⅰ：振り子の振れ幅は1往復する時間に関係するのか（予想を基に解決の方法を発想する／発想した実験を行い，結果の整理をする）	活動の様子・記述内容（**知・思**）	p.80
⑤⑥問題解決Ⅱ：振り子の長さは1往復する時間に関係するのか（予想を基に解決の方法を発想する／発想した実験を行い，結果の整理をする）	観察・記述内容（**知・思**）	p.80
⑦⑧問題解決Ⅲ：おもりの重さは振り子が1往復する時間に関係するのか（予想を基に解決の方法を発想する／発想した実験を行い，結果の整理をする）		記述内容（**思**）， 活動の様子・記述内容（**知**） p.81
⑨1秒ぴったりの振り子を作ろう		
⑩ガリレオ・ガリレイへの挑戦へのあしあとブックにこれまでの学習をまとめる		活動の様子（**態**） 記述内容（**知**）

> **[重点化のポイント]**
> 　導入時（第1，2時）に『振り子の1往復の時間は何に関係するのか』という単元を貫く課題を児童と共に見いだしておく。その後，児童の考えを基に，「振り子の振れ幅」「振り子の長さ」「おもりの重さ」という三つの要因が関係ありそうだという予想を学級全体で立てる。この三つの要因を一つずつ確かめていく際に，教師は本単元で育成すべき資質・能力を意識し，指導や評価を行っていく。
> 　確かめる順序は指導者の意図により入れ替わることもあるが，「振れ幅」「振り子の長さ」「おもりの重さ」の三つの要因を繰り返し確かめていくなかで，その重心を指導から評価へ移していく。本実践では三つ目の「おもりの重さ」に評価の舞台を構想し，「記録に残す評価」場面として設定する。

つまずきと支援（指導に生かす評価）

第③④時 ▷ 振り子の振れ幅は1往復する時間に関係するのか

■ 何を重点的に見るか（資料と観点）
・活動の様子・記述内容（知・思）

■ 学習状況をどう見るか（つまずきと支援）
・実験を計画する際は，児童の意見を踏まえつつ，変化させて調べようとしているのは何か，その他の二つの要因はどのようにして揃えていけばよいか，問い返しながら解決の方法を発想していけるように支援する。

・「振れ幅をどのように変えることができるか」「何種類の実験を何回行うか」について，計画時に学級全体で考えていく際は，なぜ回数が1回ではないのか，2種類（15度と45度）ではなく，3種類（15度，30度，45度）で行うのは，どうしてかを考えることで，より正確に変化を捉えられるように支援する。

・調整時に振り子の長さが変わってしまうことに気づかない児童には，振れ幅を調整するたびに振り子の長さを一緒に確認することを伝え，変化を正確に捉えるための技能や態度について意識できるように支援する。

> **［どんな学習場面か］**
> この時間は第1，2時の単元導入時に出された，振り子が1往復する時間に関係すると思われる三つの要因のうちの一つ目について確かめる。児童はやるべきことは見えているものの，どのように条件を整えて実験を行えばよいか分からないことも多い。

第⑤時 ▷ 振り子の長さは1往復する時間に関係するのか

■ 何を重点的に見るか（資料と観点）
・活動の様子・記述内容（知・思）

■ 学習状況をどう見るか（つまずきと支援）
・右のような表（長さ・重さ・振れ幅）を作成する際に，条件をどのように整えて実験を計画するとよいかをつかめない児童に対しては，今回調べようとしているもの＝変えるもの，それ以外は＝揃えるものというように，実験の目的と計画を結び付けながら仲間分けを行うことができるような右下の表（下線は児童が記入する）を準備することによって，実験の計画を立てやすくするといった支援を行う。

> **［どんな学習場面か］**
> この時間は，第3，4時での学習を踏まえて，児童がどのように予想を確かめるための解決の方法を発想するかについて，見取るようにする。条件制御という理科の考え方を働かせながら，振り子の長さだけを変え，おもりの重さや振れ幅については，変えないということを実験計画時に意識できるかが，児童の計画を見取る際のポイントとなる。

長さ（cm）	10	20	30
重さ（g）	10	10	10
振れ幅（度）	30	30	30

調べたいもの(変えるもの)	振り子の長さ
そろえるもの	おもりの重さ，振れ幅

総括に用いる評価 (記録に残す評価)

第⑦⑧時 おもりの重さは振り子が1往復する時間に関係するのか

■ 何を重点的に見るか (資料と観点)

・記述内容 (**思**)

> **第7〜8時の学習活動と評価の流れ**
> 　本時は「おもりの重さは振り子が一往復する時間に関係するのか」という問題に対して，児童が解決の方法を発想する学習場面である。そこで，「これまでの学習を基に，条件を整えながら，実験方法を立てられるかどうか」を捉えて，本単元での思考・判断・表現を記録に残す評価とする。
> 　これまで，「振れ幅」「振り子の長さ」で行ってきた実験では，どのようなことに気を付けながら実験を計画してきたかを振り返ることができるかが鍵となる。

■ 学習状況をどう見るか (観点別学習状況の判定)

実験計画についての記述	思・判・表
▶▶例Ⅰ	B

変える	重さ（g）	10	20	30
そろえる	長さ（cm）	20	20	20
	ふれ幅（度）	30	30	30

おもりの重さが関係するかを調べるので，長さや振れ幅は変えない。

▶▶例Ⅱ	A

変える	重さ（g）	10	20	30
そろえる	長さ（cm）	20	20	20
	ふれ幅（度）	30	30	30

気を付けること：振り子の長さが変わらないように毎回長さを確認する

▶▶例Ⅲ （思・判・表：C）
実験方法：重さを変えて調べる。
10g，20g，30gとおもりの重さを変えながら実験する。
おもりが下に落ちないように気を付ける。

[判定のポイント]
・ここでは，第5学年理科の思考・判断・表現の評価規準に共通する「予想や仮説を基に解決の方法を発想し，表現するなどして問題解決をしている」について，特に条件を整えながら，実験を計画することができているかどうかで判断する。
・例Ⅰは，条件を変えるものと，そろえるものを分けて実験方法を計画していると読み取れるので，「おおむね満足できる状況」と判断する。
・例Ⅱは，これまでの学習経験を基にしながら，長さが変わってしまうことがあることを想定し，実験計画の中に気を付けるべきこととして記述するなどしているので，「十分満足できる状況」と判断する。
・「努力を要する状況」の児童は，この実験で調べようとしていることは何か，また，調べようとしているもの以外は条件をどのようにしたらよいのかについて考えながら解決の方法を発想できていないと考えられる。そこでこれまでの学習を振り返り，参考にしながら考えるように支援を行う。その際，前頁で示した表も用い，もう一度考えるようにしたい。さらに，条件を二つ以上変えてしまうと，結果から結論を導き出せなくなることを，具体例を示しながら伝え，実験計画で，条件を整えることの意味を伝えるようにする。

生活の評価

小学校学習指導要領解説生活編P92においては，「児童が具体的な活動や体験を通す中で，あるいはその前後を含む学習の過程において，文脈に即して学んでいくことから，評価は，結果よりも活動や体験そのもの，すなわち結果に至るまでの過程を重視して行われる。」とある。その際，ペーパーテストや評価問題が馴染まない生活科では，「評価規準を具体的な児童の姿として表しておくこと」がとりわけ大切になってくる。

このことを前提としつつ評価の重点化・効率化を図るためには，単元の一連のストーリーの中で児童がその観点の資質・能力を最も活用・発揮する場面を見極め，記録に残す評価を確実に実施することが求められる。例えば，生活科では試行錯誤や繰り返す活動を重視しているが，その前半では指導に生かす評価を充実させ，後半において表現物や振り返りの記述などに中心に，授業での姿を踏まえて記録に残す評価を行うことが考えられる。

指導に生かす評価のポイント

生活科における指導に生かす評価として大切にしたいのは，まずは見守るということである。困っているときこそ学びどころ。教師がすぐにあれこれと教えるのではなく，問題を解決しようとする姿を見守る，それを励ます言葉をかける，試行錯誤を支える環境を構成するなどしたい。

その上で，このままでは児童の力だけでは解決できないと判断した場合や，意欲や自信を失ってしまうことが心配された場合には，「それならこうしてみたら？」と教師が助言や提案を行うことも欠かせない。園などでの遊びとは異なり，生活科は活動時間がある程度限られている。その中で全ての児童が資質・能力を身に付けていくためには，適切な場面での教師の的確な助言や提案も必要であることを心得たい。また，「Aさんも同じことで悩んでいたけどうまくいったみたいだよ。相談してみたら？」と勧めたり，授業の終わりのまとめや振り返りの場面で「困っていてみんなに相談したい人はいるかな？」と投げかけたりするなど，友達同士をつなぐ支援も有効である。児童一人一人の実態に配慮し，具体的な活動や体験での姿を丁寧に見取った上で，どのような指導や支援が必要かを判断したい。

記録に残す評価のポイント

クラス全員の記録に残す評価を確実に実施するためには，具体的な活動や体験での姿を見取ることが大切であるとはいえ，文章や絵などによる表現や実際に作った物などを主な評価対象とすることはやむを得ないことも多い。その際，低学年の発達に見られる思考と表現の一体化に配慮し，表現の出来映えを評価するのではなく，表現する活動を通して考えたことや気付いたことなどを，授業での実際の姿を踏まえながら読み取って評価することが大切である。単元に即した質的に高まった姿を各観点においてなるべく具体的に，そして複数を想定しておくことが，信頼性と妥当性のある評価を実現することにつながっていく。

指導と評価の計画の作成

単元 みんなのうごくおもちゃけんきゅうじょ（第2学年）
学習指導要領との対応 内容（6）「自然や物を使った遊び」

評価規準（B基準：学習を通して到達させたい最低限の姿）

知識・技能	思考・判断・表現	主体的に学習に取り組む態度
・身近な自然を利用したり，身近にある物を使ったりするなどして遊ぶ活動を通して，その面白さや不思議さに気付いている。	・身近な自然を利用したり，身近にある物を使ったりするなどして遊ぶ活動を通して，遊びや遊びに使う物を工夫してつくっている。	・身近な自然を利用したり，身近にある物を使ったりするなどして遊ぶ活動を通して，みんなと楽しみながら遊びを創り出そうとしている。

指導と評価の計画（単元・題材の学習をどう組み立てるか）

学習活動・学習課題 （丸付き数字は授業時数）	学習評価	
	つまずきと支援 （指導に生かす評価）	総括に用いる評価 （記録に残す評価）
①②素材遊びを楽しむ	活動の様子（**態**）	
③自分が作りたい動くおもちゃのイメージを膨らませたり，必要な材料や作り方の見通しを考えたりする	おもちゃの設計図（**思・態**）	〔p.84〕
④〜⑨動くおもちゃを作ったり，それを使って遊んだりする（2時間×3回）	活動の様子・研究レポート（**知・思**）	活動の様子・研究レポート（**態**）〔p.84〕
⑩〜⑮動くおもちゃを工夫して作ったり，ルールなどを工夫して遊んだりする（2時間×3回）		活動の様子・研究レポート（**思**）〔p.85〕
⑯⑰おもちゃ大会を楽しむ		活動の様子・研究レポート（**知**）
⑱単元の学習活動を振り返って，楽しかったことや自分が成長したことなどについて考える		研究報告書（**態**）

> **［重点化のポイント］**
> 　本単元は，児童一人一人が作りたいと思った動くおもちゃを作ったり，それを使って遊んだりすることから，製作の進み具合は児童によってかなり差があることを踏まえて評価の場面や方法を考える必要がある。
> 　第4〜9時では，概ね完成して遊ぶことに夢中になっている児童や，なかなか思ったように作ることができず製作が進まない児童がいることが想定される。そういった場面では指導に生かす評価とそれに応じた指導を積極的に行い，本単元のヤマ場となる第10〜15時ではクラス全員がねらいに沿った学習活動に取り組めるようにしていく。それに加えて，学習指導要領の内容（6）の「学びに向かう力，人間性等」にあたる「みんなと楽しみながら遊びを創り出そうとする」のは，身近な自然や物から遊びや遊びに使う物を発想したり，それを形にしようと試行錯誤したりする場面において特に育成が期待できる資質・能力と考えられる。そこで，第4〜9時において「主体的に学習に取り組む態度」の最初の評価を実施し，第18時の研究報告書（単元の振り返り）を主な対象として再度評価する計画とした。
> 　第10〜15時は，「思考・判断・表現」の観点で記録に残す評価を行う本単元のヤマ場である。児童はひと通り作り終えたおもちゃを使って遊び，その中で約束やルールを工夫したり，友達のおもちゃと動きを比べて次の課題を見付け，もっとこうしたらよいのではないかと予想しながら作り直したりしていく。研究レポート（本時の振り返り）の記述からクラス全員の学習状況を確実に把握すると共に，それを参考にしながら授業の中での行動を見取り，座席表に記録するなどして評価する。

つまずきと支援（指導に生かす評価）

| 第③時 | 自分が作りたい動くおもちゃの設計図を作る |

■ 何を重点的に見るか（資料と観点）

・おもちゃの設計図（思・態）

■ 学習状況をどう見るか（つまずきと支援）

・立派な設計図を作ることが目的ではないことに留意し，設計図の出来映えに着目するのは避ける。設計図は，その児童にとって作るときの指針になっていればそれでよい。教師は，例えばスタート（必要な材料や道具），プロセス（作る手順や作り方），ゴール（完成図や動き方，動く仕組み）など，設計図に書かれることが望ましいと思われる要素をリストアップしておき，設計図を見るときの視点にして支援に生かす。

> **［どんな学習場面か］**
> 動くおもちゃを作って遊ぶという単元の見通しをクラス全体で立てたあと，自分が作りたい動くおもちゃを考えたり，その設計図を作ったりする学習場面。
> できあがった設計図やそれを書いているときに生まれる対話などから，自分が作りたい動くおもちゃを思い描きながら必要な材料を選んでいるか，どのように作ればよいかの見通しをもちながら手順を考えているかを見取って支援する。

・児童の設計図を見たときに，どの要素がどう書かれているかを見取り，その児童の日頃の学習や生活の様子を踏まえた上で，その児童が実行するのに不十分だと思われる箇所について問い返して考えを引き出す，友達と一緒に考える場を設定する，助言のコメントを書き込むなどし，設計図に追記するように支援する（同じ要素を全ての児童に一律に書かせる必要はない）。

| 第④〜⑨時 | 動くおもちゃを作ったり，それを使って遊んだりする（2時間×3） |

■ 何を重点的に見るか（資料と観点）

・活動の様子・研究レポート（本時の振り返り）（知・思）

■ 学習状況をどう見るか（つまずきと支援）

・動くおもちゃを作る場面で，どうしたらよいのかわからず手が止まっている児童には，早めに声をかけて相談に乗り，必要であれば一緒に作るなどの支援をする。作り方や適した材料，道具の使い方などを助言するのも大切な指導の一つである。

> **［どんな学習場面か］**
> 設計図を手がかりにしながら，動くおもちゃを作ったり，それを使って遊んだりする学習場面。
> たっぷりと活動できるように2時間を1セットとし，それを3回繰り返すようにする。活動の様子や2時間の終わりに書く振り返り（研究レポート）から，予想したり，確かめたり，見直したりしながら，遊びに使う物を作ったり遊んだりしているか，比べたり，試したり，見立てたりしながら，遊びを楽しんでいるかを見取って支援する。

・ひと通り完成して満足している児童には，実際に遊んだり教師が作ったおもちゃと動きを比べたりしてみることを薦めたい。遊んでみると思ったように動かなかったり，比べてみると「もっとこうしたい！」という思いが膨らんだりするはずである。

・2時間の終わりの場面には，うまくいったことの共有だけではなく，困っていることも積極的に出し合えるように支援すると，友達から助言を受ける機会にすることができる。

総括に用いる評価（記録に残す評価）

| 第⑩〜⑮時 | 動くおもちゃを工夫して作ったり，ルールなどを工夫して遊んだりする（2時間×3） |

■ 何を重点的に見るか（資料と観点）

・活動の様子・研究レポート（**思**）

第10〜15時の学習活動とその評価

　動くおもちゃを作ったり，それを使って遊んだりする6時間（第4〜9時）の活動を経て，多くの児童は自分の動くおもちゃがひと通りできあがっている。ここでは，それをさらに工夫して作り込んだり，遊びの約束やルールなどを工夫しながら遊んだりしているかを，第10〜15時の継続的な行動の観察や研究レポート（本時の振り返り）の分析に，第3時で作った設計図や第4〜9時における作ったり遊んだりする姿などを加味して評価する。

■ 学習状況をどう見るか（観点別学習状況の判定）

	活動の様子とレポートの記述　　※分かりやすくするためにゴムボートの事例で統一	思・判・表
例Ⅰ	**(1) 活動の様子** 　ゴムが1本よりも2本の方がよく進むと気付き，もっとゴムを増やすとさらに進むのではないかと予想した。「5本ならどうなるかな？」などとゴムの本数を変えながら，作り直したり遊んだりしている。 **(2) 研究レポート** 　ゴムを1本から2本にするとよく進んで嬉しかったです。でも5本にしてみると，固くてうまく巻けませんでした。次はちょうどいい数を見付けたいです。	B
例Ⅱ	**(1) 活動の様子** 　ゴムの本数やプロペラの大きさとおもちゃの動きに関係があることに気付き，さらによく進むゴムボートになるように試行錯誤を繰り返すと共に，友達とスタートの位置やタイミングを揃えながら競争したり，結果を記録して比べたりするなど，遊びの約束やルールも工夫している。 **(2) 研究レポート** 　Dさんと競争したら負けてしまいました。工夫したことを聞いたら，ゴムを増やすだけじゃなくてプロペラを大きくしたと言っていたので，今それを作っているところです。	A
例Ⅲ	**(1) 活動の様子** 　設計図通りに作り終わり，自分のゴムボートがとりあえず動くことに満足していたC児に対して，教師は動きに着目するように繰り返し指導を試みてきた。しかし，ゴムボートの見た目だけに関心をもっており，装飾を付けることを楽しんでいる。 **(2) 研究レポート** 　飾りを付けたらかっこよくなりました。次は絵を描いたり色を塗ったりしたいです。	C

［判定のポイント］

・試行錯誤を繰り返しながら，遊び自体を工夫したり，遊びに使う物を工夫してつくったりすることができていれば，「おおむね満足できる」状況（B）と判断する。例ⅠとⅡの児童は，遊びや遊びに使う物を工夫してつくる方向に向かっており，「おおむね満足できる」以上の状況であると判断する。

・例Ⅱの児童は，遊びをもっと楽しくするための約束やルールを工夫しながら，自分の動くおもちゃをよりよくすることを考えたり，友達と交流して意見を聞いたりしていることから，「十分に満足できる」状況（A）であると言える。

・例Ⅲの児童は，試行錯誤を繰り返しながら自分のおもちゃが動くところまでは進んでいるが，装飾に関心が高まっていて，遊びや遊びに使う物のさらなる工夫には目が向いていない。なお，ここでは「努力を要する」状況（C）と判断する例として示したが，実際にはその後の授業の中での声かけや研究レポートへのコメントなどを通して，友達のおもちゃと動きを比べて次の課題を見付けたり，どうしたら遊びが楽しくなるかを考えたりできる（B基準）ように支援していく必要がある。

音楽の評価

音楽科の評価の重点化を図るためには，表現領域の各分野（歌唱・器楽・音楽づくり），鑑賞領域と〔共通事項〕を関連付けた題材構成を工夫することが重要である。題材における児童の思考・判断のよりどころとなる音楽を形づくっている要素を焦点化し，題材を貫くようにすることで，児童は知識（曲想と音楽の構造との関わり）を活用し，思考・判断・表現しながら学習を進めることができる。

題材の評価規準を設定する際，題材を構成する領域や分野に共通する「知識」「技能」はないか，中心となる指導事項は何かを明確にする。また，「知識・技能」「思考・判断・表現」の学習状況を踏まえて「主体的に学習に取り組む態度」を見取ることで，効率的に評価を進められるようにしたい。

本稿で紹介する第３学年「せんりつのとくちょうをかんじとろう」では，第一次（第１～２時）の歌唱で旋律の特徴と曲想の関わりに気付き，それを第二次（第３～４時）の鑑賞に生かし，旋律の特徴など音楽の構造と曲想との関わりから，曲のよさを見いだして曲全体を味わって聴く（ヤマ場：鑑賞）。また，旋律の特徴に合う歌い方について学級全体で意見を出し合って考えた学習（第２時）を生かし，第三次（第５～６時）ではグループで旋律の特徴を生かした歌い方を工夫し，どのように歌うかについて思いや意図をもつ（ヤマ場：歌唱）。

指導に生かす評価のポイント

音楽科における「知識」「技能」は音楽活動を通して実感を伴いながら，「思考・判断・表現」と関わらせて習得できるようにすることが重要である。

例えば，知識を習得する過程で，聴き取ったこと，感じ取ったことのどちらか一方だけしか気付いていない状況が見られた場合，既習事項を振り返る，音楽を聴いたり演奏したりして実際に音で確かめるなどして，聴き取り感じ取ったことを関連付けて考えられるように働きかける。技能の習得につまずきが見られた場合は，つまずきの原因に気付かせ，それに応じた改善の仕方を助言したり，段階を踏んだ練習方法などを具体的に示したりする。表現を工夫する場面で自分の思いや意図をもてない児童には，工夫の仕方の例や友達の意見を提示して，自分の考えに近いものを選択できるようにすることが考えられる。

記録に残す評価のポイント

観点ごとの評価規準が複数ある題材では，ア 同等に扱って総括する場合，イ 重点を置いて総括する場合が考えられる。イには学習の深まりや向上を考慮し，題材後半の評価結果で総括する場合を含む。表現領域では知識と技能の指導事項があるため，題材ごとに「知識・技能」を判定すると共に，表現の各分野の「知識」「技能」，鑑賞の「知識」の評価結果を集積し，学期末や学年末に総括することが望ましい。題材単位では学習内容によって知識，技能のどちらかに重み付けをすることも考えられるが，一方に偏ることなく年間を通してバランスよく育成することに留意したい。

指導と評価の計画の作成

題材 せんりつのとくちょうをかんじとろう（第3学年）
学習指導要領との対応 A 表現（1）歌唱 ア・イ・ウ（イ），B 鑑賞（1）ア・イ

評価規準（B基準：学習を通して到達させたい最低限の姿）

知識・技能	思考・判断・表現	主体的に学習に取り組む態度
・曲想及びその変化と，音色，旋律，反復との関わりについて気付いている。 ・思いや意図に合った表現をするために必要な，呼吸及び発音の仕方に気を付けて，自然で無理のない歌い方で歌う技能を身に付けている。	・音色，旋律，反復を聴き取り，それらの働きが生み出すよさや面白さ，美しさを感じ取りながら，聴き取ったことと感じ取ったこととの関わりについて考え，曲のよさなどを見いだし，曲全体を味わって聴いている。 ・旋律を聴き取り，それらの働きが生み出すよさや面白さ，美しさを感じ取りながら，聴き取ったことと感じ取ったこととの関わりについて考え，曲の特徴を捉えた表現を工夫し，どのように歌うかについて思いや意図をもっている。	・曲想と旋律の特徴との関わりに興味・関心をもち，音楽活動を楽しみながら主体的・協働的に歌唱や鑑賞の学習活動に取り組もうとしている。

指導と評価の計画（単元・題材の学習をどう組み立てるか）

学習活動・学習課題 （丸付き数字は授業時数）	学習評価	
	つまずきと支援 （指導に生かす評価）	総括に用いる評価 （記録に残す評価）
①「とどけよう このゆめを」のアとイの旋律の特徴の違いに気付いて歌う	発言内容・活動の様子（**知**）	p.88
②「とどけよう このゆめを」の旋律の特徴に合った歌い方を工夫し，どのように歌うかについて思いや意図をもつ	発言内容・活動の様子（**思**），演奏の様子（**技**）	p.88
③「メヌエット」の曲想及びその変化と音色，旋律，反復との関わりについて気付く	発言内容・活動の様子・ワークシート（**知・態**）	p.88
④「メヌエット」の曲のよさを見いだし，曲全体を味わって聴く		発言内容・ワークシート（**知**），ワークシート（**思**） p.89
⑤「ふじ山」の歌詞の情景を思い浮かべ，旋律の音の上がり下がりに気を付けて歌う	発言内容・活動の様子（**態**）	
⑥「ふじ山」の曲の山の表現を工夫し，思いや意図をもって歌う		発言内容・演奏の様子（**技**），演奏の様子（**思**），発言内容・活動の様子・ワークシート（**態**）

> **［重点化のポイント］**
> 　本題材では児童の思考・判断・表現のよりどころとなる主な音楽を形づくっている要素を「音色・旋律・反復」とし，旋律の特徴の比較を中心に題材を構成することで，歌唱で得た知識を鑑賞に活用して聴き深められるようにする。そのため，歌唱と鑑賞に共通する「知識」の評価規準を設定し，鑑賞に重点を置いて第4時に総括する。
> 　その後，第4時までの学習を活用して歌詞の内容や旋律の特徴を生かした表現を工夫する。そこで，歌唱の「技能」と「思考・判断・表現」は題材の後半で総括する。「主体的に学習に取り組む態度」は歌唱と鑑賞の両方で継続的に見取り，記録に残す場面を題材の最後に設定する。

つまずきと支援（指導に生かす評価）

第①③時 曲想及びその変化と音楽の構造との関わりについて気付く

■ 何を重点的に見るか（資料と観点）

・発言内容・活動の様子（**知**）：第1時

・発言内容・活動の様子・ワークシート（**知・態**）：第3時

■ 学習状況をどう見るか（つまずきと支援）

・旋律の特徴を体の動きで表す場面で反応が少ない児童には，図形楽譜を指でなぞることを促したり，旋律の特徴に合う動きをしている児童を見せて，それを真似させたりすることで，旋律の特徴に気付くようにする。

・旋律の特徴についてワークシートに記入していない児童には，板書にまとめた意見の中から自分も同じように気付いたこと・感じたことを選んで記入するように促す。

・感じたことだけを記入している児童には，音楽のどこからそのように感じたのか尋ねることで，曲想と旋律の特徴との関わりに気付くようにする。

> **［どんな学習場面か］**
> 歌詞の内容と関連付けながら曲の前半と後半を比較し，旋律の特徴に気付く（第1時）。バイオリンの演奏の真似をしたり，図形楽譜を指さしながら旋律を歌ったりして，曲想と旋律の特徴との関わりに気付く（第3時）。前時に聴いたアの旋律と比較してイの旋律を聴き，旋律の反復と変化に気付く場面（第4時 前半）で知識を評価する。

第②時 歌い方を工夫し，どのように歌うかについて思いや意図をもつ

■ 何を重点的に見るか（資料と観点）

・発言内容・活動の様子（**思**）

・演奏の様子（**技**）

■ 学習状況をどう見るか（つまずきと支援）

・「イは雲がふわふわと風に流れているみたい」といった曲の感じを表す発言を取り上げ，「どのぐらいの速さで流れているのかな」「ふわふわの感じが出る声の強さはどのぐらいかな」と歌詞が表す情景と旋律の特徴や歌い方を結び付けながら，全員で考えるようにする。

・どのように歌うか，迷っている児童には板書にまとめた旋律の特徴を振り返らせ，アとイのどちらかを選んで工夫するように声をかける。また，3～4人グループで歌い方を試し，友達の歌い方を参考にして，自分の思いに合う表現を見つけるようにする。

> **［どんな学習場面か］**
> 「とどけよう このゆめを」の弾んだ感じの前半（ア）となめらかな感じの後半（イ）を比較し，学級全体で意見を出し合いながら旋律の特徴に合う歌い方を考える（第2時）。この経験を基に，「ふじ山」の旋律線の動きに着目して曲の山を見つけ，グループで旋律の特徴を生かした歌い方を工夫する場面（第6時）で，歌唱の「思考・判断・表現」を評価する。

総括に用いる評価（記録に残す評価）

■ 何を重点的に見るか（資料と観点）

・ワークシート（思）

♪せんりつのとくちょうを感じてきこう！　その2

「　メヌエット　」ベートーベン　作曲　　　3年 1 組　　　　　　　　　　　

① せんりつのとくちょうで 感じたこと・気づいたことを書きましょう。

	ア	イ	（　）
感じたこと	・なめらか ・ゆるやか ・やさしい ・美しい ・温かい ・しあわせ ・心がおちつく ・人がおどっているみたい ・楽しそう ・子もりうた みたい ・ふわーふわー ・何回［ ］んだ り、他［ ］		
気づいたこと	・同じ［ ］ ・せんりつのくさりがある。 ・ターラターラターラというせんりつがある。 ・のびている音が多い。 ・みどりの部分は音が高くなって少しはげしい。いっきに音が下がってくる。（急な階段）		

【前時の発言内容をまとめて記載。】

【アと比較して感じたこと，気づいたことを記述する。】

② 「メヌエット」のよさ（「いいな」「すてきだな」「おもしろいな」と思ったこと）を書きましょう。

【曲のよさについて記述する。】

■ 学習状況をどう見るか（観点別学習状況の判定）

ワークシートの記述	思・判・表
▶▶例Ⅰ 　アはとてもふんわりした感じの美しいきょくで，イはとてもはげしい感じのきょくでいいと思います。	B
▶▶例Ⅱ 　さいしょはゆっくりでなめらかな音だったけど，とちゅうから元気な音になったところが自分ではすてきだと思います。さいごは音がとぎれている場所がすてきだと思います。なぜなら，とぎれていると，より美しく思えるからです。私はそこが一番いいと思いました。	A
▶▶例Ⅲ 　なん回きいてもあきない。	C

[判定のポイント]
　自分の感じた曲のよさについて，楽器の音色や旋律の特徴，曲想の変化と関わらせて記述していれば「おおむね満足できる」とする。
　例Ⅰはアとイの旋律の特徴の違いによる曲想の変化を曲のよさと感じて記述していることから「おおむね満足」の状況であると判定する。
　例Ⅱは曲想の変化に曲のよさを見いだし，さらに同じアの旋律でも再現部で演奏表現が変わっていることを聴き取り，演奏のよさについて自分の考えを記述しているため，「十分に満足できる」状況であると判定する。
　例Ⅲは曲のよさを感じているが，アとイそれぞれの旋律の特徴や曲想の違いを根拠として言葉で表すことができていない。理由を聞くなどの働きかけが必要である。

第1部

第2部

第3部

教科における 指導と評価の計画と評価例

図画工作の評価

　図画工作の題材における学習活動は，「①つくり方を知る－②描く・つくる－③作品を鑑賞する」という作業的な展開をたどることが多い。ただし，「ものをつくる図工」から「ことを創りだす図工」に学びの質変換が求められる今，題材の指導と評価の計画を「創造的活動」として焦点化する必要がある。作品の完成に至るまでの資質や能力の表れを形成的評価として見取りつつ，目標から導き出した評価規準に合わせながら支援を行い，指導を積み重ねるのである。例えば，想像の世界を描く題材であれば，自分なりの世界観を膨らませるための導入場面を重視し，学級全体で描きたいイメージの交流を促したり，イメージマップを活用してアイデアを補助シートに書き留める活動を取り入れたりする中で，つまずきに応じた支援を行うことが大切である。その後の学習段階では，製作過程の様子や完成した作品等を評価材料として，描くモチーフや色の使い方，表現技法等から学習状況を見取ることが大切である。

指導に生かす評価のポイント

　表現や鑑賞における指導は，児童の学習状況に寄り添いながら進めることを基本とする。先回りして，特に技能的な側面を押し付けてしまわぬよう，十分に留意する。児童の表したいものやことを実現するための指導，つまり共感的な読み取りとアドバイス，そして方向付けが大切である。具体的には，大きく二つのタイプの児童を想定する。一つは，ある程度つくるものが決まらないと動けないタイプ。二つは，どんどん描いたり，材料に触れたりすることでイメージができてくるタイプ。前者の児童には，対話を通してイメージを膨らませたり，友達の活動を一緒に見に行き紹介したりする等によって動き出しを支援する。コツコツと活動が始まってからは，見守りでよい。後者の児童には，その子の材料や用具とのかかわり方を観察し，形や色等，どんな造形的な視点に着目しているのかを読み取りながら支援していく。対話を通して「先生あのね，これね……」と語りかけてくる内容から児童の造形的な気付きを積極的に読み取って適宜支援を行う。

記録に残す評価のポイント

　記録に残す評価における評価材料の収集については，成果物ばかりでなく，座席表メモ（観察したことを書き込む）や，静止画像，動画の記録なども有効である。この際，評価の重点化を図る上でポイントとなるのは，「なんとなく記録する」のではなく，評価規準を意識しながら「意図的に記録する」ということである。また，複数の観点を関連させながら，一体的に記録する工夫を図ることも重要で，特に題材を通して粘り強く学ぶ姿（主体的に学習に取り組む態度）は，表現の工夫（知識・技能）やアイデアや構想（思考・判断・表現）の様子からも読み取ることができる。鑑賞の場面では，既知の知識を生かした気付きと発展的な思考を一体的に捉えることもできる。児童の感性から導き出された総合的な現れを観点別学習状況として意図的に整理しながら把握し，記録することが，結果として評価事務の効率化にもつながる。

指導と評価の計画の作成

題材 ホワイトランプシェード（第4学年）
学習指導要領との対応 A 表現（2）絵や立体，工作，B 鑑賞（1）ア

評価規準（B基準：学習を通して到達させたい最低限の姿）

知識・技能	思考・判断・表現	主体的に学習に取り組む態度
・自分の感覚や行為を通して，形や色などの感じが分かっている。 ・画用紙などを適切に扱うとともに，紙類やはさみ，カッターなどについての経験を生かし，手や体全体を十分に働かせ，表したいことに合わせて表し方を工夫して表している。	・形や光などの感じを基に，自分のイメージをもちながら，紙の質感や光を透過させて感じたことから，表したいことを見付け，表したいことや使いたい場所の様子などを考え，形や光，材料の特性などを生かしながら，どのように表すかについて考えている。 ・形や光の組合せによる感じを基に，自分のイメージをもちながら，自分たちの作品の造形的なよさや面白さ，表したいこと，いろいろな表し方などについて，感じ取ったり考えたりし，自分の見方や感じ方を広げている。	・つくりだす喜びを味わい進んで白い画用紙でランプシェードを表現したり鑑賞したりする学習活動に取り組もうとしている。

指導と評価の計画（単元・題材の学習をどう組み立てるか）

学習活動・学習課題 （丸付き数字は授業時数）	学習評価	
	つまずきと支援 （指導に生かす評価）	総括に用いる評価 （記録に残す評価）
①ランプシェードとの出合いから，光の美しさを味わう	対話の内容・活動の様子（**思**）	p.92
②白い画用紙に様々な働きかけをし，可能性を知る	対話の内容・活動の様子（**思**）	
③（同上）		対話の内容・活動の様子（**知**）
④光の様子と表現の方法を考えながら，つくる	対話の内容・活動の様子（**知**）	
⑤（同上）		対話の内容・活動の様子・作品（**思・態**） p.93
⑥それぞれの作品のよさを味わいながら鑑賞する	対話の内容・活動の様子・作品（**思**）	p.92

[重点化のポイント]
　以上の計画（全6時間）は，4〜5時間目を題材のヤマ場とした例である。普段何気なく使用している白い画用紙が光を透過し，美しいランプシェードに変身する感動を味わう学習場面（第5時）に至るまでに，それぞれの児童が材料への主体的な働きかけを繰り返していく。そのためには，材料である画用紙に向かい，その可能性に挑む時間（2〜3時間目）の学習が鍵となる。よって，「何度も試行しながら，材料に関わる段階」と，「それらの経験を総合して作品を創りだす段階」の評価を記録に残すものとしたい。本題材では，設計図通りに再現することではなく，つくりながら見付け，見付けながら更新していくことを基軸として指導と評価を進めていくことが重要である。

つまずきと支援（指導に生かす評価）

第①時　ランプシェードとの出合いから，光の美しさを味わう

■ 何を重点的に見るか（資料と観点）

・発言内容・活動の様子（**思**）

■ 学習状況をどう見るか（つまずきと支援）

・画用紙へのかかわりが遠慮がちな児童へは，折る，切る，揉む，破る，重ねる等の基本的な技法を伝えたり，友達の活動を紹介したりするなど，試行に向かう支援をする。

・設計図を用いて計画的につくりたい児童へは，まず，画用紙の可能性を体験的に知ることを提案し，素材の理解や用具と表現の可能性を広げることを促す支援をする。

・試すことに抵抗がある児童へは，何度も繰り返し画用紙の可能性にアプローチできるように画用紙を多めに準備したり，試行例を見やすく飾ったりする等，環境面の支援をする。

> **[どんな学習場面か]**
> 　題材を提案する際，児童の美的感覚を呼び起こす仕掛けを用意する。この出合いがこの後の造形的な探究をより主体的にすることとなる。また，材料や技能との関連や作品に完結するときの満足感を高め，友達の表現へのつながりを強くすることへも資すると考える。この場面では，画用紙の形や重なりなどから，光の透過具合などについてイメージを醸成する姿を評価し，支援していく。
> ----------
> 【思】……光にかざした画用紙の透過等について試しながら，つくりたいランプシェードのイメージを膨らませ，どのように表現するか考えている。

第⑥時　それぞれの作品のよさを味わいながら鑑賞する

■ 何を重点的に見るか（資料と観点）

・発言内容・活動の様子・作品（**思**）

■ 学習状況をどう見るか（つまずきと支援）

・よさについて，漠然と感じている児童へは，形，光，表現技能等の造形的な視点を整理しながら，どの部分によさを感じているのか明確にするよう支援する。

・似ている形や技能等を用いた表現をしている児童へは，造形的な視点での異同を感じ取れるよう板書に位置付けるなど，理解を深める支援をする。

・友達の表現を鑑賞することに興味が高まらない児童へは，実際にランプにかざしながら，表現のよさや意図を共有することができるように，環境を整え，実物を通して語り合える支援をする。

> **[どんな学習場面か]**
> 　題材の最終段階では，自分の表現と友達の表現を互いに鑑賞することで，同じ画用紙から独自の工夫が創りだされていることの素晴らしさを感じ取る姿を評価していく。技能と光の関係や形と全体の雰囲気等，造形的な視点を明確にしながら評価し，支援していく。
> ----------
> 【思】……形や光の感じを基に，自分たちの作品の造形的なよさや面白さ，表したいこと，いろいろな表し方などについて，感じ取ったり考えたりし，自分の見方や感じ方を広げている。

総括に用いる評価 (記録に残す評価)

■ 何を重点的に見るか (資料と観点)

・発言内容・活動の様子・作品 (**思・態**)

第5時の学習活動とその評価

　題材の終盤における授業では, 造形的な見方や考え方を働かせながら, 画用紙に繰り返し働きかけ, 様々に加工したり, 光にかざしたりする等, 思考力・判断力・表現力等の資質や能力の発揮だけではなく, 主体的に学習に取り組む態度と一体的に見取り, 評価することが重要である。

　本題材は全体として造形的な試行の連続からつくりたいものが徐々に明確になっていく特性がある。ここでは, 以下のような評価規準をもって, 児童の活動を評価し, 評定に繋げている。

【思】……形や光などの感じを基に, 自分のイメージをもちながら, 紙の質感や光を透過させて感じたことから, 表したいことを見付け, 表したいことや使いたい場所の様子などを考え, 形や光, 材料の特性などを生かしながら, どのように表すかについて考えている。

【態】……つくりだす喜びを味わい進んで白い画用紙でランプシェードを表現したり鑑賞したりする学習活動に取り組もうとしている。

■ 学習状況をどう見るか (観点別学習状況の判定)

活動の様子と作品 (題材の成果物)	例Ⅰ		例Ⅱ		例Ⅲ	
		画用紙でつくった円筒の側面に, ニードルを使って小さな穴を開けることで細かな模様を描いている。		画用紙を一度皺々に揉み, それから造形している。和紙の様な風合いを生かし, 捩れの形にも独自の工夫がある。		スリットを入れた円筒を周囲に向けて開いた。光の漏れ方や陰影の美しさを何度も確かめて表現を工夫した。
思	B		A		A	
態	B		A		A	

[判定のポイント]

　作品から読み取れる情報に加え, 表現や鑑賞の活動における児童の姿も重要な評価材料としたい。例Ⅰの児童は, 製作中に丁寧に活動しており, 作品においてもニードルの表現に独自性があるため, 二つの観点とも「おおむね満足できる」状況 (B) と判定する。例Ⅱと Ⅲの児童は, 製作中にそれぞれに材料や光について題材のねらいに向かう十分な働きかけが見られ, その効果が作品としても十分に表現されていることから, 「十分満足できる」状況 (A) と判定する。

家庭の評価

　家庭科における評価の舞台は，題材を通して学んだ知識及び技能を，生活の中で実際に使えるレベルで身に付けているか，生活に係る見方・考え方を働かせて思考力・判断力・表現力等と関わって総合的に発揮してみるような学習場面である。

　指導と評価においては，題材の目標達成の実現に向けて，目指す児童の姿を具体的に描き，児童が課題設定から課題解決に至る過程，そして児童が自分の学習を評価し改善する過程を，主に形成的評価として見取りながら支援していく。題材の最終には，学んだことを生活に生かすことができるようになっているかを確かめるために，知識・技能を使いこなしたり思考を働かせたりしなければ解けないような学習課題に取り組ませて，その中で生まれた表現を記録に残す評価とするのである。そこでは，断片的な知識の暗記や技能のテストで終わるような評価ではなく，三つの観点が相互に関連し合いながら学びを深めていく様子を評価したい。

指導に生かす評価のポイント

　指導に生かす評価は学習のつまずきを支援するためなどに行うが，指導と評価の計画を作成する段階で，どの場面でどのような学習活動を通して，どこに着目させるのか，どのように支援をするかを準備することがポイントである。

　家庭科の学習においては，児童がふだん何気なくしていること（家庭生活における事象）の一つ一つにも根拠や意味があることに気付いていくように，教師が支援することが大切である。そのために，実験や実習の中で着目させたい点はどこか，学習目標は何であるかを，教師がつかんでおかなくてはならない。

　そして，対話的な学びの場面などを中心に学習状況を読み取って，児童が多角的・多面的な見方・考え方を働かせて，知識・技能を「なぜそうするのか」「なぜそうなるのか」を納得しながら獲得できるようにタイムリーに支援していく。児童が主体的に課題を把握し，課題解決していく学習の過程に立ち会い，どのように思考・判断し，どのように表現しているのかをつかんで，目指す方向に導くのである。

記録に残す評価のポイント

　家庭科の場合，学んだことを実際の生活に生かすことができるか，生活の営みに係る概念の意味理解や知識・技能を総合的に活用できる力を身に付けているかを評価する必要がある。そのことから，記録に残す評価は，ペーパーテストやワークシートのみならず，題材の後半にパフォーマンス評価を取り入れることも有効である。本実践のガイドブック作り（95-97頁）はパフォーマンス評価の例として捉えることができる。

　実習を伴う題材では，実習の様子や製作物のみを評価材料とするのではなく，できるだけ児童の実習に係る思考の過程を記録する方法も用意することが重要である。また工夫次第では，粘り強い作品の製作活動を通して課題解決していくことと連動して培われていくとされる「主体的に学習に取り組む態度」についても，評価することができるだろう。

指導と評価の計画の作成

題材 ひと針に心をこめて―ミニバッグを作ろう―（第5学年）
学習指導要領との対応 B衣食住の生活（5）生活を豊かにするための布を用いた製作　ア（ア）（イ）イ

評価規準 （B基準：学習を通して到達させたい最低限の姿）

知識・技能	思考・判断・表現	主体的に学習に取り組む態度
・製作に必要な材料や手順が分かり，製作計画について理解している。 ・手縫いによる目的に応じた縫い方及び用具の安全な取扱いについて理解しているとともに，適切にできる。 ・ボタンの付け方を理解しているとともに，適切にできる。	・生活を豊かにするために布を用いた物の製作計画や製作についての問題を見出して課題を設定し，様々な解決方法を考え，実践を評価・改善し，考えたことを表現するなどして課題を解決する力を身に付けている。	・家族の一員として，生活をよりよくしようと，生活を豊かにするための布を用いた製作について，課題の解決に向けて主体的に取り組んだり，振り返って改善したりして，生活を工夫し，実践しようとしている。

指導と評価の計画 （単元・題材の学習をどう組み立てるか）

学習活動・学習課題 （丸付き数字は授業時数）	学習評価	
	つまずきと支援 （指導に生かす評価）	総括に用いる評価 （記録に残す評価）
①針と糸を使ってできることを見つけて話し合う	発言内容・ワークシート（**態**）	
②裁縫用具の名前と安全な使い方を考える	ワークシート（**知**）	
③④⑤玉結び・玉どめ・ボタン付け・なみ縫い・返し縫い・かがり縫いについて，各技能を理解する	活動の様子（**知**）	対話の内容・活動の様子（**知**）
⑥ミニバッグ製作について，手順を考えながら計画を立てる	計画表作成の様子（**思**）	p.96
⑦ミニバッグを製作する／並行してガイドブックを作成する	活動の様子（**知**）	p.96
⑧（同上）	活動の様子（**知**）	作品・ガイドブック（**知・思**） p.97
⑨作品交流会を行い，今後の活動や生活に生かせそうなことを話し合う		ワークシート（**知・態**）

［重点化のポイント］
　2年間の家庭科の学習で初めての布を用いた製作実習として計画した例である。児童たちは自分の手で作品を作ることに大きな期待と意欲をもっている。小さくてよいので，短時間で満足感の得られる作品が好ましい。ここでは，基礎的な縫い方の技能を「なぜその縫い方でどのように縫うのか」を思考しながら確実に習得することを目指した題材として，自分で布や色や形，糸やボタンの色を選びながらオリジナル性のあるミニバッグを製作する課題に取り組ませる。また作品（ミニバッグ）製作と並行して，「来年の5年生向けに作り方ガイドブックを作ろう」という課題にも取り組ませる。
　題材の前半で習得した基礎的な縫い方（知識・技能）を，布を用いた製作活動を通して，「なぜそうするのか」を思考・判断しながら使いこなしていく計画である。ガイドブックには，そう考えた根拠や活動を通して考えたことを記入させる。意味を考えながら製作させると共に，繰り返し言語で表現させることによって確実な習得を図りながら，その過程で生まれた表現を記録に残す評価とする。

つまずきと支援（指導に生かす評価）

第⑥時 ミニバッグ製作について，手順を考えながら計画を立てる

■ 何を重点的に見るか（資料と観点）

・計画表作成の様子（思）

■ 学習状況をどう見るか（つまずきと支援）

・作品製作を伴う学習では，「作品のでき栄え」（技能面）ばかりでなく，「なぜそうするのか。どうすればよいか」（思考活動）に注目してつまずきも支援したい。ここでは，ミニバッグを製作する上で，どこをどの縫い方を使って，どのようなことに気を付けて作成するか構想する様子を見取って支援する。適切な縫い方を見つけられない児童には，既習の縫い方の見本などで確認させることや対話的な場面で協働的な学びを通して気付かせるようにし，製作に入る前に見通しをもたせる。

・ここでの学習は，ミシンによる布を用いた製作題材にもつなげて学習者に意識付けていくことで長期的な評価も可能になる。

> [どんな学習場面か]
> 　計画表を作成し，製作の見通しをもたせると共に，第3〜5時で習得した基礎縫いの知識を，実際の製作においてどう活用するかを構想する場面でもある。大まかな製作手順①〜⑦はワークシートに示しておき（ガイドブックの台紙，以下参照），それぞれの場面で行う作業や工夫を考えて，具体的に記入させていく。

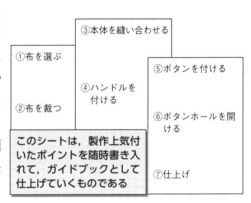

①布を選ぶ
②布を裁つ
③本体を縫い合わせる
④ハンドルを付ける
⑤ボタンを付ける
⑥ボタンホールを開ける
⑦仕上げ

このシートは，製作上気付いたポイントを随時書き入れて，ガイドブックとして仕上げていくものである

第⑦⑧時 ミニバッグを製作する／並行してガイドブックを作成する

■ 何を重点的に見るか（資料と観点）

・活動の様子（知）

■ 学習状況をどう見るか（つまずきと支援）

・布を用いた製作実習で不器用な児童は，うまくいかないと意欲がもてないまま，思い通りの作品ができないと自信を失い，生活に生かそうとする態度に結び付きにくいことが多い。この教材のよさは，児童の失敗を意欲につなぐところにある。失敗すればするほど，ガイドブックに書ける要素が増えるからである。縫い糸の長さ，縫い目の大きさ，玉結びや玉どめの役割，返し縫いの必要性，ボタンの付け方など，自分の失敗をアドバイスという形にして，知識を確実に自分の言葉で使えるレベルに引き上げていくことにつながっていく。

> [どんな学習場面か]
> 　いよいよ，製作に取りかかる場面である。①布を選ぶ→②布を裁つ→③本体を縫い合わせる→④ハンドルを付ける→⑤ボタンを付ける→⑥ボタンホールを開ける→⑦仕上げの流れに沿って手順通りに児童は主体的に製作活動を始める。作業段階で立ち止まって，気付いたことをガイドブックに書き込んでいく。例えば，布を裁つときのはさみの安全で正しい使い方，縫うときの縫い糸の長さや玉結びの重要性，布端を丈夫にするための返し縫いの必要性，ボタンを付ける位置を決めるポイントとボタンホール（穴）のあけ方のコツなど，図や言葉で既習の知識を再構成しながらまとめていく様子を見取って支援する。

総括に用いる評価 （記録に残す評価）

ミニバッグを作ろう・ガイドブックを作ろう

■ 何を重点的に見るか （資料と観点）

・作品（ミニバッグ）・ガイドブック（**知・思**）

■ 学習状況をどう見るか （観点別学習状況の判定）

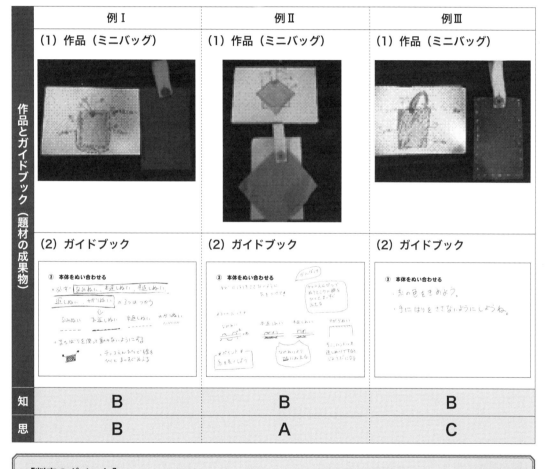

	例Ⅰ	例Ⅱ	例Ⅲ
作品とガイドブック（題材の成果物）	**(1) 作品（ミニバッグ）** **(2) ガイドブック**	**(1) 作品（ミニバッグ）** **(2) ガイドブック**	**(1) 作品（ミニバッグ）** **(2) ガイドブック**
知	B	B	B
思	B	A	C

[判定のポイント]

・上の三つのミニバッグの作品とガイドブックの一部を比べてみる。三つとも作品としては習得した知識・技能を生かした作品として，知識・技能を「おおむね満足できる」状況（B）と判定する。

・ガイドブックの一部を比較してみる。製作の本体を縫い合わせる段階でどのような思考を働かせていたかに注目する。例Ⅰのガイドブックは，縫い方の種類とその違いについて説明することができていることや待ち針・チャコペンシルなど製作を通して使う意味と共に理解できていることから，思考・判断・表現を「B」と判定する。例Ⅱは，基礎縫いの種類の特徴を捉えてどの部分をなぜその縫い方をするか（どう活用するか）を説明しているので，思考・判断・表現を「A」（十分満足できる）と判定する。例Ⅲを作成した児童については，ガイドブックの中で助言を得て作業手順や安全についての文言は記したが，どのように縫えばよいかなどの思考を表現するには至っていないことから，思考・判断・表現を「C」と判定する。その上で，再度個別に相互交流して友達の作品なども参考にしてガイドブックを完成させるように支援する。

体育の評価

体育科の運動領域の学習では，児童たちが安全に配慮しつつ運動のもつ楽しさを味わいながら，チームや個人のめあてを達成するための活動を通して，技能等を身に付けていく教科である。勝ちたい，できるようになりたいという思いをエネルギーに，授業の中でめあてを達成するためのよりよい工夫を繰り返していくことが重要となってくる。

教師は，児童一人一人のめあてを把握し，めあてを達成するためのよりよい工夫が行われているかどうかを評価し，支援へとつなげていくことが大切である。つまり，「思考・判断・表現」の観点の評価を中心に置きながら「主体的に学習に取り組む態度」や「知識・技能」と一体的に見取り指導に生かす必要がある。そして，単元の後半には，すべての児童たちがめあてを達成するための効果的な工夫をしながら，意欲的に学習に取り組む授業へと高めていくことが大切である。

1時間の授業では，適切な支援と評価を効率的に行う必要がある。そのためには，1時間の支援・評価計画をしっかりと立てておくとよい。前時の観察や学習カードの記述，ICT機器での記録等を基に，いつ・誰に（個人に・グループに・全体に）・どのような支援を行うかや，いつ・どのように児童の様子の見取るのかを明らかにしておくとよい（児童への支援内容と本時の評価の観点は，必ずしも一致する必要はない）。

指導に生かす評価のポイント

単元の前半部分では，まず，Cの学習状況と見られる児童に焦点を絞って支援していき，中盤になるにしたがって，Aの状況と見られる児童のよい点を全体に広げていけるようにしていく。

○技術的な課題が大きい児童には，改善点を具体的に指摘した上で，うまくできている児童の動きを参考にさせる。その際，ICT機器や学習カードも活用できる。

○運動に苦手意識が高い児童には，本人の思いを活動グループやチームで共有したり，毎時の振り返りの時間を活動グループやチームごとに行い，本人の課題や困りについてみんなで考えアドバイスをしたりするように促す。

○結果が上がらないチームには，課題を指摘した上で，自分たちに合った作戦，練習内容について話し合わせる。

○チームワークの視点が弱い児童には，活動の中で本人が困った場面を捉えて，チームで話し合わせるなどして，チームプレーや作戦の大切さに気付けるように支援する。

記録に残す評価のポイント

単元の最後の3時間程度で行う。単元の終末になると子供たちは，自分のめあての達成に向かってスムーズに取り組むようになる。そこで教師は，子供の活動を観察し，複数の評価の観点を一体的に捉えながら評価していく。そして，学習カードの記述等も加味しながら評価する。最後の1時間は前の2時間での評価を補完できるように柔軟に評価できるようにしておく。また，最終時のまとめの時間には，自分の活動を振り返り，がんばったことや友達と協力できたこと，工夫したことなどを記述させ，評価する。

指導と評価の計画の作成

- **単元** とび箱運動（第4学年）
- **学習指導要領との対応** B 器械運動

評価規準（B基準：学習を通して到達させたい最低限の姿）

知識・技能	思考・判断・表現	主体的に学習に取り組む態度
・とび箱運動の楽しさや喜びに触れ，その行い方を知っているとともに，切り返し系や回転系の基本的な技をしている。	・自己の能力に適した課題を見付け，技ができるようになるための活動を工夫しているとともに，考えたことを友達に伝えている。	・とび箱運動に進んで取り組もうとし，きまりを守り誰とでも仲良く運動しようとしたり，友達の考えを認めようとしていたり，場や器械・器具の安全に気を付けたりしている。

指導と評価の計画（単元・題材の学習をどう組み立てるか）

学習活動・学習課題 （丸付き数字は授業時数）		学習評価	
		つまずきと支援 （指導に生かす評価）	総括に用いる評価 （記録に残す評価）
① 単元の導入。場づくりの方法や学習の仕方，安全についての約束を知ると共に，「今できる技（とび箱の跳び方）」を確認する		活動の様子（**態**）	
②	**ねらい1** / **ねらい2**	活動の様子（**知・態**），カード（**知**）	
③	**今できる技で，高さや向きの違うとび箱に挑戦する** / **安心して跳び越せる高さのとび箱で，少しがんばればできそうな技に挑戦する**	活動の様子・カード（**思**）	
④	・開脚跳び（発展技：かかえ込みとび）で縦・横それぞれに置かれた4段から7段のとび箱を跳び越すことに挑戦する / ・横のとび箱を跳び越す開脚跳び（発展技：かかえ込みとび）	活動の様子（**思・態**），カード（**思**）	p.100
⑤		活動の様子・カード（**思**）	
⑥	・台上前転（発展技：首跳ねとび）で縦に置かれた4段から7段のとび箱を跳び越すことに挑戦する / ・縦のとび箱を跳び越す開脚跳び（発展技：かかえ込みとび）		活動の様子・カード（**思・態**）
⑦	・縦のとび箱で回る台上前転（発展技：首跳ねとび）		活動の様子・カード（**知・思**），ICT（**知**）
⑧ 単元のまとめ。ねらい1と2の活動をした上で，単元を振り返り工夫したことや努力したこと自分の身に付いたこと等を記述する			活動の様子・カード（**知・思・態**），ICT（**知**）

［重点化のポイント］

　本単元のとび箱運動では，単元の導入（第1時）とまとめ（第8時）の時間を除き，①自分たちで学習の場の準備をする→②体ならしをする→③ねらい1の活動をする→④ねらい2の活動をする→⑤まとめと振り返りをする，という活動を毎時間繰り返す（第2〜7時）。ねらい2の活動は，比較的技が獲得しやすかったり，安全に練習できたりする場を自分の課題に合わせて選び練習する。学習カードやICT機器（タブレット等）を活用しながら練習する。

　学習のヤマ場となるのは，単元の後半から終盤にかけてである。一人一人の児童が学習の進め方や技の獲得の仕方を工夫して，より主体的に取り組む姿が見られる時間となる。そこを評価の舞台として機能させるためには，単元の前半で，学習の進め方や技の獲得方法が分からなかったり，技の獲得ができなかったりする児童たちの学習状況を見取り，児童同士の教え合いやまとめの時間の話し合い，教師の適切な支援等を行うことでスムーズな活動ができるように支援していく。

つまずきと支援（指導に生かす評価）

| 第④時 > ねらい1とねらい2の活動

■ 何を重点的に見るか（資料と観点）

・活動の様子（思・態），カード（思）

■ 学習状況をどう見るか（つまずきと支援）

ねらい1 今できる技で，高さや向きの違うとび箱に挑戦する

・高さに対して恐怖心のある児童には，着地のマットの上にウレタンマットを敷くなど安心して跳びこせるようにサポートする。また，1段低いとび箱で跳んで跳び越すイメージとリズムをつかんだ上で，跳ぶように助言する。

・技術的な問題のある児童には，踏切や着手，着地等つまずきの原因を示すと共に，うまく跳べている児童の姿を参考にするとよいことを助言する。

> **［どんな学習場面か］**
> 　学習の仕方も分かり，自分のできる技で高さや向きの違うとび箱を跳び越すことに挑戦することで，技をより雄大で，安定したものへと高めていく学習場面。
> 　高さが高くなり，なかなか跳び越せない状況が続いている児童が出てくる時期である。跳び越せない原因や解決方法を見取り，思考・判断・表現の状況を支援する。また，うまくいかなくても粘り強く取り組んだり，友達と励まし合いながら取り組んだりする姿から主体的に学習に取り組む態度の状況を見取って支援していく。
> ----------
> 【思】……自己に適した課題を見付け，技ができるようになるための活動を工夫している。
> 【態】……とび箱運動に進んで取り組もうとし，きまりを守り運動しようとしている。

ねらい2 少しがんばればできそうな技に挑戦する

・自分の課題が見つけられていない児童には，タブレットで自分の姿を撮影し，うまくできている友達と比べたり，イメージビデオと比べたりして自分の課題をつかむように助言する。

・課題解決のために意識するポイントがつかめない児童には，学習資料を参考にしたり，うまくできる友達からポイントをアドバイスしてもらったりするよう助言する。

・適切な練習場所が選べない児童には，練習の場の意味を示し，自分の課題に合った練習場所を見つけるよう助言する。

> **［どんな学習場面か］**
> 　練習の場の使い方や学習資料の活用の仕方を理解し，できるようになりたい技に挑戦していく学習場面。
> 　練習の場を活用して練習しているがなかなか技の獲得に至らず，意欲が低下する児童が出てくる時期である。技を獲得するための自分の課題や練習方法を考え活動する姿から思考・判断・表現の状況を見取って支援する。また，まとめの時間としてのグループ交流で自分の活動の振り返りや友達へのアドバイスを通して知識や表現力の状況を見取って支援していく。
> ----------
> 【思】……自己に適した課題を見付け，技ができるようになるための活動を工夫しているとともに，考えたことを友達に伝えている。

100

総括に用いる評価（記録に残す評価）

第⑦⑧時　ねらい1とねらい2の活動

■ 何を重点的に見るか（資料と観点）

・活動の様子・学習カード（**知・思・態**），ICT［タブレットに残した動画］（**知**）

■ 学習状況をどう見るか（観点別学習状況の判定）

ねらい1　今できる技で，高さや向きの違うとび箱に挑戦する

活動の様子・学習カード・ICT	知	態
▶▶例Ⅰ　7段の縦のとび箱を開脚跳で跳び越すことに挑戦	B	C
・勢いよく助走し，力強い踏切から着手しているが，突き放しが弱く体が前に突っ込んでしまう。着地後勢い余って前に倒れこむような跳び方を繰り返し行っている。	【知】……踏切・着手・跳び越える一連の動作はできている　【態】……安全な着地や助走スピードへの意識が薄く，安全面への配慮に欠ける	
▶▶例Ⅱ　6段の縦のとび箱を台上前転で回ることに挑戦	A	A
・テンポのよい助走から，強く踏み切り後頭部をとび箱の手前に着け，スムーズに回転。安定した着地で繰り返し行っている（本人のめあては，後頭部をとび箱に着けることと大きな回転になるために膝をできるだけ伸ばした前転）。 ・他の児童が跳び越せたときに拍手をしたり，跳び終わった時に気付いたことを伝えたりしている。	【知】……安定した回り方・着地，ダイナミックな回転等が見られる　【態】……安全への意識が高く，友達にも自然な形で支援をしようとしている	

ねらい2　少しがんばればできそうな技に挑戦する

活動の様子・学習カード・ICT	知	思	態
▶▶例Ⅲ　かかえ込みとび	C	B	B
・かかえ込みとび挑戦5時間目。ゴムの場（2台のとび箱を並べその周りにゴムを張り，とび箱の間を跳ぶ場）で練習しているが，踏切の弱さがあり，着手後肩が前に出ないので跳び越せない。 ・自分の姿を映像に撮り自分の課題はつかんでいる。	【知】……踏み切りの弱さやとび箱を跳び越せない状況がある　【思】……課題意識はあるが，練習方法の改善や友達に助言をもらったりするような工夫がない　【態】……うまくいかなくても，ふざけることなくこつこつと粘り強く取り組んでいる		
▶▶例Ⅳ　かかえ込みとび	B	A	A
・かかえ込みとび挑戦4時間目。ゴムの場で練習を繰り返す。スムーズに跳び越せているのを確認して，確かめの場へ。恐怖心からうまく跳び越せない。友達のアドバイスをもらい，着地場所にウレタンマットを敷き，練習。うまく跳べるようなったのでウレタンマットを外し挑戦。安定した着地で跳び越せるようになる。 ・振り返りの時間に跳び越せるようになったポイント（ウレタンマットの使用の有効性）を同じ技を練習している友達に伝えている。	【知】……スムーズな跳び越しができている。ダイナミックさがまだない　【思】……自分の課題に応じた練習を工夫していることや友達からアドバイスをもらっている姿，まとめの時間にうまくいったわけを積極的に伝える姿がある　【態】……意欲的に挑戦している姿や粘り強く取り組んでいる姿が見られることや安全への意識も高い		

外国語の評価

外国語科は5領域×3観点

　他教科は，内容を3観点で評価するが，外国語科には五つの領域別目標があり，5×3のマトリックスを基に評価する（右ページの評価規準の表参照）。

　といっても1単元で全15項目を「記録に残す評価」として見取るのではなく，1年間でバランスよく全ての評価を網羅できればよい。決して評価を細かくやりすぎる必要はない。大切なポイント3点を確認しておく。

① 漏れのない年間の評価計画を作り，学年で共有しておく。（これができたら半分終了！）　例）書くことの評価は，書くことにまだ慣れていない5年の初期には入れず，ある程度力が付いた頃から行うとよい

② Cを作らない。年度末に「全員B以上」を目指して指導と評価を積み重ねる

③ 「毎時間，めあてに向けた指導を行い評価する」日々の営みこそが大切

単元はバックワードデザインで

　単元を通してバックワードデザイン（逆向き設計）で考え，全ての活動が終末の発表につながるよう指導を行うことが基本。毎時間，単元計画を示し，教師は自力で活動しにくい児童を中心に指導・支援を行う。さらにペアやグループなど相互によい影響を与え合う指導の形を工夫し，めあてを達成していく児童に焦点を絞り，それに続く児童を増やしていく。毎時間の振り返りを点検してコメントを添え，次時に向けたフィードバックを個別に行う。

途中のCを見取って支援する

　例えば第1時に「聞く活動」が数回出てくるとする。1回目でめあてをクリアした子は2回目以降も大抵クリアできるであろうと考え，できていない子（担任であれば予測がつくはず）を中心に支援を重ねる。

例）音声を聞かせる前に，教科書のイラストから内容を予想させてから聞かせる

◎ 全体をざっと聞かせた後，一時停止機能を使い，聞き取って欲しい部分を何度も聞かせ，何と聞こえたか，全体でも共有する

◎ 初回は，あえて児童が安心して聞ける担任の発音でゆっくりと聞かせ，ネイティブの音声につなぐ

などの指導改善が考えられる。リスニングテストのように，音声を順に聞かせた後，全体で答え合わせをし，○×評価をするだけでは，児童に付けたい力は身に付かない。

記録に残す評価の工夫（聞く・話す活動）

　児童がテキストに記入する際のルールを決めておく。自分で聞き取った内容は鉛筆書きで，修正は消しゴムを使わず線で消す，友達の発表を聞いてわかったことは赤で付け加える，というように。児童の思考が記録として残るので，授業中の行動観察に加え，テキストの記述分析からも評価することができる。

　発表会形式でパフォーマンステストをし，映像を残しておくのも一案。聞き手は発表者にコメントや質問をしたり，審査員としてメモを取らせたりして参加させる。そこで，児童に示す審査のポイント＝評価規準である。

指導と評価の計画の作成

評価規準 （B基準：学習を通して到達させたい最低限の姿） ※空欄は本単元で設定しないことを示す

	知識・技能	思考・判断・表現	主体的に学習に取り組む態度
聞くこと		思：聞 世界の国々への理解を深めるために，各国の小学生の学校行事などの説明から，どんな思い出があるかなどを聞き取り理解している。	態：聞 世界の国々への理解を深めるために，各国の小学生の学校行事などの説明から，どんな思い出があるかなどを聞き取ろうとしている。
読むこと	知：読 My best memory is〜. や We went to / ate / saw / enjoyed〜. It was〜. などの表現について理解している。 技：読 音声で十分に慣れ親しんだ簡単な語句や基本的な表現で書かれた文を読んで，思い出の行事名やしたこと，感想が分かるために必要な技能を身に付けている。		
話すこと [やりとり]		思：話[や] 互いのことを知るために，思い出の学校行事について，簡単な語句や基本的な表現を用いて，思い出の学校行事を尋ねたり答えたり，したことや感想を伝えたりしている。	態：話[や] 互いのことを知るために，思い出の学校行事について，簡単な語句や基本的な表現を用いて，思い出の学校行事を尋ねたり答えたり，したことや感想を伝えたりしようとしている。
話すこと [発表]	知：話[発] My best memory is〜. や We went to / ate / saw / enjoyed〜. It was〜. などの表現について理解している。 技：話[発] 学校行事について, My best memory is〜. や We went to / ate / saw / enjoyed〜. It was〜. などの表現を用いて，思い出の学校行事やしたこと，感想を伝える技能を身に付けている。	思：話[発] 自分のことを知ってもらうために，学校行事について，簡単な語句や基本的な表現を用いて，思い出の学校行事やしたこと，感想を発表している。	態：話[発] 自分のことを知ってもらうために，学校行事について，簡単な語句や基本的な表現を用いて，思い出の学校行事やしたこと，感想を発表しようとしている。
書くこと	知：書 My best memory is〜. や We went to / ate / saw / enjoyed〜. It was〜. などの表現について理解している。 技：書 学校行事について，音声で十分に慣れ親しんだ My best memory is〜. や We went to / ate / saw / enjoyed〜. It was〜. などの表現を用いて，思い出の学校行事やしたこと，感想を選んで書き写す技能を身に付けている。		

指導と評価の計画 （単元・題材の学習をどう組み立てるか）

学習活動・学習課題 （丸付き数字は授業時数）	学習評価	
	つまずきと支援 （指導に生かす評価）	総括に用いる評価 （記録に残す評価）
①学校行事の言い方を知る	活動の様子（**思：聞**）	p.104〉
②思い出に残る行事を伝え合う	活動の様子・振り返りの記述内容（**態：聞**）	p.104〉
③思い出に残る行事を伝え合う	活動の様子（**知・技：読**），ワークシート（**知・技：書**）	
④行事を行った場所やしたことなどを伝える言い方を知る	活動の様子・振り返りの記述内容（**思・態：話[や]**）	p.104〉
⑤行事を行った場所やしたことを伝える	活動の様子・ワークシート（**知・技：話[発]**）	
⑥小学校生活の一番の思い出を発表する		活動の様子（**思・態：話[発]**） p.105〉

第1部

第2部

第3部

教科における 指導と評価の計画と評価例

つまずきと支援 (指導に生かす評価)

第①時　学校行事の言い方を知る

■ 何を重点的に見るか（資料と観点）
・活動の様子（**思：聞くこと**）

■ 学習状況をどう見るか（つまずきと支援）
・教科書の挿絵を使い，学校行事を表す表現を聞いて指をさすゲームに取り組み，正しく指さしをしているかを観察する。はじめはペアで1冊を使った指さしを行い，慣れたら一人で指さしを行い，その様子を見取って支援する（指導形態を工夫する）。

> **[どんな学習場面か]**
> 　行事の表現（名詞）を中心に聞いて分かる・言い慣れる学習活動に取り組む場面。口元やゲーム中の様子を観察しながら，個別や全体に指導する。担任の Small Talk で単元終末の発表の見本を示し，自分の発表のイメージを持てるようにすることが何より大切である。

第②③時　思い出に残る行事を伝え合う

■ 何を重点的に見るか（資料と観点）
・活動の様子・振り返りの記述内容（**態：聞くこと**）〔第2時〕
・活動の様子（**知・技：読むこと**）〔第3時〕
・ワークシート（**知・技：書くこと**）〔第3時〕

■ 学習状況をどう見るか（つまずきと支援）
・毎時間の終わり頃，自分の思い出を伝える文を一文ずつ四線上に書きため，発表原稿のもとにするので，正しく書けているか点検し指導する。

> **[どんな学習場面か]**
> 　今度は文で，「What is your best memory? My best memory is our sports day. It was fun.」のように尋ね合う学習場面。リスニング，歌，チャンツ，ゲームや Small Talk を通して何度も聞いたり言ったりする。単なる練習に終わらせず，文型を使って自分の思いを表現できるように支援する。

第④⑤時　行事を行った場所やしたことなどを伝える言い方を知る／行事を行った場所やしたことを伝える

■ 何を重点的に見るか（資料と観点）
・活動の様子・振り返りの記述内容（**思・態：話すこと[やり取り]**）〔第4時〕
・活動の様子・ワークシート（**知・技：話すこと[発表]**）〔第5時〕

■ 学習状況をどう見るか（つまずきと支援）
・児童同士がアドバイスし合う場を設け，そこで得た学びを学級全体で共有し，自分の発表に取り入れる時間と位置付ける。
・「友達の発表の工夫を取り入れて自分の発表をどう改善したか」を言語化させる。原稿にあしあとを残したり発表したりして個人→学級全体へと意識付ける。
・慣れたら原稿から離れていき，原稿を読むだけの発表にならないように声かけする。一人で考えたり練習したりする時間も確保したい。

> **[どんな学習場面か]**
> 　第2・3時の文＋既習表現を使って自分が相手に伝えたいことや感想をさらに詳しく盛り込み，発表準備を進める学習場面。「発表を練り上げるため」相手を変えて何度もやり取りを重ねる活動から学習状況を読み取って支援する。
> 　グループの学習によい影響を与える児童を適切に配置したグルーピングを工夫する。

総括に用いる評価（記録に残す評価）

小学校生活の一番の思い出を発表する

■ 何を重点的に見るか（資料と観点）

・活動の様子（**思・態：話すこと[発表]**）

> **第6時の学習活動とその評価**
> 　本時では，「小学校生活で一番の思い出」について発表する。これまで書きためてきた原稿（前時で整理したもの）を基に，話の順番や語順に気を付けながら，自分の伝えたいことを相手に伝わりやすいように工夫して発表している姿を観察する。
> 　ジェスチャーなどのパフォーマンスも含め，トータルで発表を評価する。ただし，本単元を通して学んだ，次の①〜③の3文が言えることは，B判定の最低条件とする。
> ① My best memory is 〜. ② I went to 〜. / I saw 〜. / I enjoyed 〜. から一つ以上。③ It was 〜.
>
> **思①態①：話すこと[発表]**……自分のことを知ってもらうために、小学校生活で一番の思い出について相手に伝わるように工夫しながら発表している。聞き手は感想を言ったり質問をしたりしながら聞いている。

■ 学習状況をどう見るか（観点別学習状況の判定）

発表の例（下線は発表中に強調された点）		思・判・表	態　度
例 I	Hello, everyone. My best memory is camping trip. I went to *Misaki* house. I enjoyed an aquarium. I saw fish. It was fun. Thank you. ・始めと終わりにあいさつをしている ・My best memory is 〜. We went to/ate/saw/enjoyed 〜. It was 〜. などの学んだ表現を使って発表している ・時折，原稿を見ながらも聴衆に向かって発表している ・聞き手に届くほどよい大きさの声で発表している		B	B
例 II	Hello, everyone. My best memory is sports day. I had a <u>relay race</u>. I enjoyed a <u>hurdle run</u>. I enjoyed <u>radio exercise, too</u>. It was exciting. Thank you. ・相手に伝わりやすいように，聞き手に体を向け, relay race, hurdle run, radio exercise のところではジェスチャーを付けている ・聴衆に届くはっきりした声で発表している ・中間評価で友達からもらったアドバイスを生かして発表内容を改善している		A	B
例 III	Hello, everyone. My best memory is our camping trip. I went to <u>*Misaki* house</u>. I ate *sukiyaki*. <u>I like *sukiyaki*. Do you like *sukiyaki*?</u>（Yes, I do. の返事に対して） <u>Oh, nice !</u> I played <u>badminton</u> with my friend. Can you play badminton? It was tired but it was fun. That's all. Thank you for listening. ・相手が聞き取りやすいように固有名詞 Misaki house などを強調して言っている ・まず自分の思いを伝え，聞き手に質問し発表に参加させる工夫をしている（"I like." "Do you like 〜."） ・原稿を見ず，両手を使って必要に応じてジェスチャーを付け発表している ・友達のリハーサルを見聞きしてよいと思った内容を自分の発表に取り入れたり，友達に的確なアドバイスをしてよりよい発表づくりに協力したりするなど，自己調整をしている		A	A

第**3**部.

学習評価のそもそもと
これから

1 目標準拠評価の導入

評価基準に照らして評価する——目標準拠評価の導入

　学習評価のここ20年の歩みを振り返ってみると，平成13（2001）年の指導要録の改訂で大きな変革が始まりました。この時の改訂で**目標準拠評価**が全面的に採用されたためです。そもそもこの目標準拠評価という言い方は，それまで絶対評価と呼ばれていた評価方法の表現を改めたものです。目標準拠評価は，児童の学習状況を評価基準に照らすことにより，その達成状況を評価するものです。絶対評価という言い方を改めたのは，この言葉が絶対不変の評価基準があるような響きをもっていたためです。あくまで評価基準は人為的に設定されたものであり，研究の成果や価値観の変化により変わることもありうるのです。

　平成13年以前も**観点別評価**については絶対評価（目標準拠評価）でしたが，評定は「絶対評価を加味した相対評価」とされており，曖昧なままでした。部分的に相対評価を認めていたために，評定に関しては相対評価が実態であったといったほうがよいでしょう。

　絶対評価を目標準拠評価と言い換えたわけですが，目標準拠評価のもともとの用語は，英語の**クライテリオン準拠評価（criterion referenced assessment）**でした。クライテリオン準拠評価は，1963年にアメリカのグレイサー（Glaser, R.）が提案したものです。彼は相対評価に対して，**一定の評価基準に照らして児童の学習状況を判断する**べきであると主張しました。なおグレイサー自身は，この時点ではクライテリオン準拠テストと言っています。

クライテリオン準拠評価の二つの解釈

　グレイサー自身は，評価基準がどうあるべきかに関して，具体的な提案をしていませんでした。その後，評価基準の設定方法について二つの考え方が登場しました。一つはポファム（Popham, J.W.）によるものです。彼は**ドメイン（domain）**の概念を持ち込みました。ドメインとは**評価の対象とする範囲**のことです。ドメインを明確に定義し，その範囲内で考えられるすべての問題群から一部を抽出してテストし，そのテストに正解した割合は，すべての問題群をテストした場合の正解数の割合を示しているとしました。正解数が一定の割合（例えば60％）を上回れば，対象とする学習範囲について習得したと評価したり，いくつかの割合（60％と80％ など）を決めて区分すれば，3段階で評価したりすることになります。割合といっても，テストの場合は通常，点数で示しますので，点数で区分を示すことになります。この区分に用いられる点数をカッティング・ポイントまたはカット・スコアなど

と言います。学校内で**従来から用いられてきたペーパーテスト（多数の問題から構成されるテスト）は，暗黙にですが，ほぼこのドメイン準拠評価の考え方で実施されてきた**と考えられます。

　ドメインを明確に区分し，そのドメインで考えられる問題群から実際にテストする問題を抽出するという方法を用いて評価できるのは，学習すべき内容の一部になります。例えば，「連立一次方程式の計算」「江戸時代の主な出来事」「圧力と体積」などの場合とか，「教科書のp.35からp.55までの内容」のように評価する範囲を明確に区分できる場合です。しかし，科学的な思考とか数学的な思考などでは，明確にその内容を区分できるわけではありません。また国語の論理的な文章なども明確な範囲を区分できないのです。

　ドメインを明確に区分できない学習の場合に，評価基準の設定方法として考えられたのが，サドラー（Sadler, R.）による**スタンダード準拠評価（standard referenced assessment）**です。ドメインを設定できないのは，先に述べた思考力や判断力のような，欧米で**高次の思考技能（higher order skills）**と言われるものです。例えば，科学的な思考は特定の学習内容（例えば，電気，溶液の性質）に限定されていないので，範囲が非常に広範囲にわたります。その点で明確な範囲を設定できるわけではないのです。

　また，思考力等は多数の問題を解かせて，その正解数で評価することは非常に困難です。思考力や判断力は初歩的で幼稚な思考から，高度で洗練された思考までのいくつかのレベルのどの段階かを評価しなければなりません。問題に正解した数で評価できるような量的なものではないからです。このような場合に適した評価基準の設定方法として，サドラーは**レベルの特徴を言葉で表現した評価基準と，各レベルの評価基準に到達したと判断される児童の作品例（作文，レポート，制作物など）の二つを用いてレベルの違いの理解を図る方法**を提案し，これをスタンダード準拠評価と呼びました。

　なお，洗練のレベルの違いを示す別の評価基準の設定方法として，**ルーブリック（rublic）**があります。ルーブリックはもともと特定の課題に対応した評価基準でした。いっぽう，スタンダード準拠評価の場合は，いろいろな課題に共通して用いることのできる評価基準となっている点が異なっています。スタンダード準拠評価はドメインの設定を考えていないのに対して，ルーブリックはドメインの考え方を残しているとも言えるでしょう。（注：なお，ルーブリックには，多種類の学習課題に対応した「一般的なルーブリック（generic rublic）」もあります。この場合のルーブリックは，ドメインの考え方をしていないとみることもできます。）

国立教育政策研究所の参考資料

　平成13年の改訂を契機として，評価基準の設定を各学校の工夫に任せていたそれまでの方針を転換して，国自体が参考資料として評価基準（評価規準）の設定例を示すようになりました。さらに，平成22（2010）年の改訂からは，評価基準に加えて，評価基準に到達したと見られる児童の作品例も示すようになり，スタンダード準拠評価の考え方を部分的に取り入れるようになりました。

2 観点別学習状況の評価

分析的な評価とその限界

　現在，学校で用いられている評価方法は，その多くを20世紀初めに開発された知能テストに負っています。知能テストはもちろん知能を測定するものですが，知能テストで開発された評価方法を知能の測定以外にも使用するようになってからは，漠然と能力を評価するものと考えるようなりました。この能力について分析的に考えたのが**ブルーム（Bloom, B.S.）**です。ブルームは1956年に「教育目標の分類学（Taxonomy of Educational Objectives）」を著して，能力の内容を分析的に考えることを提案しました。ブルームは認知的な領域の能力を六つの構成要素に分けて考えました。

　その六つとは，知識（knowledge），理解（comprehension），応用（application），分析（analysis），総合（synthesis），評価（evaluation）です。さらに，これらの六つの能力は階層構造をもっていると主張しました。つまり，知識を習得してから理解に進み，理解が習得できてから応用に進むという具合に，知識が最下層で評価を最上位とする階層構造です。また六つの能力を評価する問題も例示していました。わが国の観点別評価の各項目も能力を分析的に捉える点では同様ですが，分類の仕方は異なっています。

　ブルームの能力の分類とその階層構造について，それを確認・検証する研究がその後行われました。その結果，六つの能力の階層構造については否定されました。最下層の知識にも非常に難しいものがあり，知識や理解が分析や総合よりも易しいとは限らないのです。さらに問題になったのは，六つの能力を別々にテストしたり評価したりすることの難しさです。特に，応用，分析，総合，評価といった，いわゆる**高次の思考技能に相当するようなものは，それぞれを区分して評価することは難しく，ある種の問題解決プロセスを通して一体的にしか評価できない**と考えられるようになりました。これらの研究結果は次に述べるように，わが国で令和2年から実施が始まった学習指導要領と，これに対応する観点別評価にも大きく影響することとなりました。

観点の区分の問題

　目標準拠評価となった平成13年以降，観点は国語だけが5観点（「関心・意欲・態度」「話す・聞く能力」「書く能力」「読む能力」「言語についての知識・理解・技能」）で，他の教科は4観点（「関心・意欲・態度」「思考・判断」「技能・表現」「知識・理解」）でした。

平成22年の改訂では「技能・表現」から表現がなくなって「技能」となり，「思考・判断」に表現が移って「思考・判断・表現」となりました。これは思考，判断したことを表現すると考えて，思考，判断と一体化して評価しようとするものでした。

　平成13年以来の課題として考えられてきたのは，各教科の「知識・理解」と「技能」の観点の意味が似通っていて，区別して評価するのが困難であることでした。これは前述したブルームの6区分の問題とも密接に関連しています。つまり，能力を細かに区分しても，実際にその区分通りに評価できるわけではないことと関係しています。わが国では「知識・理解」と「技能」を別々に評価するのが難しいという点に，ブルームの区分と同じ問題が現れていました。

3観点への移行

　新しい学習指導要領は，これまでの内容中心の教育課程の編成から，資質や能力の育成をより前面に出すことを目指しています。内容中心というのは，指導すべき知識や概念を中心に記述する教育課程のことです。これに対して資質や能力の育成を目指す教育課程とは，どのような能力や技能を育成するかを中心に記述する教育課程のことです。具体的には，「知識・技能」「思考力・判断力・表現力等」「学びに向かう力・人間性等」の三つの柱に従って編成されています。このような編成方法に変えた成果がどの程度あったかは議論のあるところでしょうが，この三つの柱を受けた観点の構成も**「知識・技能」「思考・判断・表現」「主体的に学習に取り組む態度」**の三つに整理されました。「主体的に学習に取り組む態度」は，「学びに向かう力，人間性等」のうち，評価できる部分を観点として設定したものとしています。

　この三つの観点のうちで，認知的な能力について評価する観点は「知識・技能」「思考・判断・表現」の二つになりました。これは前述したようにブルームの六つの分類が，最終的には**知識等と高次の思考技能を区分して評価**できる程度となったことと一致しています。わが国の観点「思考・判断・表現」は高次の思考技能にほぼ相当します。認知的な能力をこれまでの3観点から2観点に変えたことで，観点の内容の区別が付きにくいという問題は今回解消されたと考えられます。

　「知識・技能」の観点は，個別的に評価できる学習内容（個別の知識や概念）であるのに対して，「思考・判断・表現」の観点は，知識や技能を統合して用いて問題や課題を解決する能力として考えるべきでしょう。たとえて言えば，「知識・技能」はコンピュータの部品（電源装置，CPU，ハードディスクなど）が揃っているかを評価する観点，「思考・判断・表現」は部品が集まってコンピュータ全体として働く機能を評価する観点と言えるでしょう。「主体的に学習に取り組む態度」という新しい観点は，従来の「関心・意欲・態度」の観点の内容に，**メタ認知能力**と**粘り強く学習に取り組む態度**を加えた観点と考えられますが，後で述べるように評価の難しい観点です。

3 学習の改善に生かす評価 ——形成的評価

形成的評価への注目

　中教審教育課程部会の「児童生徒の学習評価に関するワーキンググループ」での新学習指導要領に対応した評価の検討の中で，特に注目されたのが**形成的評価**でした。従来は学習評価といえば指導要録の内容の検討，つまり**総括的評価**を前提とした議論でした。しかし，今回は形成的評価が議論の対象となりました。学校で形成的評価をもっと本格的に実施するには，どのような方策が必要かを検討したのです。このような形成的評価の重視は，世界的な流れに沿ったものと考えられます。

　1998年，イギリスのブラック（Black, P.）等が Assessment in Education 誌に発表した論文で，1998年以前の約10年間に発表された形成的評価に関する研究論文を調査して，形成的評価を実施した場合の効果が非常に大きいことを示しました。この論文を契機に，形成的評価に関する理論的，実践的な研究が本格的に始まったのです。その世界的な流れが，新しい学習指導要領に対応した学習評価の検討の中で，形成的評価の重視につながったと考えられます。

形成的評価が機能する条件

　ブラック等の論文以前から，形成的評価が機能するために必要な条件を示していたのが前出のサドラーです。彼は，1989年の "Formative assessment and the design of instructional systems." という論文の中で，三つの条件を指摘しました。

- **児童が学習の目標について理解していること**
- **児童が学習の目標と自分の学習の状況との乖離について知っていること**
- **児童が学習の目標と自分の学習の状況との乖離を埋める方法を指導されること**

　ここでサドラーが言う学習の目標とは，漢字の学習や簡単な足し算のようなものではなくて，思考力等に関わる目標，高次の思考技能に関わる目標のことです。漢字の学習や計算の場合には，児童に学習の目標を理解させるのはそれほど難しくはありません。しかし，「論理的な文章を書く」とか，「イマジネーション豊かな文を書く」などの目標を理解させるのは簡単なことではありません。このような場合には，論理的な文章の実例やイマジネーションに富んだ文章の例を示し，どこがポイントかを児童に説明することが必要です。これは言語表現の評価基準と事例を組み合わせるスタンダード準拠評価と同様の考え方に立脚しています。

効果を上げるために必要なこと

　前述のブラック等の論文は，形成的評価の効果を示しただけでなく，現状の問題点，工夫を必要とする分野についても指摘していました。さらにその後の実践研究で，形成的評価が効果を上げるために必要なことがわかってきました。その中で二つのことについてここでは説明したいと思います。

　まず第1に問題となったのは「教師の質問」です。教師の質問には，児童の考えを引き出し，問題があればすぐに改善のための方策を考えることができる即時性があります。また，質問により児童の考えを深める効果も期待できます。それはちょうど，ギリシャのソクラテスが用いた問答法のような効果であり，児童に考えることを促すのです。

　しかしながら現状は，必ずしもそのような効果を期待できないと言われています。問題点をいくつか挙げると，教師が質問して児童に考えさせる時間の非常に短いことが，調査の結果からわかっています。せいぜい数秒答えを待つ程度で，すぐにヒントを言ったり別の児童に答えさせたりしてしまう場合が多いのです。教師としては，児童が無言でいる沈黙の時間になかなか耐えられないのです。しかし，児童に考えさせるには，もっと長い時間解答を待つことが必要です。もちろん用語や単語で答えることを目的とする質問であれば，長い時間を必要とするわけではなく，わからなかったら時間を与えても意味はありません。このような**「知っている・知らない」で解答するような質問ばかりでは，児童の思考力を育成することはできません**し，児童が考えていることを聞き出し，学習の改善に生かすこともできません。

　これらの問題から，**質問した場合には今まで以上に考える時間を与える**こと，沈黙の時間も忍耐強く待つ必要があります。また，「どう考えますか」とか「どうなるでしょうか」というような質問をできるだけすること，2択式（はい・いいえ）の質問にならざるを得ない場合でも，**児童の解答を聞いた後「なぜそう考えますか」という質問をする**ことが必要です。

　二つめの問題は，「評価結果を児童に伝える方法」です。**点数や順位を伝えるだけでは学習の改善にほとんど役立たない**ことがわかっています。点数がよかったり，順位の上位だったりした児童の自尊感情を高める効果はありますが。「がんばったね」とか「よくやったね」などと伝えるのも，学習の改善効果に乏しいことがわかっています。

　最も学習の改善効果があったのは，**学習の目標に照らして，児童の学習状況がどの点で問題や課題があり，どの点でよかったのかを児童に伝える**ことです。この改善効果は，先に述べたサドラーの形成的評価が効果的であるための三つの条件の重要性を改めて確認するものです。

　わが国の学習評価の仕組みから考えると，形成的評価として機能するのは主として観点別評価と考えられます。特に各観点の評価基準が充実すれば，評価基準を児童にも理解させることで形成的評価の機能を果たすことになります。今のところ評定にそのような役割を期待することはできません。

4 様々な評価方法を併用する

評価方法の多様化と信頼性・妥当性

　近年の教育評価の基本的な考え方は，評価しようとする能力や技能が以前よりも広がってきたのに対応して，評価に用いる手段も多様化する必要があるとしています。前節で述べたように授業中の教師の質問は，評価の手段としてのみならず，児童に考えさせる方法として指導の面でも重要です。また，従来から用いられてきた**ペーパーテスト**にも多様なものがあり，それぞれの特質を踏まえて，評価目的に沿った適切な形式を用いる必要があります。最近では，ペーパーテストに加えて**パフォーマンス評価**や**ポートフォリオ評価**などが登場してきました。これらの新しい評価方法は，**従来のペーパーテストでは評価が難しい能力や技能を評価する**のに適しています。

　評価方法に求められる質の指標として，「**信頼性**」と「**妥当性**」があります。信頼性は，同じ評価を繰り返し行っても同様の結果が出るかを問うものです。妥当性は，評価しようとしている能力や技能を実際に評価しているかを問うものです。評価方法により信頼性と妥当性の要求をどの程度満たすかは異なってきます。多くの場合，信頼性を高めようとすると妥当性は低くなり，妥当性を高めると信頼性は低くなります。また，**形成的評価の場合には妥当性が重視される**のに対して，**総括的評価の場合には信頼性が重視される**こととなります。評価の結果が児童の進路に影響したり，教師や学校の評価につながったりするものとして保護者や一般社会の注目を浴びる場合を，**ハイ・ステイクス**と言いますが，このような場合には，特に信頼性が重視されます。

ペーパーテスト

　ペーパーテストには，多肢選択式，語句で解答するもの，短文で答えるもの，さらに長い論述を求めるものまであります。多肢選択式や語句で解答するペーパーテストは，**短時間で広い範囲の学習事項を評価する**のに適しています。この方式では信頼性，特に評価者間信頼性が高いのが普通です。短文で答える場合には，多肢選択式や語句で解答する場合よりは，評価できる学習範囲が狭くなり，評価者間信頼性が低くなります。大学入学共通テストで100字程度の短文で解答する問題を出題する予定であったのですが，採点の公平性に疑問があるとする批判を受けて中止になりましたが，正確には評価者間信頼性に関する批判というべきです。長い論述を求める場合には，採点が難しくなり，評価者間信頼性を高めるために

は，採点者の訓練などの工夫が必要となります。

パフォーマンス評価

　パフォーマンス評価は，評価しようとする能力や技能を実際に用いる中で評価しようとする方法です。例えばペーパーテスト上に理科の実験器具の図を描いて，問題に解答させることもできます。しかし，ペーパーテストの問題に解答できたからといって，実際に実験観察活動ができるとは言えません。実際の実験観察活動では，ペーパーテスト上で示すことのできない様々な環境条件等が影響してくるからです。そのため，ペーパーテスト上の代替物で評価するのでなく，実際の場面を設定して評価する方法をパフォーマンス評価と言うようになりました。もともとパフォーマンス評価は，体育や美術など実技を伴う教科で行われていたものですが，それ以外の教科でも実施する必要があると考えられるようになって，改めてパフォーマンス評価として注目されるようになりました。パフォーマンス評価の具体的な内容は教科によって異なります。社会科では地域の問題や課題についての調査活動，算数では現実社会で起こっている出来事を数学的に考える課題，国語では文章を書いたり，話したり聞いたりする活動が該当します。

　パフォーマンス評価では，**課題等の活動全体を実施する**ことが望ましいと言われています。例えば理科の実験観察活動の一部を取り出して評価するよりも，実験観察活動の一連の流れの中で評価することが望ましいということです。それは一部を取り出して評価した結果と，全体の流れの中で同じ部分を評価した結果は同じではないことがわかっているからです。一部を取り出して評価するのは，全体を実施する時間的余裕のないときに限るべきでしょう。

　パフォーマンス評価の実施には時間を要するため，何回もできるわけではありません。そのため評価しようとする能力や技能が発揮される課題や問題を十分に選択して実施することが必要です。その点で，指導や評価のヤマ場を考える必要があります。パフォーマンス評価の場合，妥当性が高くなるのが普通です。信頼性に関しては，もともと信頼性の概念そのものがペーパーテストを前提として考えられたものであるため，普通の信頼性を当てはめて考えることはできません。パフォーマンス評価の場合は評価者間信頼性が問題となると考えるべきです。

ポートフォリオ評価

　ポートフォリオ評価は児童が学習活動で作成した作品等（制作物，レポート，エッセイ等）を，ファイルに保存する評価方法です。ファイルに保存するのは，児童の能力や技能を代表する作品等です。保存された作品等を上回ると判断される作品が新たに制作された場合は，作品を入れ替えていく必要があります。こうすることで，**保存されている作品を見れば，該当時点での児童の能力や技能がどの程度まで達したか，そのプロフィールを把握できる**のがこの評価方法の特徴です。例えば国語では，散文，詩，短歌，論理的な文章などいろいろな種類の作品を集めることで，児童の国語の能力の全体を示すこととなります。

5 これからの学習評価の課題

評価基準の整備・充実

　平成13年の指導要録の改訂以来，国が評価基準の参考資料を作成し，さらに実際の児童の作品を用いた評価事例集も参考資料に含めるようになったことはすでに述べました。しかしながら，わが国の目標準拠評価には課題が残されていると言わざるを得ません。

　問題の第1は，各観点のB（おおむね満足）にあたる評価基準は参考資料に示されていますが，A（十分満足）にあたる評価基準が示されていないことです。Aにあたる評価基準が示されていないため，何ができたらAと判断するか指針がない状態です。Aの評価基準がなくても，Aにあたる児童の作品を用いた評価事例が数多く示されれば，Aに求められるおおよその内容を理解することができます。しかしながら，参考資料に示された評価事例は数が少なすぎて，そのような機能を果たすことはできません。もちろん本書で示された評価事例がそのような働きに少しでも寄与することを期待します。

　Aの評価基準がないことは，評価以前の問題として，指導の目標が見えないことになります。学習指導要領には基本的に，Bの目標しか記述されていません。今回の参考資料（「『指導と評価の一体化』のための学習評価に関する参考資料」）でのBの基準は，学習指導要領の目標として記述された文末「〜すること」を「〜している」に書き替えて作られたものですから，結果的にBの基準しか示されていないことになります。そうすると，児童がBの基準に到達した場合，次に何を目指して指導すべきかがわからないこととなります。当然これは形成的評価を実施する場合にも困ります。またBの基準についても，学習指導要領の記述の文末を変えただけのものですから，非常に簡単なものです。児童の様々な学習の達成状況を判断するには不十分と言わざるを得ません。**Aの評価基準を示すことと，評価基準に対応した評価事例集をもっと充実すること**がこれからの課題となります。

評価の統一性（comparability）の問題

　ここで言う**評価の統一性**とは，学校間や地域間で，評価に関して全体として同じような判断をしているかを問う概念です。これに対して**評価者間信頼性**は，同一の生徒の解答や作品等について，同じような評価が行われているかを問うものです。たとえて言えば，評価の統一性はマクロのレベル，評価者間信頼性はミクロのレベルの一致の程度を問題とするものです。評価の結果が学校内だけで用いられる場合には，評価の統一性が求められることはあり

ません。しかし，評価の結果が学校間や地域間で用いられて，児童の将来に影響したり，学校の比較や地域の比較に用いられたりする場合には，この評価の統一性が必要になります。

　評価の統一性を確保するために用いられる手続きが**モデレーション**です。これは各学校や地域の評価が同じような判断基準で行われているかを確認する手続きのことです。モデレーションの方法はいくつかありますが，よく用いられるのはグループ・モデレーションです。これは一定の地域の学校が児童の作品等を持ち寄り，同じような作品に対して同じような評価をしているかを確認することです。同じような評価をするために，評価基準や評価基準の適用方法などについて話し合うのです。

　わが国では，評価基準については国の参考資料がありますが，これは観点別評価に関するものであり，観点から評定を導き出す方法については，各学校の裁量に任されています。そのため，**評定に関しては評価の統一性が確保されていない**ことになります。評価結果がハイ・ステイクスになる場合には，これを統一することが必要であると考えられます。

形成的評価と総括的評価の関係

　形成的評価で得た評価結果を総括的評価で利用することに関しては，評価の専門家の間でも意見が分かれています。形成的評価と総括的評価では目的が全く違うので，形成的評価で得た評価結果を総括的評価に利用すべきでないという意見と，利用してもよいのではないかという意見に二分されています。確かに形成的評価では妥当性が重視されるのに対して，総括的評価では信頼性が重視されるので，この点を考えれば両者は分けて考えるべきでしょう。しかしながら，形成的評価は日常的に行われるのに対して，総括的評価は一定の時点でしか行われませんので，形成的評価のほうが継続的に児童の姿を見ていく点で，一時期の児童の状況を見る総括的評価よりは，児童の状況がよくわかると言えます。

　逆に総括的評価の結果を形成的評価に利用することについては，総括的評価を実施する時点では指導が終了しているので，原理的には総括的評価の結果を指導の改善に直接用いることはできません。

「主体的に学習に取り組む態度」の評価

　この観点は従来の「関心・意欲・態度」の観点に代わって設定されたものです。観点の内容としては，従来の「関心・意欲・態度」の意味内容に加えて，自らの学習を調整しようとする態度（メタ認知能力）と粘り強く学習に取り組む態度，欧米でレジリエンス（resilience）と言われるものを加えた観点であると考えられています。

　しかしながら，文部科学省が示している観点の趣旨は，教科によってかなり異なっており，メタ認知能力に言及していない教科もあります。粘り強く学習に取り組む態度に関しても，教科によって違っています。教科によって扱いが異なるのは，やはりこの観点を評価する場合の難しさを示していると考えられます。

Tips 「評価規準」と「評価基準」

　「評価規準」と「評価基準」の使い分けには様々な考え方や立場がある。本書では原則として「評価基準」の表記で統一しているが，文部科学省の文書等では「評価規準」が用いられている。そこで本書では，文部科学省からの引用が明確な場合のみ「評価規準」と表記している。

　なお，文部科学省の資料では，学習指導の狙いが児童の学習状況として実現された状況を具体的に示したものが「評価規準」であると説明されている。また，この用語には，子供たちが身に付けた資質・能力の質的な面，すなわち，学習指導要領の目標に基づく幅のある資質・能力の育成の実現状況の評価を目指すという意味合いが含意されているということである。

参考文献：
・文部科学省国立教育政策研究所「『指導と評価の一体化』のための学習評価に関する参考資料」令和2年3月
・文部省「小学校教育課程一般指導資料」平成5年9月
・藤岡秀樹「評価規準と評価基準」『教育評価事典』図書文化，2006年，p.80。
・鈴木秀幸「『基準』か『規準』か：評価用語の混乱を超えて」『スタンダード準拠評価』図書文化，2013年，p.82-88。

付　録.

評価規準に関する資料

観点別学習状況の評価における
Ａ基準のキーワード

　観点別評価の「十分満足できる（Ａ）」状況とは，「評価規準に照らし，児童生徒が実現している学習の状況が質的な高まりや深まりをもっていると判断される場合」であり，その具体的な姿は多様に想定されます。ただし，実際の評価場面（おもに総括的評価）において，どこまでをＢとして評価すべきか，悩むことが少なくありません。評価の信頼性を高める上でも，「評価規準（Ｂ基準）」に対応する「Ａ基準」の設定があるとよいでしょう。

何を根拠とするか

〔既存の資料を活用する〕
・各教科の「見方・考え方」（加点要素として参考にする，右頁参照）
・上位学年の評価規準（国研『参考資料』のほか，出版社が発行しているものも参考になります）
〔研究知見を参照する〕
・学習内容が「使えるレベル」になっている（cf. 学力の三層構造，13頁）
・学習内容が「精緻化」されている（学んだことを自分の言葉で詳しく説明できる）
・「メタ認知」を働かせている（自分の学習状況を客観的に把握して制御できる）
〔対話的に学ぶ姿に着目する〕
・グループ学習等で積極的に人と関わって学ぶ姿は，「主体的に学習に取り組む態度」において，加点的に評価するための資料として捉えやすいところがあります。ただし，目標や学習内容，学習活動に応じて発揮している姿を捉えることがポイントです。「困っている友達に援助的に関わった」という行動を例に考えてみましょう。

　　①国語の学習課題に取り組む中で，理解に遅れの見られる友達に，自分の学んだこと（習得状況）を生かして，ここまでの学習内容をかみ砕いて説明していた
　　　→「国語」の「主体的に学習に取り組む態度」の評価資料として採用を検討する
　　　　cf. 小学校国語における「主体的に学習に取り組む態度」の観点の趣旨……「言葉を通じて積極的に人と関わったり，思いや考えを広げたりしながら，言葉がもつよさを認識しようとしているとともに，言語感覚を養い，言葉をよりよく使おうとしている。」
　　②日常生活の中で，友達の私的な悩みに寄り添っていた
　　　→「行動の記録」の評価資料として採用を検討する
　　③行事や係活動に関わって，友達の悩みを解決する状況が見られた
　　　→「特別活動の記録」の評価資料として採用を検討する

Ａ基準のキーワード

　各教科の見方・考え方，過去の評価事例等を参考にして，Ａ基準（Ａ判定の根拠）に用いられてきたキーワードを集めました（122〜125頁）。

小学校　各教科の見方・考え方

教科	見方・考え方
国語	対象と言葉，言葉と言葉との関係を，言葉の意味，働き，使い方等に着目して捉えたり問い直したりして，言葉への自覚を高めること
社会	社会的事象を，位置や空間的な広がり，時期や時間の経過，事象や人々の相互関係などに着目して捉え，比較・分類したり総合したり，地域の人々や国民の生活と関連付けたりすること
算数	事象を数量や図形及びそれらの関係などに着目して捉え，根拠を基に筋道を立てて考え，統合的・発展的に考えること
理科	自然の事物・現象を，量的・関係的な視点，質的・実体的な視点，多様性と共通性の視点，時間的・空間的な視点などから捉え，比較，関係付け，条件制御，多面的に考える，などの考え方を働かせること
生活	身近な人々，社会及び自然を自分との関わりで捉え，よりよい生活に向けて思いや願いを実現しようとすること
音楽	音楽に対する感性を働かせ，音や音楽を，音楽を形づくっている要素とその働きの視点で捉え，自己のイメージや感情，生活や文化などと関連付けること
図工	感性や想像力を働かせ，対象や事象を，形や色などの造形的な視点で捉え，自分のイメージをもちながら意味や価値をつくりだすこと
家庭	家族や家庭，衣食住，消費や環境などに係る生活事象を，協力・協働，健康・快適・安全，生活文化の継承・創造，持続可能な社会の構築等の視点で捉え，生涯にわたって，自立し共に生きる生活を創造できるよう，よりよい生活を営むために工夫すること
体育	（体育）運動やスポーツを，その価値や特性に着目して，楽しさや喜びとともに体力の向上に果たす役割の視点から捉え，自己の適性等に応じた『する・みる・支える・知る』の多様な関わり方と関連付けること （保健）個人及び社会生活における課題や情報を，健康や安全に関する原則や概念に着目して捉え，疾病等のリスクの軽減や生活の質の向上，健康を支える環境づくりと関連付けること
外国語	外国語で表現し伝え合うため，外国語やその背景にある文化を，社会や世界，他者との関わりに着目して捉え，コミュニケーションを行う目的や場面，状況等に応じて，情報を整理しながら考えなどを形成し，再構築すること

※各教科の見方・考え方は，中央教育審議会答申（平成28年12月21日）及び学習指導要領を基にしました

観点別学習状況の評価におけるA基準のキーワード

A 基準（A 判定の根拠）に用いられるキーワード①　国語・社会・算数・理科・生活

教科	観点	知識・技能	思考・判断・表現	主体的に学習に取り組む態度
国語	見方・考え方	対象と言葉，言葉と言葉との関係を，言葉の意味，働き，使い方等に着目して捉えたり問い直したりして，言葉への自覚を高めること			
	キーワード	言葉同士の関係を正確に捉えている／意味のまとまりや区切りを明確に意識している／自分の言葉で表している／言葉をより深く味わっている／より伝わりやすい方法を選んでいる／より効果的な方法を考えている／より分かりやすく整理している／要点をまとめている／文脈を意識して表現している／適切な接続語を使っている／聞きやすい声の大きさや速さで話している／正確に～している／幅広く～している／ほかの言葉でも表現できる／語感やリズムを味わっている	相手や場面に応じながら／聞き手を意識しながら／キーワードを捉えながら／比較して違いを明らかにしながら／要素同士を関連付けながら／自分の意見と比べながら／具体例を交えながら／言葉をよく吟味しながら／的確に捉えながら／自分の考えを付け足しながら／言葉の順番を意識しながら／筋道を立てながら／論拠を明確にしながら／筆者の意図に注目しながら／複数の心情を捉えながら／問いの答えを予想しながら／相互関係を読み取りながら	自分の経験や興味と関連付けようとしている／人物の気持ちを想像しようとしている／友達のよさを自分の発表に生かそうとしている／読み手を意識して工夫しようとしている／共通点や違いを意識しようとしている／気に入った表現を見つけようとしている／新しい言葉に興味をもとうとしている／話の中心を明確にしようとしている／様々に～している／進んで～している／幾つも～している／繰り返し～している／積極的に～している／自分の言葉で～している／より多く～している
社会	見方・考え方	社会的事象を，位置や空間的な広がり，時期や時間の経過，事象や人々の相互関係などに着目して捉え，比較・分類したり総合したり，地域の人々や国民の生活と関連付けたりすること			
	キーワード	相手に分かりやすいように工夫している／さらなる資料を収集している／観点ごとに整理している／人々の願いや努力を具体的に聞き取っている／用途に応じてデータや資料を活用している／具体的な事例を通して理解している／共通点や違いが分かりやすいようにまとめている／具体的な事例を取り上げて詳しく調べている／複数の事象を関連付けてより詳しく理解している／個別の事象と全体を関連付けながら調べている／多様な方法で～している／的確にまとめている／効果的にまとめている	根拠をもって予想しながら／当事者の願いと関連付けながら／調べた事実を根拠にしながら／地域の歴史や伝統と関連付けながら／自分の住む地域や生活と関連付けながら／自分の課題をもちながら／追究するための視点や方法を具体的に考えながら／双方の立場で考えながら／エピソードや記録を基に説明しながら／地形や交通網，産業などを関連付けながら／当事者の思いや願いと関連付けながら／学習した社会的事象同士を関連付けながら／複数の視点で考えながら／事実と目的を関連付けながら	身の回りの事象と比較しようとしている／さらなる疑問や感想をもとうとしている／自分の経験に関連付けて振り返ろうとしている／社会の一員としての在り方を具体的に考えようとしている／自分なりの予想や願いをもとうとしている／自分の地域のよさに目を向けようとしている／具体的な行動目標をもとうとしている／当事者の立場に立って考えようとしている／自らの学習課題を設定しようとしている／既習事項を関連付けて考えようとしている／進んで～している／積極的に～している

算数	見方・考え方	事象を数量や図形及びそれらの関係などに着目して捉え，根拠を基に筋道を立てて考え，統合的・発展的に考えること		
	キーワード	特性を捉えて理解している／具体的場面に即して理解している／概念を正しく捉えている／言葉や図を用いて説明している／どんな数でも理解している／既習事項と関連付けて理解している／公式や法則の限界についても理解している／複数の方法でできる／どの場面でも手際よくできる／速く正確にできる／効率的にできる／確実にできる	多様な方法で考えながら／違いを理解しながら／筋道を立てながら／きまりを考え工夫しながら／共通点や相違点に注目しながら／根拠を交えながら／既習事項と関連付けながら／必要十分な要素を使いながら／複数の考え方を用いながら／グラフや数直線や式や図を使いながら／相手に分かりやすく表現を工夫しながら／どんな数でも〜できる	進んで〜している／日常の事象から見出して〜している／数学的事象のよさに気付いて〜している
理科	見方・考え方	自然の事物・現象を，量的・関係的な視点，質的・実体的な視点，多様性と共通性の視点，時間的・空間的な視点などから捉え，比較，関係付け，条件制御，多面的に考える，などの考え方を働かせること		
	キーワード	表を用いて分かりやすく整理している／複数の例や方法を挙げている／順序を整理して記録している／生活の現象を科学的に説明している／特徴の違いを明確にまとめている／既習事項と関連付けて理解している／連続性が分かりやすいように記録している／正しく〜している／手際よく〜している／きまりに当てはまらないものについても説明している	ある程度の根拠をもちながら／一般化して説明しながら／実験結果の違いを定量的に考えながら／別の方向からも考えながら／基準を決めて予想しながら／連続性を見出しながら／視点を基に違いや変化を予想しながら／定義を基に自分の考えを表現しながら／環境とのかかわりを考慮しながら／生活経験と関連付けながら／日常事象と関連付けながら	条件を変えながら調べようとしている／よりよい効果を得るための工夫をしようとしている／生態系の維持に積極的に関わろうとしている／学んだことを基に日常の事象を見直そうとしている／身の回りの現象と関連付けようとしている／視点をもって取り組もうとしている／様々な方法で〜している／繰り返し〜している／見通しをもって〜している／継続的に〜している
生活	見方・考え方	身近な人々，社会及び自然を自分との関わりで捉え，よりよい生活に向けて思いや願いを実現しようとすること		
	キーワード	正しく施設を利用するよさに気付いている／友達のよさや頑張りに気付いている／自分の成長に気付いている／みんなで教え合って遊ぶことのよさに気付いている／自分で役割を果たす大切さに気付いている／より具体的に捉えている／より適切な方法に気付いている／友達の成長にも気付いている／内面の成長にも気付いている	もっと詳しく知ろうとしながら／ふだんの生活と関連付けながら／もっと楽しくなるように工夫しながら／うまくいかなかった理由を考えながら／自分の言葉で表現しながら／交流を通して自分の意見を修正しながら／今までの経験と比べながら／より効果的な方法を考えながら／友達や同じグループの子に声をかけながら／交流を通して改善点を見つけながら	生き物の気持ちを考えようとしている／予想を立てようとしている／友達のものと比較しながら考えようとしている／自分にできることを見つけようとしている／友達と教え合ったり質問したりしてよりよい活動をつくろうとしている／感謝の気持ちを伝えようとしている／小さな変化に気付いたり喜んだりしている／繰り返し〜している／自分から〜しようとしている／たくさん〜している

教科	観点	知識・技能	思考・判断・表現	主体的に学習に取り組む態度
音楽	見方・考え方	音楽に対する感性を働かせ，音や音楽を，音楽を形づくっている要素とその働きの視点で捉え，自己のイメージや感情，生活や文化などと関連付けること		
	キーワード	しっかりと～している／ふさわしい方法で～している／正確に～している／分かりやすくなるように～している	表現と理由を適切に関連付けながら／曲想と創意工夫を関連付けながら／曲と歌詞を関連付けながら／自分のイメージに合った的確な表現を工夫しながら／構想をより豊かに膨らませながら／思いやイメージや意図を具体的に表現に生かそうとしながら	グループをリードしようとしている／他者の意見を参考にしようとしている／何度も推考している／自分が知覚・感受したこと伝えようとしている／表現の体験を鑑賞に生かそうとしている／複数の特徴に関心をもとうとしている／様々なアイデアを繰り返し試そうとしている
図画工作	見方・考え方	感性や想像力を働かせ，対象や事象を，形や色などの造形的な視点で捉え，自分のイメージをもちながら意味や価値をつくりだすこと		
	キーワード	材料の特性をより詳しく理解している／複数の材料を組み合わせている／いろいろな方法を組み合わせている／様々な表現の効果を詳しく理解している／用途や美しさをかたちにする表現方法を詳しく理解している	イメージをより膨らませながら／友人の表し方の工夫や面白さを感じながら／空間や材料の面白さを生かしながら／形や色のよさを生かしながら／組み合わせの面白さを生かしながら／工夫したところを交流しながら／材料や場所や環境などの特性を感じ取りながら／パーツと全体の両面から考えながら／バランスを考えながら／類似点や違いを比較しながら／複数の視点から感じ取りながら	意図をもって繰り返し試して／こだわって～しようとしている／幾つも～している／細部の表現にもこだわって／様々な表現を次々と試みて／友人と話しながら／角度を変えたりしながら／イメージを膨らませようと／次々とアイデアを出している
家庭	見方・考え方	家族や家庭，衣食住，消費や環境などに係る生活事象を，協力・協働，健康・快適・安全，生活文化の継承・創造，持続可能な社会の構築等の視点で捉え，生涯にわたって，自立し共に生きる生活を創造できるよう，よりよい生活を営むために工夫すること		
	キーワード	安全かつ衛生的に取り組んでいる／調理の特性を生かしている／目的を理解し正しく使っている／縫い方の特徴を理解している／環境への影響を考えている／材料や方法の特性を生かしている／リサイクルという視点からも考えている／よりよい～を考えている／手順よく～している	自分の経験と関連付けながら／複数の視点から考えながら／さらに実践したいことを考えながら／より詳細で具体的な計画を立てながら／楽しい生活になるように工夫しながら／細部に自分のアイデアを取り入れながら／さらなる課題を見出しながら／調べたことを十分に生かしながら／既習の学習を生かしながら	様々な生活の場面を取り上げようとしている／生活をよりよくするために具体的に考えようとしている／自分の考えをもって取り組もうとしている／制作した作品を大事にしようとしている／必要なものを適切に選択しようとしている／具体的な例を基に説明しようとしている／既習の学習を生かして考えようとしている／いつも～している

体育	見方・考え方	（体育）運動やスポーツを，その価値や特性に着目して，楽しさや喜びとともに体力の向上に果たす役割の視点から捉え，自己の適性等に応じた『する・みる・支える・知る』の多様な関わり方と関連付けること （保健）個人及び社会生活における課題や情報を，健康や安全に関する原則や概念に着目して捉え，疾病等のリスクの軽減や生活の質の向上，健康を支える環境づくりと関連付けること		
	キーワード	明確に理解している／安定した動作で滑らかにできる／自分で見つけた友達のよい動きを取り入れることができる／より正確な動きができる／タイミングよくできる／リズムよくできる／一連の動きがスムーズにできる／発展技にも取り組むことができる／発展的な動きができる／状況に応じて動くことができる／ダイナミックな動作ができる／日常の具体例と合わせて理解している	自分の体や心の変化に気付きながら／動きのよさや効果に気付きながら／友達のよい動きを積極的に取り入れながら／ルールに従いながら／さらに工夫しながら／アクセントを付けながら／自分なりの動きを発見しながら／より複雑な動きで／合理的な練習方法を考えながら／自分たちの力に合った練習方法や作戦を選びながら／いろいろな場面を想定しながら／自己の能力に応じた見通しをもちながら／十分に理解し友達に分かりやすい言葉で説明しながら	友達と声を掛け合って協力的に活動しようとしている／友達のよさを認め励ましながら活動しようとしている／失敗にも励ましの声をかけながら前向きに活動しようとしている／自分や仲間の体や心の状態を確かめながら取り組もうとしている／自ら進んで取り組もうとしている／意欲的に～している／常に～している／粘り強く～している／繰り返し～している／積極的に～している
外国語	見方・考え方	外国語で表現し伝え合うため，外国語やその背景にある文化を，社会や世界，他者との関わりに着目して捉え，コミュニケーションを行う目的や場面，状況等に応じて，情報を整理しながら考えなどを形成し，再構築すること		
	キーワード	表現を正しく理解し正しく使っている／伝えたい内容を分かりやすく整理している／既習表現を正しく用いている／相手に伝わるように情報を加えたり問い返したりしている／文章の内容を正しく理解できる／自分のことをよりよく伝えることができる／正しく書くことができる	学んだことを自分自身で修正しながら／自分のことをよりよく伝える方法を考えながら／話す順番を工夫したり，自ら相手に問いかけたり，情報を付加したりしながら／伝えたい内容を整理しながら／既習表現を正しく用いながら／相手に伝わるように情報を加えたり問い返したりしながら／ジェスチャーを付けたり伝えたい言葉を強調しながら	自分自身で修正しようとしている／自ら目標をもって試行錯誤しようとしている／学習に関する自己調整を行いながら粘り強く取り組もうとしている

観点別学習状況の評価におけるA基準のキーワード

内容のまとまりごとの評価規準（例）
第1学年及び第2学年

1 目標と評価の観点及びその趣旨

目標（1）	目標（2）	目標（3）
日常生活に必要な国語の知識や技能を身に付けるとともに，我が国の言語文化に親しんだり理解したりすることができるようにする。	順序立てて考える力や感じたり想像したりする力を養い，日常生活における人との関わりの中で伝え合う力を高め，自分の思いや考えをもつことができるようにする。	言葉がもつよさを感じるとともに，楽しんで読書をし，国語を大切にして，思いや考えを伝え合おうとする態度を養う。

知識・技能	思考・判断・表現	主体的に学習に取り組む態度
日常生活に必要な国語の知識や技能を身に付けているとともに，我が国の言語文化に親しんだり理解したりしている。	「話すこと・聞くこと」，「書くこと」，「読むこと」の各領域において，順序立てて考える力や感じたり想像したりする力を養い，日常生活における人との関わりの中で伝え合う力を高め，自分の思いや考えをもっている。	言葉を通じて積極的に人と関わったり，思いや考えをもったりしながら，言葉がもつよさを感じようとしているとともに，楽しんで読書をし，言葉をよりよく使おうとしている。

2 内容のまとまりごとの評価規準（例）

A 話すこと・聞くこと

ア 紹介や説明，報告など伝えたいことを話したり，それらを聞いて声に出して確かめたり感想を述べたりする活動		
知識・技能	思考・判断・表現	主体的に学習に取り組む態度
・身近なことを表す語句の量を増し，話の中で使っているとともに，言葉には意味による語句のまとまりがあることに気付き，語彙を豊かにしている。（(1)オ）	・「話すこと・聞くこと」において，相手に伝わるように，行動したことや経験したことに基づいて，話す事柄の順序を考えている。（A(1)イ） ・「話すこと・聞くこと」において，話し手が知らせたいことや自分が聞きたいことを落とさないように集中して聞き，話の内容を捉えて感想をもっている。（A(1)エ）	・進んで，相手に伝わるように話す事柄の順序を考え，学習の見通しをもって紹介しようとしている。
上記以外に設定することが考えられる評価規準の例		
・言葉には，事物の内容を表す働きや，経験したことを伝える働きがあることに気付いている。（(1)ア） ・音節と文字との関係，アクセントによる語の意味の違いなどに気付いているとともに，姿勢や口形，発声や発音に注意して話している。（(1)イ） ・主語と述語との関係に気付いている。（(1)カ） ・丁寧な言葉と普通の言葉との違いに気を付けて使っている。（(1)キ） ・共通，相違，事柄の順序など情報と情報との関係について理解している。（(2)ア）	・「話すこと・聞くこと」において，身近なことや経験したことなどから話題を決め，伝え合うために必要な事柄を選んでいる。（A(1)ア） ・「話すこと・聞くこと」において，伝えたい事柄や相手に応じて，声の大きさや速さなどを工夫している。（A(1)ウ）	・積極的に，姿勢や口形，発声や発音に注意して話し，今までの学習を生かして説明しようとしている。

イ 尋ねたり応答したりするなどして，少人数で話し合う活動		
知識・技能	思考・判断・表現	主体的に学習に取り組む態度
・言葉には，事物の内容を表す働きや，経験したことを伝える働きがあることに気付いている。（(1)ア） ・共通，相違，事柄の順序など情報と情報との関係について理解している。（(2)ア）	・「話すこと・聞くこと」において，身近なことや経験したことなどから話題を決め，伝え合うために必要な事柄を選んでいる。（A(1)ア） ・「話すこと・聞くこと」において，互いの話に関心をもち，相手の発言を受けて話をつないでいる。（A(1)オ）	・進んで，話題を決め，学習の見通しをもって少人数で話し合おうとしている。

上記以外に設定することが考えられる評価規準の例		
・音節と文字との関係，アクセントによる語の意味の違いなどに気付いているとともに，姿勢や口形，発声や発音に注意して話している。((1)イ) ・身近なことを表す語句の量を増し，話の中で使っているとともに，言葉には意味による語句のまとまりがあることに気付き，語彙を豊かにしている。((1)オ) ・主語と述語との関係に気付いている。((1)カ) ・丁寧な言葉と普通の言葉との違いに気を付けて使っている。((1)キ)	・「話すこと・聞くこと」において，相手に伝わるように，行動したことや経験したことに基づいて，話す事柄の順序を考えている。(A(1)イ) ・「話すこと・聞くこと」において，話し手が知らせたいことや自分が聞きたいことを落とさないように集中して聞き，話の内容を捉えて感想をもっている。(A(1)エ)	・積極的に，身近なことを表す語句の量を増し，学習課題に沿って尋ねたり応答したりしようとしている。

B 書くこと

ア 身近なことや経験したことを報告したり，観察したことを記録したりするなど，見聞きしたことを書く活動		
知識・技能	思考・判断・表現	主体的に学習に取り組む態度
・言葉には，事物の内容を表す働きや，経験したことを伝える働きがあることに気付いている。((1)ア) ・身近なことを表す語句の量を増し，文章の中で使っているとともに，言葉には意味による語句のまとまりがあることに気付き，語彙を豊かにしている。((1)オ)	・「書くこと」において，経験したことや想像したことなどから書くことを見付け，必要な事柄を集めたり確かめたりして，伝えたいことを明確にしている。(B(1)ア) ・「書くこと」において，語と語や文と文との続き方に注意しながら，内容のまとまりが分かるように書き表し方を工夫している。(B(1)ウ)	・進んで，内容のまとまりが分かるように書き表し方を工夫し，学習の見通しをもって報告する文章を書こうとしている。

上記以外に設定することが考えられる評価規準の例		
・長音，拗音，促音・撥音などの表記，助詞の「は」，「へ」及び「を」の使い方，句読点の打ち方，かぎ（「　」）の使い方を理解して文や文章の中で使っている。また，平仮名及び片仮名を読み，書くとともに，片仮名で書く語の種類を知り，文や文章の中で使っている。((1)ウ) ・（第1学年の場合） 第1学年に配当されている漢字を漸次書き，文や文章の中で使っている。 ・（第2学年の場合） 第1学年に配当されている漢字を書き，文や文章の中で使っているとともに，第2学年に配当されている漢字を漸次書き，文や文章の中で使っている。((1)エ) ・文の中における主語と述語との関係に気付いている。((1)カ) ・丁寧な言葉と普通の言葉との違いに気を付けて使っているとともに，敬体で書かれた文章に慣れている。((1)キ) ・共通，相違，事柄の順序など情報と情報との関係について理解している。((2)ア) ・姿勢や筆記具の持ち方を正しくして書いている。((3)ウ(ア)) ・点画の書き方や文字の形に注意しながら，筆順に従って丁寧に書いている。((3)ウ(イ)) ・点画相互の接し方や交わり方，長短や方向などに注意して，文字を正しく書いている。((3)ウ(ウ))	・「書くこと」において，自分の思いや考えが明確になるように，事柄の順序に沿って簡単な構成を考えている。(B(1)イ) ・「書くこと」において，文章を読み返す習慣を付けているとともに，間違いを正したり，語と語や文と文との続き方を確かめたりしている。(B(1)エ) ・「書くこと」において，文章に対する感想を伝え合い，自分の文章の内容や表現のよいところを見付けている。(B(1)オ)	・積極的に，長音，拗音，促音，撥音などの表記や助詞の「は」，「へ」及び「を」の使い方，句読点の打ち方を理解し，学習課題に沿って記録する文章を書こうとしている。

イ　日記や手紙を書くなど，思ったことや伝えたいことを書く活動		
知識・技能	思考・判断・表現	主体的に学習に取り組む態度
・丁寧な言葉と普通の言葉との違いに気を付けて使っている。((1)キ)	・「書くこと」において，自分の思いや考えが明確になるように，事柄の順序に沿って簡単な構成を考えている。(B(1)イ) ・「書くこと」において，文章を読み返す習慣を付けているとともに，間違いを正したり，語と語や文と文との続き方を確かめたりしている。(B(1)エ)	・粘り強く，事柄の順序に沿って簡単な構成を考え，学習課題に沿って手紙を書こうとしている。
上記以外に設定することが考えられる評価規準の例		
・言葉には，事物の内容を表す働きや，経験したことを伝える働きがあることに気付いている。((1)ア) ・長音，拗音，促音，撥音などの表記，助詞の「は」，「へ」及び「を」の使い方，句読点の打ち方，かぎ（「　」）の使い方を理解して文や文章の中で使っている。また，平仮名及び片仮名を読み，書くとともに，片仮名で書く語の種類を知り，文や文章の中で使っている。((1)ウ) ・（第1学年の場合） 第1学年に配当されている漢字を漸次書き，文や文章の中で使っている。 （第2学年の場合） 第1学年に配当されている漢字を書き，文や文章の中で使っているとともに，第2学年に配当されている漢字を漸次書き，文や文章の中で使っている。((1)エ) ・身近なことを表す語句の量を増し，文章の中で使っているとともに，言葉には意味による語句のまとまりがあることに気付き，語彙を豊かにしている。((1)オ) ・文の中における主語と述語との関係に気付いている。((1)カ) ・共通，相違，事柄の順序など情報と情報との関係について理解している。((2)ア) ・姿勢や筆記具の持ち方を正しくして書いている。((3)ウ(ア)) ・点画の書き方や文字の形に注意しながら，筆順に従って丁寧に書いている。((3)ウ(イ)) ・点画相互の接し方や交わり方，長短や方向などに注意して，文字を正しく書いている。((3)ウ(ウ))	・「書くこと」において，経験したことや想像したことなどから書くことを見付け，必要な事柄を集めたり確かめたりして，伝えたいことを明確にしている。(B(1)ア) ・「書くこと」において，語と語や文と文との続き方に注意しながら，内容のまとまりが分かるように書き表し方を工夫している。(B(1)ウ) ・「書くこと」において，文章に対する感想を伝え合い，自分の文章の内容や表現のよいところを見付けている。(B(1)オ)	・積極的に，当該学年の前の学年や当該学年で配当されている漢字を文や文章の中で使い，今までの学習を生かして日記を書こうとしている。

ウ　簡単な物語をつくるなど，感じたことや想像したことを書く活動		
知識・技能	思考・判断・表現	主体的に学習に取り組む態度
・言葉には，事物の内容を表す働きや，経験したことを伝える働きがあることに気付いている。((1)ア) ・身近なことを表す語句の量を増し，文章の中で使っているとともに，言葉には意味による語句のまとまりがあることに気付き，語彙を豊かにしている。((1)オ)	・「書くこと」において，自分の思いや考えが明確になるように，事柄の順序に沿って簡単な構成を考えている。(B(1)イ) ・「書くこと」において，文章に対する感想を伝え合い，自分の文章の内容や表現のよいところを見付けている。(B(1)オ)	・粘り強く，事柄の順序に沿って簡単な構成を考え，学習の見通しをもって簡単な物語を書こうとしている。

上記以外に設定することが考えられる評価規準の例		
・長音，拗音，促音，撥音などの表記，助詞の「は」，「へ」及び「を」の使い方，句読点の打ち方，かぎ（「」）の使い方を理解して文や文章の中で使っている。また，平仮名及び片仮名を読み，書くとともに，片仮名で書く語の種類を知り，文や文章の中で使っている。（(1)ウ） ・（第1学年の場合） 　第1学年に配当されている漢字を漸次書き，文や文章の中で使っている。 　（第2学年の場合） 　第1学年に配当されている漢字を書き，文や文章の中で使っているとともに，第2学年に配当されている漢字を漸次書き，文や文章の中で使っている。（(1)エ） ・文の中における主語と述語との関係に気付いている。（(1)カ） ・丁寧な言葉と普通の言葉との違いに気付けて使っている。（(1)キ） ・共通，相違，事柄の順序など情報と情報との関係について理解している。（(2)ア） ・姿勢や筆記具の持ち方を正しくして書いている。（(3)ウ(ア)） ・点画の書き方や文字の形に注意しながら，筆順に従って丁寧に書いている。（(3)ウ(イ)） ・点画相互の接し方や交わり方，長短や方向などに注意して，文字を正しく書いている。（(3)ウ(ウ)）	・「書くこと」において，経験したことや想像したことなどから書くことを見付け，必要な事柄を集めたり確かめたりして，伝えたいことを明確にしている。（B(1)ア） ・「書くこと」において，語と語や文と文との続き方に注意しながら，内容のまとまりが分かるように書き表し方を工夫している。（B(1)ウ） ・「書くこと」において，文章を読み返す習慣を付けているとともに，間違いを正したり，語と語や文と文との続き方を確かめたりしている。（B(1)エ）	・積極的に，文の中における主語と述語の関係に気付き，学習課題に沿って見たり経験したりして感じたことを書こうとしている。

C　読むこと

ア　事物の仕組みを説明した文章などを読み，分かったことや考えたことを述べる活動		
知識・技能	思考・判断・表現	主体的に学習に取り組む態度
・文の中における主語と述語との関係に気付いている。（(1)カ） ・共通，相違，事柄の順序など情報と情報との関係について理解している。（(2)ア）	・「読むこと」において，時間的な順序や事柄の順序などを考えながら，内容の大体を捉えている。（C(1)ア） ・「読むこと」において，文章の中の重要な語や文を考えて選び出している。（C(1)ウ）	・進んで，時間的な順序や事柄の順序などを考えながら，内容の大体を捉え，学習の見通しをもって分かったことを話そうとしている。
上記以外に設定することが考えられる評価規準の例		
・言葉には，事物の内容を表す働きや，経験したことを伝える働きがあることに気付いている。（(1)ア） ・（第1学年の場合） 　第1学年に配当されている漢字を読んでいる。 　（第2学年の場合） 　第2学年までに配当されている漢字を読んでいる。 ・身近なことを表す語句の量を増し，話や文章の中で使っているとともに，言葉には意味による語句のまとまりがあることに気付き，語彙を豊かにしている。（(1)オ） ・敬体で書かれた文章に慣れている。（(1)キ） ・語のまとまりや言葉の響きなどに気を付けて音読している。（(1)ク） ・読書に親しみ，いろいろな本があることを知っている。（(3)エ）	・「読むこと」において，文章の内容と自分の体験とを結び付けて，感想をもっている。（C(1)オ） ・「読むこと」において，文章を読んで感じたことや分かったことを共有している。（C(1)カ）	・積極的に，言葉には事物の内容を表す働きや経験したことを伝える働きがあることに気付き，学習課題に沿って考えたことを文章にまとめようとしている。

イ　読み聞かせを聞いたり物語などを読んだりして，内容や感想などを伝え合ったり，演じたりする活動		
知識・技能	思考・判断・表現	主体的に学習に取り組む態度
・昔話や神話・伝承などの読み聞かせを聞くなどして，我が国の伝統的な言語文化に親しんでいる。((3)ア)	・「読むこと」において，場面の様子や登場人物の行動など，内容の大体を捉えている。(C(1)イ) ・「読むこと」において，場面の様子に着目して，登場人物の行動を具体的に想像している。(C(1)エ)	・進んで，場面の様子や登場人物の行動など，内容の大体を捉え，学習の見通しをもって内容や感想を文章にまとめようとしている。
上記以外に設定することが考えられる評価規準の例		
・言葉には，事物の内容を表す働きや，経験したことを伝える働きがあることに気付いている。((1)ア) ・(第1学年の場合) 第1学年に配当されている漢字を読んでいる。 (第2学年の場合) 第2学年までに配当されている漢字を読んでいる。 ・身近なことを表す語句の量を増し，話や文章の中で使っているとともに，言葉には意味による語句のまとまりがあることに気付き，語彙を豊かにしている。((1)オ) ・文の中における主語と述語との関係に気付いている。((1)カ) ・敬体で書かれた文章に慣れている。((1)キ) ・語のまとまりや言葉の響きなどに気を付けて音読している。((1)ク) ・共通，相違，事柄の順序など情報と情報との関係について理解している。((2)ア) ・長く親しまれている言葉遊びを通して，言葉の豊かさに気付いている。((3)イ) ・読書に親しみ，いろいろな本があることを知っている。((3)エ)	・「読むこと」において，文章の内容と自分の体験とを結び付けて，感想をもっている。(C(1)オ) ・「読むこと」において，文章を読んで感じたことや分かったことを共有している。(C(1)カ)	・積極的に，読書に親しみ，今までの学習を生かして役割を決めて音読したり，演じたりしようとしている。

ウ　学校図書館などを利用し，図鑑や科学的なことについて書いた本などを読み，分かったことなどを説明する活動		
知識・技能	思考・判断・表現	主体的に学習に取り組む態度
・身近なことを表す語句の量を増し，話や文章の中で使っているとともに，言葉には意味による語句のまとまりがあることに気付き，語彙を豊かにしている。((1)オ) ・読書に親しみ，いろいろな本があることを知っている。((3)エ)	・「読むこと」において，文章の中の重要な語や文を考えて選び出している。(C(1)ウ) ・「読むこと」において，文章を読んで感じたことや分かったことを共有している。(C(1)カ)	・進んで，文章の中の重要な語や文を考えて選び出し，学習の見通しをもって分かったことを説明しようとしている。
上記以外に設定することが考えられる評価規準の例		
・言葉には，事物の内容を表す働きや，経験したことを伝える働きがあることに気付いている。((1)ア) ・(第1学年の場合) 第1学年に配当されている漢字を読んでいる。 (第2学年の場合) 第2学年までに配当されている漢字を読んでいる。 ・文の中における主語と述語との関係に気付いている。((1)カ) ・丁寧な言葉と普通の言葉との違いに気を付けて使っているとともに，敬体で書かれた文章に慣れている。((1)キ) ・共通，相違，事柄の順序など情報と情報との関係について理解している。((2)ア)	・「読むこと」において，時間的な順序や事柄の順序などを考えながら，内容の大体を捉えている。(C(1)ア) ・「読むこと」において，場面の様子や登場人物の行動など，内容の大体を捉えている。(C(1)イ) ・「読むこと」において，場面の様子に着目して，登場人物の行動を具体的に想像している。(C(1)エ) ・「読むこと」において，文章の内容と自分の体験とを結び付けて，感想をもっている。(C(1)オ)	・積極的に，共通，相違，事柄の順序など情報と情報との関係について理解し，学習課題に沿って分かったことや思ったことを説明しようとしている。

第３学年及び第４学年

1　目標と評価の観点及びその趣旨

目標（1）	目標（2）	目標（3）
日常生活に必要な国語の知識や技能を身に付けるとともに，我が国の言語文化に親しんだり理解したりすることができるようにする。	筋道立てて考える力や豊かに感じたり想像したりする力を養い，日常生活における人との関わりの中で伝え合う力を高め，自分の思いや考えをまとめることができるようにする。	言葉がもつよさに気付くとともに，幅広く読書をし，国語を大切にして，思いや考えを伝え合おうとする態度を養う。

知識・技能	思考・判断・表現	主体的に学習に取り組む態度
日常生活に必要な国語の知識や技能を身に付けているとともに，我が国の言語文化に親しんだり理解したりしている。	「話すこと・聞くこと」，「書くこと」，「読むこと」の各領域において，筋道立てて考える力や豊かに感じたり想像したりする力を養い，日常生活における人との関わりの中で伝え合う力を高め，自分の思いや考えをまとめている。	言葉を通じて積極的に人と関わったり，思いや考えをまとめたりしながら，言葉がもつよさに気付こうとしているとともに，幅広く読書をし，言葉をよりよく使おうとしている。

2　内容のまとまりごとの評価規準（例）

A　話すこと・聞くこと

ア　説明や報告など調べたことを話したり，それらを聞いたりする活動		
知識・技能	思考・判断・表現	主体的に学習に取り組む態度
・言葉には，考えたことや思ったことを表す働きがあることに気付いている。（(1)ア） ・相手を見て話したり聞いたりしているとともに，言葉の抑揚や強弱，間の取り方などに注意して話している。（(1)イ）	・「話すこと・聞くこと」において，相手に伝わるように，理由や事例などを挙げながら，話の中心が明確になるよう話の構成を考えている。（A(1)イ） ・「話すこと・聞くこと」において，話の中心や話す場面を意識して，言葉の抑揚や強弱，間の取り方などを工夫している。（A(1)ウ）	・粘り強く，話の構成を考え，今までの学習を生かして調べたことを説明しようとしている。
上記以外に設定することが考えられる評価規準の例		
・言葉には性質や役割による語句のまとまりがあることを理解し，語彙を豊かにしている。（(1)オ） ・主語と述語との関係，修飾と被修飾との関係，指示する語句と接続する語句の役割について理解している。（(1)カ） ・丁寧な言葉を使っている。（(1)キ） ・考えとそれを支える理由や事例，全体と中心など情報と情報との関係について理解している。（(2)ア） ・比較や分類の仕方，必要な語句などの書き留め方，引用の仕方や出典の示し方，辞書や事典の使い方を理解し使っている。（(2)イ） ・幅広く読書に親しみ，読書が，必要な知識や情報を得ることに役立つことに気付いている。（(3)オ）	・「話すこと・聞くこと」において，目的を意識して，日常生活の中から話題を決め，集めた材料を比較したり分類したりして，伝え合うために必要な事柄を選んでいる。（A(1)ア） ・「話すこと・聞くこと」において，必要なことを記録したり質問したりしながら聞き，話し手が伝えたいことや自分が聞きたいことの中心を捉え，自分の考えをもっている。（A(1)エ）	・積極的に，丁寧な言葉を使い，学習の見通しをもって報告しようとしている。

イ　質問するなどして情報を集めたり，それらを発表したりする活動		
知識・技能	思考・判断・表現	主体的に学習に取り組む態度
・考えとそれを支える理由や事例，全体と中心など情報と情報との関係について理解している。（(2)ア）	・「話すこと・聞くこと」において，目的を意識して，日常生活の中から話題を決め，集めた材料を比較したり分類したりして，伝え合うために必要な事柄を選んでいる。（A(1)ア） ・「話すこと・聞くこと」において，必要なことを記録したり質問したりしながら聞き，話し手が伝えたいことや自分が聞きたいことの中心を捉え，自分の考えをもっている。（A(1)エ）	・進んで，日常生活の中から話題を決め，学習の見通しをもって情報を集めようとしている。

・言葉には，考えたことや思ったことを表す働きがあることに気付いている。((1)ア) ・相手を見て話したり聞いたりしているとともに，言葉の抑揚や強弱，間の取り方などに注意して話している。((1)イ) ・言葉には性質や役割による語句のまとまりがあることを理解し，語彙を豊かにしている。((1)オ) ・主語と述語との関係，修飾と被修飾との関係，指示する語句と接続する語句の役割について理解している。((1)カ) ・丁寧な言葉を使っている。((1)キ) ・比較や分類の仕方，必要な語句などの書き留め方，引用の仕方や出典の示し方，辞書や事典の使い方を理解し使っている。((2)イ) ・幅広く読書に親しみ，読書が，必要な知識や情報を得ることに役立つことに気付いている。((3)オ)	・「話すこと・聞くこと」において，相手に伝わるように，理由や事例などを挙げながら，話の中心が明確になるよう話の構成を考えている。(A(1)イ) ・「話すこと・聞くこと」において，話の中心や話す場面を意識して，言葉の抑揚や強弱，間の取り方などを工夫している。(A(1)ウ)	・積極的に，言葉の抑揚や強弱，間の取り方などを工夫し，今までの学習を生かして質問しようとしている。

ウ　互いの考えを伝えるなどして，グループや学級全体で話し合う活動

知識・技能	思考・判断・表現	主体的に学習に取り組む態度
・言葉には，考えたことや思ったことを表す働きがあることに気付いている。((1)ア) ・考えとそれを支える理由や事例，全体と中心など情報と情報との関係について理解している。((2)ア)	・「話すこと・聞くこと」において，目的を意識して，日常生活の中から話題を決め，集めた材料を比較したり分類したりして，伝え合うために必要な事柄を選んでいる。(A(1)ア) ・「話すこと・聞くこと」において，目的や進め方を確認し，司会などの役割を果たしながら話し合い，互いの意見の共通点や相違点に着目して，考えをまとめている。(A(1)オ)	・進んで，目的を意識して話題を決め，学習の見通しをもってグループや学級全体で話し合おうとしている。

・相手を見て話したり聞いたりしているとともに，言葉の抑揚や強弱，間の取り方などに注意して話している。((1)イ) ・言葉には性質や役割による語句のまとまりがあることを理解し，語彙を豊かにしている。((1)オ) ・指示する語句と接続する語句の役割について理解している。((1)カ) ・丁寧な言葉を使っている。((1)キ) ・比較や分類の仕方，必要な語句などの書き留め方，引用の仕方や出典の示し方，辞書や事典の使い方を理解し使っている。((2)イ)	・「話すこと・聞くこと」において，相手に伝わるように，理由や事例などを挙げながら，話の中心が明確になるよう話の構成を考えている。(A(1)イ) ・「話すこと・聞くこと」において，必要なことを記録したり質問したりしながら聞き，話し手が伝えたいことや自分が聞きたいことの中心を捉え，自分の考えをもっている。(A(1)エ)	・積極的に，相手を見て話したり聞いたりし，学習課題に沿って互いの考えを伝えようとしている。

B　書くこと

ア　調べたことをまとめて報告するなど，事実やそれを基に考えたことを書く活動

知識・技能	思考・判断・表現	主体的に学習に取り組む態度
・比較や分類の仕方，必要な語句などの書き留め方，引用の仕方や出典の示し方，辞書や事典の使い方を理解し使っている。((2)イ) ・幅広く読書に親しみ，読書が，必要な知識や情報を得ることに役立つことに気付いている。((3)オ)	・「書くこと」において，相手や目的を意識して，経験したことから書くことを選び，集めた材料を比較したり分類したりして，伝えたいことを明確にしている。(B(1)ア) ・「書くこと」において，自分の考えとそれを支える理由や事例との関係を明確にして，書き表し方を工夫している。(B(1)ウ)	・粘り強く，書き表し方を工夫し，学習の見通しをもって報告する文章を書こうとしている。

・言葉には，考えたことや思ったことを表す働きがあることに気付いている。((1)ア)	・「書くこと」において，書く内容の中心を明確にし，内容のまとまりで段落をつくったり，段落相互の関係に注意したりして，文章の構成を考えている。(B(1)イ)	・積極的に，考えとそれを支える理由や事例，全体と中心など情報と情報との関係について理解し，学習課題に沿って学級新聞にまとめようとしている。

知識・技能	思考・判断・表現	主体的に学習に取り組む態度
・漢字と仮名を用いた表記，送り仮名の付け方，改行の仕方を理解して文や文章の中で使っているとともに，句読点を適切に打っている。また，第3学年においては，日常使われている簡単な単語について，ローマ字で表記されたものを読み，ローマ字で書いている。((1)ウ) ・当該学年の前の学年までに配当されている漢字を書き，文や文章の中で使っているとともに，当該学年に配当されている漢字を漸次書き，文や文章の中で使っている。((1)エ) ・言葉には性質や役割による語句のまとまりがあることを理解し，語彙を豊かにしている。((1)オ) ・主語と述語との関係，修飾と被修飾との関係，指示する語句と接続する語句の役割，段落の役割について理解している。((1)カ) ・考えとそれを支える理由や事例，全体と中心など情報と情報との関係について理解している。((2)ア) ・文字の組立て方を理解し，形を整えて書いている。((3)エ(ア)) ・漢字や仮名の大きさ，配列に注意して書いている。((3)エ(イ)) ・毛筆を使用して点画の書き方への理解を深め，筆圧などに注意して書いている。((3)エ(ウ))	・「書くこと」において，間違いを正したり，相手や目的を意識した表現になっているかを確かめたりして，文や文章を整えている。(B(1)エ) ・「書くこと」において，書こうとしたことが明確になっているかなど，文章に対する感想や意見を伝え合い，自分の文章のよいところを見付けている。(B(1)オ)	

イ　行事の案内やお礼の文章を書くなど，伝えたいことを手紙に書く活動

知識・技能	思考・判断・表現	主体的に学習に取り組む態度
・丁寧な言葉を使っているとともに，敬体と常体との違いに注意しながら書いている。((1)キ) ・漢字や仮名の大きさ，配列に注意して書いている。((3)エ(イ))	・「書くこと」において，書く内容の中心を明確にし，内容のまとまりで段落をつくったり，段落相互の関係に注意したりして，文章の構成を考えている。(B(1)イ) ・「書くこと」において，間違いを正したり，相手や目的を意識した表現になっているかを確かめたりして，文や文章を整えている。(B(1)エ)	・粘り強く，段落相互の関係に注意して文章の構成を考え，学習の見通しをもって案内の文章を書こうとしている。

上記以外に設定することが考えられる評価規準の例

知識・技能	思考・判断・表現	主体的に学習に取り組む態度
・漢字と仮名を用いた表記，送り仮名の付け方，改行の仕方を理解して文や文章の中で使っているとともに，句読点を適切に打っている。また，第3学年においては，日常使われている簡単な単語について，ローマ字で表記されたものを読み，ローマ字で書いている。((1)ウ) ・当該学年の前の学年までに配当されている漢字を書き，文や文章の中で使っているとともに，当該学年に配当されている漢字を漸次書き，文や文章の中で使っている。((1)エ) ・様子や行動，気持ちや性格を表す語句の量を増し，文章の中で使っているとともに，言葉には性質や役割による語句のまとまりがあることを理解し，語彙を豊かにしている。((1)オ) ・主語と述語との関係，修飾と被修飾との関係，指示する語句と接続する語句の役割，段落の役割について理解している。((1)カ) ・考えとそれを支える理由や事例，全体と中心など情報と情報との関係について理解している。((2)ア) ・文字の組立て方を理解し，形を整えて書いている。((3)エ(ア)) ・漢字や仮名の大きさ，配列に注意して書いている。((3)エ(イ))	・「書くこと」において，相手や目的を意識して，経験したことから書くことを選び，集めた材料を比較したり分類したりして，伝えたいことを明確にしている。(B(1)ア) ・「書くこと」において，自分の考えとそれを支える理由や事例との関係を明確にして，書き表し方を工夫している。(B(1)ウ) ・「書くこと」において，書こうとしたことが明確になっているかなど，文章に対する感想や意見を伝え合い，自分の文章のよいところを見付けている。(B(1)オ)	・積極的に，言葉には性質や役割による語句のまとまりがあることを理解し，今までの学習を生かしてお礼の文章を書こうとしている。

ウ　詩や物語をつくるなど，感じたことや想像したことを書く活動

知識・技能	思考・判断・表現	主体的に学習に取り組む態度
・言葉には，考えたことや思ったことを表す働きがあることに気付いている。((1)ア) ・様子や行動，気持ちや性格を表す語句の量を増し，文章の中で使っているとともに，言葉には性質や役割による語句のまとまりがあることを理解し，語彙を豊かにしている。((1)オ)	・「書くこと」において，相手や目的を意識して，経験したことや想像したことなどから書くことを選び，集めた材料を比較したり分類したりして，伝えたいことを明確にしている。(B(1)ア) ・「書くこと」において，書こうとしたことが明確になっているかなど，文章に対する感想や意見を伝え合い，自分の文章のよいところを見付けている。(B(1)オ)	・進んで，伝えたいことを明確にし，学習の見通しをもって詩をつくろうとしている。

上記以外に設定することが考えられる評価規準の例		
・漢字と仮名を用いた表記，送り仮名の付け方，改行の仕方を理解して文や文章の中で使っているとともに，句読点を適切に打っている。また，第3学年においては，日常使われている簡単な単語について，ローマ字で表記されたものを読み，ローマ字で書いている。((1)ウ) ・当該学年の前の学年までに配当されている漢字を書き，文や文章の中で使っているとともに，当該学年に配当されている漢字を漸次書き，文や文章の中で使っている。((1)エ) ・主語と述語との関係，修飾と被修飾との関係，指示する語句と接続する語句の役割，段落の役割について理解している。((1)カ) ・丁寧な言葉を使っているとともに，敬体と常体との違いに注意しながら書いている。((1)キ) ・全体と中心など情報と情報との関係について理解している。((2)ア) ・文字の組立て方を理解し，形を整えて書いている。((3)エ(ア)) ・漢字や仮名の大きさ，配列に注意して書いている。((3)エ(イ)) ・毛筆を使用して点画の書き方への理解を深め，筆圧などに注意して書いている。((3)エ(ウ))	・「書くこと」において，書く内容の中心を明確にし，内容のまとまりで段落をつくったり，段落相互の関係に注意したりして，文章の構成を考えている。(B(1)イ) ・「書くこと」において，書き表し方を工夫している。(B(1)ウ) ・「書くこと」において，間違いを正したり，相手や目的を意識した表現になっているかを確かめたりして，文や文章を整えている。(B(1)エ)	・積極的に，主語と述語との関係，修飾と被修飾との関係，指示する語句と接続する語句の役割，段落の役割について理解し，学習課題に沿って，物語をつくろうとしている。

C　読むこと

ア　記録や報告などの文章を読み，文章の一部を引用して，分かったことや考えたことを説明したり，意見を述べたりする活動

知識・技能	思考・判断・表現	主体的に学習に取り組む態度
・比較や分類の仕方，必要な語句などの書き留め方，引用の仕方や出典の示し方，辞書や事典の使い方を理解し使っている。((2)イ)	・「読むこと」において，目的を意識して，中心となる語や文を見付けて要約している。(C(1)ウ) ・「読むこと」において，文章を読んで理解したことに基づいて，感想や考えをもっている。(C(1)オ)	・粘り強く，目的を意識して，中心となる語や文を見付けて要約し，学習課題に沿って分かったことや考えたことを説明しようとしている。

上記以外に設定することが考えられる評価規準の例		
・言葉には，考えたことや思ったことを表す働きがあることに気付いている。((1)ア) ・当該学年までに配当されている漢字を読んでいる。((1)エ) ・様子や行動，気持ちや性格を表す語句の量を増し，話や文章の中で使っているとともに，言葉には性質や役割による語句のまとまりがあることを理解し，語彙を豊かにしている。((1)オ) ・主語と述語との関係，修飾と被修飾との関係，指示する語句と接続する語句の役割，段落の役割について理解している。((1)カ) ・文章全体の構成や内容の大体を意識しながら音読している。((1)ク)	・「読むこと」において，段落相互の関係に着目しながら，考えとそれを支える理由や事例との関係などについて，叙述を基に捉えている。(C(1)ア) ・「読むこと」において，文章を読んで感じたことや考えたことを共有し，一人一人の感じ方などに違いがあることに気付いている。(C(1)カ)	・積極的に，言葉には考えたことや思ったことを表す働きがあることに気付き，学習の見通しをもって文章の一部を引用して意見を述べようとしている。

・全体と中心など情報と情報との関係について理解している。（(2)ア） ・幅広く読書に親しみ，読書が，必要な知識や情報を得ることに役立つことに気付いている。（(3)オ）		

イ　詩や物語などを読み，内容を説明したり，考えたことなどを伝え合ったりする活動

知識・技能	思考・判断・表現	主体的に学習に取り組む態度
・様子や行動，気持ちや性格を表す語句の量を増し，話や文章の中で使っているとともに，言葉には性質や役割による語句のまとまりがあることを理解し，語彙を豊かにしている。（(1)オ） ・文章全体の構成や内容の大体を意識しながら音読している。（(1)ク）	・「読むこと」において，登場人物の気持ちの変化や性格，情景について，場面の移り変わりと結び付けて具体的に想像している。（C(1)エ） ・「読むこと」において，文章を読んで理解したことに基づいて，感想や考えをもっている。（C(1)オ）	・進んで，登場人物の気持ちの変化について，場面の移り変わりと結び付けて具体的に想像し，学習の見通しをもって考えたことを文章にまとめようとしている。

上記以外に設定することが考えられる評価規準の例

知識・技能	思考・判断・表現	主体的に学習に取り組む態度
・言葉には，考えたことや思ったことを表す働きがあることに気付いている。（(1)ア） ・当該学年までに配当されている漢字を読んでいる。（(1)エ） ・主語と述語との関係，修飾と被修飾との関係，指示する語句と接続する語句の役割，段落の役割について理解している。（(1)カ） ・全体と中心など情報と情報との関係について理解している。（(2)ア） ・比較や分類の仕方，必要な語句などの書き留め方，引用の仕方や出典の示し方，辞書や事典の使い方を理解し使っている。（(2)イ） ・易しい文語調の短歌や俳句を音読したり暗唱したりするなどして，言葉の響きやリズムに親しんでいる。（(3)ア） ・幅広く読書に親しみ，読書が，必要な知識や情報を得ることに役立つことに気付いている。（(3)オ）	・「読むこと」において，登場人物の行動や気持ちなどについて，叙述を基に捉えている。（C(1)イ） ・「読むこと」において，文章を読んで感じたことや考えたことを共有し，一人一人の感じ方などに違いがあることに気付いている。（C(1)カ）	・積極的に，主語と述語との関係，修飾と被修飾との関係，指示する語句と接続する語句の役割，段落の役割について理解し，学習課題に沿って内容を説明しようとしている。

ウ　学校図書館などを利用し，事典や図鑑などから情報を得て，分かったことなどをまとめて説明する活動

知識・技能	思考・判断・表現	主体的に学習に取り組む態度
・比較や分類の仕方，必要な語句などの書き留め方，引用の仕方や出典の示し方，辞書や事典の使い方を理解し使っている。（(2)イ） ・幅広く読書に親しみ，読書が，必要な知識や情報を得ることに役立つことに気付いている。（(3)オ）	・「読むこと」において，目的を意識して，中心となる語や文を見付けて要約している。（C(1)ウ） ・「読むこと」において，文章を読んで理解したことに基づいて，感想や考えをもっている。（C(1)オ）	・粘り強く，文章を読んで理解したことに基づいて，感想や考えをもち，学習の見通しをもって分かったことをまとめようとしている。

上記以外に設定することが考えられる評価規準の例

知識・技能	思考・判断・表現	主体的に学習に取り組む態度
・言葉には，考えたことや思ったことを表す働きがあることに気付いている。（(1)ア） ・当該学年までに配当されている漢字を読んでいる。（(1)エ） ・様子や行動，気持ちや性格を表す語句の量を増し，話や文章の中で使っているとともに，言葉には性質や役割による語句のまとまりがあることを理解し，語彙を豊かにしている。（(1)オ） ・主語と述語との関係，修飾と被修飾との関係，指示する語句と接続する語句の役割，段落の役割について理解している。（(1)カ） ・全体と中心など情報と情報との関係について理解している。（(2)ア） ・長い間使われてきたことわざや慣用句，故事成語などの意味を知り，使っている。（(3)イ） ・漢字が，へんやつくりなどから構成されていることについて理解している。（(3)ウ）	・「読むこと」において，文章を読んで感じたことや考えたことを共有し，一人一人の感じ方などに違いがあることに気付いている。（C(1)カ）	・積極的に，全体と中心など情報と情報との関係について理解し，学習課題に沿って分かったことを説明しようとしている。

第5学年及び第6学年

1　目標と評価の観点及びその趣旨

目標（1）	目標（2）	目標（3）
日常生活に必要な国語の知識や技能を身に付けるとともに，我が国の言語文化に親しんだり理解したりすることができるようにする。	筋道立てて考える力や豊かに感じたり想像したりする力を養い，日常生活における人との関わりの中で伝え合う力を高め，自分の思いや考えを広げることができるようにする。	言葉がもつよさを認識するとともに，進んで読書をし，国語の大切さを自覚して思いや考えを伝え合おうとする態度を養う。

知識・技能	思考・判断・表現	主体的に学習に取り組む態度
日常生活に必要な国語の知識や技能を身に付けているとともに，我が国の言語文化に親しんだり理解したりしている。	「話すこと・聞くこと」，「書くこと」，「読むこと」の各領域において，筋道立てて考える力や豊かに感じたり想像したりする力を養い，日常生活における人との関わりの中で伝え合う力を高め，自分の思いや考えを広げている。	言葉を通じて積極的に人と関わったり，思いや考えを広げたりしながら，言葉がもつよさを認識しようとしているとともに，進んで読書をし，言葉をよりよく使おうとしている。

2　内容のまとまりごとの評価規準（例）

A　話すこと・聞くこと

ア　意見や提案など自分の考えを話したり，それらを聞いたりする活動		
知識・技能	思考・判断・表現	主体的に学習に取り組む態度
・原因と結果など情報と情報との関係について理解している。（(2)ア）	・「話すこと・聞くこと」において，話の内容が明確になるように，事実と感想，意見とを区別するなど，話の構成を考えている。（A(1)イ） ・「話すこと・聞くこと」において，資料を活用するなどして，自分の考えが伝わるように表現を工夫している。（A(1)ウ）	・粘り強く，話の構成を考え，学習の見通しをもって，意見しようとしている。

上記以外に設定することが考えられる評価規準の例		
・言葉には，相手とのつながりをつくる働きがあることに気付いている。（(1)ア） ・思考に関わる語句の量を増し，話の中で使っているとともに，語句と語句との関係，語句の構成や変化について理解し，語彙を豊かにしている。また，語感や言葉の使い方に対する感覚を意識して，語や語句を使っている。（(1)オ） ・話の構成や展開，話の種類とその特徴について理解している。（(1)カ） ・日常よく使われる敬語を理解し使い慣れている。（(1)キ） ・比喩や反復などの表現の工夫に気付いている。（(1)ク） ・情報と情報との関係付けの仕方，図などによる語句と語句との関係の表し方を理解し使っている。（(2)イ） ・日常的に読書に親しみ，読書が，自分の考えを広げることに役立つことに気付いている。（(3)オ）	・「話すこと・聞くこと」において，目的や意図に応じて，日常生活の中から話題を決め，集めた材料を分類したり関係付けたりして，伝え合う内容を検討している。（A(1)ア） ・「話すこと・聞くこと」において，話し手の目的や自分が聞こうとする意図に応じて，話の内容を捉え，話し手の考えと比較しながら，自分の考えをまとめている。（A(1)エ）	・積極的に，日常よく使われる敬語を理解し，今までの学習を生かして提案しようとしている。

イ　インタビューなどをして必要な情報を集めたり，それらを発表したりする活動		
知識・技能	思考・判断・表現	主体的に学習に取り組む態度
・日常よく使われる敬語を理解し使い慣れている。（(1)キ） ・原因と結果など情報と情報との関係について理解している。（(2)ア）	・「話すこと・聞くこと」において，目的や意図に応じて，日常生活の中から話題を決め，集めた材料を分類したり関係付けたりして，伝え合う内容を検討している。（A(1)ア）	・進んで，目的や意図に応じて，話題を決め，学習の見通しをもって必要な情報を集めようとしている。

| | • 「話すこと・聞くこと」において，話し手の目的や自分が聞こうとする意図に応じて，話の内容を捉え，話し手の考えと比較しながら，自分の考えをまとめている。（A(1)エ） | |

上記以外に設定することが考えられる評価規準の例

知識・技能	思考・判断・表現	主体的に学習に取り組む態度
• 言葉には，相手とのつながりをつくる働きがあることに気付いている。（(1)ア） • 話し言葉と書き言葉との違いに気付いている。（(1)イ） • 思考に関わる語句の量を増し，話の中で使っているとともに，語句と語句との関係，語句の構成や変化について理解し，語彙を豊かにしている。また，語感や言葉の使い方に対する感覚を意識して，語や語句を使っている。（(1)オ） • 話の構成や展開，話の種類とその特徴について理解している。（(1)カ） • 比喩や反復などの表現の工夫に気付いている。（(1)ク） • 情報と情報との関係付けの仕方，図などによる語句と語句との関係の表し方を理解し使っている。（(2)イ） • 書く速さを意識して書いている。（(3)エ(ア)）	• 「話すこと・聞くこと」において，話の内容が明確になるように，事実と感想，意見とを区別するなど，話の構成を考えている。（A(1)イ） • 「話すこと・聞くこと」において，資料を活用するなどして，自分の考えが伝わるように表現を工夫している。（A(1)ウ）	• 粘り強く，思考に関わる語句の量を増し，学習課題に沿ってインタビューをしようとしている。

ウ　それぞれの立場から考えを伝えるなどして話し合う活動

知識・技能	思考・判断・表現	主体的に学習に取り組む態度
• 言葉には，相手とのつながりをつくる働きがあることに気付いている。（(1)ア） • 原因と結果など情報と情報との関係について理解している。（(2)ア）	• 「話すこと・聞くこと」において，目的や意図に応じて，日常生活の中から話題を決め，集めた材料を分類したり関係付けたりして，伝え合う内容を検討している。（A(1)ア） • 「話すこと・聞くこと」において，互いの立場や意図を明確にしながら計画的に話し合い，考えを広げたりまとめたりしている。（A(1)オ）	• 粘り強く，伝え合う内容を検討し，学習の見通しをもって考えを伝えようとしている。

上記以外に設定することが考えられる評価規準の例

知識・技能	思考・判断・表現	主体的に学習に取り組む態度
• 話し言葉と書き言葉との違いに気付いている。（(1)イ） • 思考に関わる語句の量を増し，話の中で使っているとともに，語句と語句との関係，語句の構成や変化について理解し，語彙を豊かにしている。また，語感や言葉の使い方に対する感覚を意識して，語や語句を使っている。（(1)オ） • 日常よく使われる敬語を理解し使い慣れている。（(1)キ） • 情報と情報との関係付けの仕方，図などによる語句と語句との関係の表し方を理解し使っている。（(2)イ） • 日常的に読書に親しみ，読書が，自分の考えを広げることに役立つことに気付いている。（(3)オ）	• 「話すこと・聞くこと」において，話の内容が明確になるように，事実と感想，意見とを区別するなど，話の構成を考えている。（A(1)イ） • 「話すこと・聞くこと」において，話し手の目的や自分が聞こうとする意図に応じて，話の内容を捉え，話し手の考えと比較しながら，自分の考えをまとめている。（A(1)エ）	• 積極的に，語感や言葉の使い方に対する感覚を意識し，学習課題に沿って話し合おうとしている。

B　書くこと

ア　事象を説明したり意見を述べたりするなど，考えたことや伝えたいことを書く活動

知識・技能	思考・判断・表現	主体的に学習に取り組む態度
• 文の中での語句の係り方や語順，文と文との接続の関係，文章の構成や展開，文章の種類とその特徴について理解している。（(1)カ） • 原因と結果など情報と情報との関係について理解している。（(2)ア）	• 「書くこと」において，筋道の通った文章となるように，文章全体の構成や展開を考えている。（B(1)イ） • 「書くこと」において，目的や意図に応じて簡単に書いたり詳しく書いたりしているとともに，事実と感想，意見とを区別して書いたりしているなど，自分の考えが伝わるように書き表し方を工夫している。（B(1)ウ）	• 粘り強く，文章全体の構成や展開を考え，学習の見通しをもって事象を説明する文章を書こうとしている。

・言葉には，相手とのつながりをつくる働きがあることに気付いている。((1)ア) ・話し言葉と書き言葉との違いに気付いている。((1)イ) ・文や文章の中で漢字と仮名を適切に使い分けているとともに，送り仮名や仮名遣いに注意して正しく書いている。((1)ウ) ・当該学年の前の学年までに配当されている漢字を書き，文や文章の中で使っているとともに，当該学年に配当されている漢字を漸次書き，文や文章の中で使っている。((1)エ) ・思考に関わる語句の量を増し，文章の中で使っているとともに，語句と語句との関係，語句の構成や変化について理解し，語彙を豊かにしている。また，語感や言葉の使い方に対する感覚を意識して，語や語句を使っている。((1)オ) ・情報と情報との関係付けの仕方，図などによる語句と語句との関係の表し方を理解し使っている。((2)イ) ・目的に応じて使用する筆記具を選び，その特徴を生かして書いている。((3)エ(ウ))	・「書くこと」において，目的や意図に応じて，感じたことや考えたことなどから書くことを選び，集めた材料を分類したり関係付けたりして，伝えたいことを明確にしている。（B(1)ア) ・「書くこと」において，引用したり，図表やグラフなどを用いたりして，自分の考えが伝わるように書き表し方を工夫している。（B(1)エ) ・「書くこと」において，文章全体の構成や書き表し方などに着目して，文や文章を整えている。（B(1)オ) ・「書くこと」において，文章全体の構成や展開が明確になっているかなど，文章に対する感想や意見を伝え合い，自分の文章のよいところを見付けている。（B(1)カ)	・積極的に，情報と情報との関係付けの仕方，図などによる語句と語句との関係の表し方を理解し，学習課題に沿って意見を述べる文章を書こうとしている。

イ　短歌や俳句をつくるなど，感じたことや想像したことを書く活動

知識・技能	思考・判断・表現	主体的に学習に取り組む態度
・親しみやすい古文，近代以降の文語調の文章を音読するなどして，言葉の響きやリズムに親しんでいる。((3)ア)	・「書くこと」において，書き表し方などに着目して，文を整えている。（B(1)オ) ・「書くこと」において，文章全体の構成や展開が明確になっているかなど，文章に対する感想や意見を伝え合い，自分の文章のよいところを見付けている。（B(1)カ)	・粘り強く，書き表し方に着目して文を整え，今までの学習を生かして短歌をつくろうとしている。

・当該学年の前の学年までに配当されている漢字を書き，文や文章の中で使っているとともに，当該学年に配当されている漢字を漸次書き，文や文章の中で使っている。((1)エ) ・思考に関わる語句の量を増し，文章の中で使っているとともに，語句と語句との関係，語句の構成や変化について理解し，語彙を豊かにしている。また，語感や言葉の使い方に対する感覚を意識して，語や語句を使っている。((1)オ) ・文の中での語句の係り方や語順，文と文との接続の関係，文章の構成や展開，文章の種類とその特徴について理解している。((1)カ) ・比喩などの表現の工夫に気付いている。((1)ク) ・情報と情報との関係付けの仕方，語句と語句との関係の表し方を理解し使っている。((2)イ) ・用紙全体との関係に注意して，文字の大きさや配列などを決めているとともに，書く速さを意識して書いている。((3)エ(ア)) ・毛筆を使用して，穂先の動きと点画のつながりを意識して書いている。((3)エ(イ)) ・目的に応じて使用する筆記具を選び，その特徴を生かして書いている。((3)エ(ウ))	・「書くこと」において，目的や意図に応じて，感じたことや考えたことなどから書くことを選び，集めた材料を分類したり関係付けたりして，伝えたいことを明確にしている。（B(1)ア) ・「書くこと」において，筋道の通った文章となるように，文章全体の構成や展開を考えている。（B(1)イ) ・「書くこと」において，目的や意図に応じて簡単に書いたり詳しく書いたりして，自分の考えが伝わるように書き表し方を工夫している。（B(1)ウ)	・進んで，語感や言葉の使い方に対する感覚を意識し，学習の見通しをもって俳句をつくろうとしている。

ウ　事実や経験を基に，感じたり考えたりしたことや自分にとっての意味について文章に書く活動

知識・技能	思考・判断・表現	主体的に学習に取り組む態度
・思考に関わる語句の量を増し，文章の中で使っているとともに，語句と語句との関係，語句の構成や変化について理解し，語彙を豊かにしている。また，語感や言葉の使い方に対する感覚を意識して，語や語句を使っている。((1)オ)	・「書くこと」において，目的や意図に応じて，感じたことや考えたことなどから書くことを選び，集めた材料を分類したり関係付けたりして，伝えたいことを明確にしている。（B(1)ア)	・粘り強く，伝えたいことを明確にし，学習の見通しをもって感じたり考えたりしたことについて文章に書こうとしている。

	・「書くこと」において，目的や意図に応じて簡単に書いたり詳しく書いたりしているとともに，事実と感想，意見とを区別して書いたりしているなど，自分の考えが伝わるように書き表し方を工夫している。（B(1)ウ）	

<table>
<tr><td colspan="3" align="center">上記以外に設定することが考えられる評価規準の例</td></tr>
<tr>
<td>・言葉には，相手とのつながりをつくる働きがあることに気付いている。（(1)ア）
・当該学年の前の学年までに配当されている漢字を書き，文や文章の中で使っているとともに，当該学年に配当されている漢字を漸次書き，文や文章の中で使っている。（(1)エ）
・文の中での語句の係り方や語順，文と文との接続の関係，文章の構成や展開，文章の種類とその特徴について理解している。（(1)カ）
・比喩や反復などの表現の工夫に気付いている。（(1)ク）
・原因と結果など情報と情報との関係について理解している。（(2)ア）
・情報と情報との関係付けの仕方，図などによる語句と語句との関係の表し方を理解し使っている。（(2)イ）
・書く速さを意識して書いている。（(3)エ(ア)）</td>
<td>・「書くこと」において，筋道の通った文章となるように，文章全体の構成や展開を考えている。（B(1)イ）
・「書くこと」において，文章全体の構成や書き表し方などに着目して，文や文章を整えている。（B(1)オ）
・「書くこと」において，文章全体の構成や展開が明確になっているかなど，文章に対する感想や意見を伝え合い，自分の文章のよいところを見付けている。（B(1)カ）</td>
<td>・積極的に，文章の種類とその特徴について理解し，学習課題に沿って感じたり考えたりしたことについて文章に書こうとしている。</td>
</tr>
</table>

C　読むこと

<table>
<tr><td colspan="3">ア　説明や解説などの文章を比較するなどして読み，分かったことや考えたことを，話し合ったり文章にまとめたりする活動</td></tr>
<tr><th>知識・技能</th><th>思考・判断・表現</th><th>主体的に学習に取り組む態度</th></tr>
<tr>
<td>・思考に関わる語句の量を増し，話や文章の中で使うとともに，語句と語句との関係，語句の構成や変化について理解し，語彙を豊かにしている。（(1)オ）
・原因と結果など情報と情報との関係について理解している。（(2)ア）</td>
<td>・「読むこと」において，目的に応じて，文章と図表などを結び付けるなどして必要な情報を見付けたり，論の進め方について考えたりしている。（C(1)ウ）
・「読むこと」において，文章を読んでまとめた意見や感想を共有し，自分の考えを広げている。（C(1)カ）</td>
<td>・粘り強く，論の進め方について考え，学習の見通しをもって分かったことや考えたことを文章にまとめようとしている。</td>
</tr>
<tr><td colspan="3" align="center">上記以外に設定することが考えられる評価規準の例</td></tr>
<tr>
<td>・言葉には，相手とのつながりをつくる働きがあることに気付いている。（(1)ア）
・当該学年までに配当されている漢字を読んでいる。（(1)エ）
・文の中での語句の係り方や語順，文と文との接続の関係，話や文章の構成や展開，話や文章の種類とその特徴について理解している。（(1)カ）
・文章を音読したり朗読したりている。（(1)ケ）
・情報と情報との関係付けの仕方，図などによる語句と語句との関係の表し方を理解し使っている。（(2)イ）
・日常的に読書に親しみ，読書が，自分の考えを広げることに役立つことに気付いている。（(3)オ）</td>
<td>・「読むこと」において，事実と感想，意見などとの関係を叙述を基に押さえ，文章全体の構成を捉えて要旨を把握している。（C(1)ア）
・「読むこと」において，文章を読んで理解したことに基づいて，自分の考えをまとめている。（C(1)オ）</td>
<td>・進んで，日常的に読書に親しみ，今までの学習を生かして分かったことや考えたことを話し合おうとしている。</td>
</tr>
</table>

<table>
<tr><td colspan="3">イ　詩や物語，伝記などを読み，内容を説明したり，自分の生き方などについて考えたことを伝え合ったりする活動</td></tr>
<tr><th>知識・技能</th><th>思考・判断・表現</th><th>主体的に学習に取り組む態度</th></tr>
<tr>
<td>・比喩や反復などの表現の工夫に気付いている。（(1)ク）
・文章を音読したり朗読したりしている。（(1)ケ）</td>
<td>・「読むこと」において，人物像や物語などの全体像を具体的に想像したり，表現の効果を考えたりしている。（C(1)エ）
・「読むこと」において，文章を読んで理解したことに基づいて，自分の考えをまとめている。（C(1)オ）</td>
<td>・進んで，物語の全体像を具体的に想像し，学習の見通しをもって考えたことを文章にまとめようとしている。</td>
</tr>
</table>

上記以外に設定することが考えられる評価規準の例		
・言葉には，相手とのつながりをつくる働きがあることに気付いている。((1)ア) ・当該学年までに配当されている漢字を読んでいる。((1)エ) ・思考に関わる語句の量を増し，話や文章の中で使っているとともに，語句と語句との関係，語句の構成や変化について理解し，語彙を豊かにしている。((1)オ) ・文の中での語句の係り方や語順，文と文との接続の関係，話や文章の構成や展開，話や文章の種類とその特徴について理解している。((1)カ) ・原因と結果など情報と情報との関係について理解している。((2)ア) ・情報と情報との関係付けの仕方，図などによる語句と語句との関係の表し方を理解し使っている。((2)イ) ・親しみやすい古文や漢文，近代以降の文語調の文章を音読するなどして，言葉の響きやリズムに親しんでいる。((3)ア) ・古典について解説した文章を読んだり作品の内容の大体を知ったりすることを通して，昔の人のものの見方や感じ方を知っている。((3)イ) ・語句の由来などに関心をもっているとともに，時間の経過による言葉の変化や世代による言葉の違いに気付き，共通語と方言との違いを理解している。また，仮名及び漢字の由来，特質などについて理解している。((3)ウ) ・日常的に読書に親しみ，読書が，自分の考えを広げることに役立つことに気付いている。((3)オ)	・「読むこと」において，登場人物の相互関係や心情などについて，描写を基に捉えている。(C(1)イ) ・「読むこと」において，文章を読んでまとめた意見や感想を共有し，自分の考えを広げている。(C(1)カ)	・積極的に，原因と結果など情報と情報との関係について理解し，学習課題に沿って内容を説明しようとしている。

ウ　学校図書館などを利用し，複数の本や新聞などを活用して，調べたり考えたりしたことを報告する活動		
知識・技能	**思考・判断・表現**	**主体的に学習に取り組む態度**
・情報と情報との関係付けの仕方，図などによる語句と語句との関係の表し方を理解し使っている。((2)イ) ・日常的に読書に親しみ，読書が，自分の考えを広げることに役立つことに気付いている。((3)オ)	・「読むこと」において，文章を読んで理解したことに基づいて，自分の考えをまとめている。(C(1)オ) ・「読むこと」において，文章を読んでまとめた意見や感想を共有し，自分の考えを広げている。(C(1)カ)	・進んで，文章を読んでまとめた意見や感想を共有し，学習課題に沿って考えたことを報告しようとしている。

上記以外に設定することが考えられる評価規準の例		
・言葉には，相手とのつながりをつくる働きがあることに気付いている。((1)ア) ・当該学年までに配当されている漢字を読んでいる。((1)エ) ・思考に関わる語句の量を増し，話や文章の中で使っているとともに，語句と語句との関係，語句の構成や変化について理解し，語彙を豊かにしている。((1)オ) ・文の中での語句の係り方や語順，文と文との接続の関係，話や文章の構成や展開，話や文章の種類とその特徴について理解している。((1)カ) ・比喩や反復などの表現の工夫に気付いている。((1)ク) ・原因と結果など情報と情報との関係について理解している。((2)ア) ・語句の由来などに関心をもっているとともに，時間の経過による言葉の変化や世代による言葉の違いに気付き，共通語と方言との違いを理解している。また，仮名及び漢字の由来，特質などについて理解している。((3)ウ)	・「読むこと」において，事実と感想，意見などとの関係を叙述を基に押さえ，文章全体の構成を捉えて要旨を把握している。(C(1)ア) ・「読むこと」において，登場人物の相互関係や心情などについて，描写を基に捉えている。(C(1)イ) ・「読むこと」において，目的に応じて，文章と図表などを結び付けるなどして必要な情報を見付けたり，論の進め方について考えたりしている。(C(1)ウ) ・「読むこと」において，人物像や物語などの全体像を具体的に想像したり，表現の効果を考えたりしている。(C(1)エ)	・積極的に，文章の種類とその特徴について理解し，今までの学習を生かして，調べたことを報告しようとしている。

内容のまとまりごとの評価規準（例）
第3学年

1 目標と評価の観点及びその趣旨

目標（1）	目標（2）	目標（3）
身近な地域や市区町村の地理的環境，地域の安全を守るための諸活動や地域の産業と消費生活の様子，地域の様子の移り変わりについて，人々の生活との関連を踏まえて理解するとともに，調査活動，地図帳や各種の具体的資料を通して，必要な情報を調べまとめる技能を身に付けるようにする。	社会的事象の特色や相互の関連，意味を考える力，社会に見られる課題を把握して，その解決に向けて社会への関わり方を選択・判断する力，考えたことや選択・判断したことを表現する力を養う。	社会的事象について，主体的に学習の問題を解決しようとする態度や，よりよい社会を考え学習したことを社会生活に生かそうとする態度を養うとともに，思考や理解を通して，地域社会に対する誇りと愛情，地域社会の一員としての自覚を養う。

知識・技能	思考・判断・表現	主体的に学習に取り組む態度
身近な地域や市区町村の地理的環境，地域の安全を守るための諸活動や地域の産業と消費生活の様子，地域の様子の移り変わりについて，人々の生活との関連を踏まえて理解しているとともに，調査活動，地図帳や各種の具体的資料を通して，必要な情報を調べまとめている。	地域における社会的事象の特色や相互の関連，意味を考えたり，社会に見られる課題を把握して，その解決に向けて社会への関わり方を選択・判断したり，考えたことや選択・判断したことを表現したりしている。	地域における社会的事象について，地域社会に対する誇りと愛情をもつ地域社会の将来の担い手として，主体的に問題解決しようとしたり，よりよい社会を考え学習したことを社会生活に生かそうとしたりしている。

2 内容のまとまりごとの評価規準（例）

（1）身近な地域や市区町村の様子

知識・技能	思考・判断・表現	主体的に学習に取り組む態度
・身近な地域や自分たちの市の様子を大まかに理解している。 ・観察・調査したり地図などの資料で調べたりして，白地図などにまとめている。	・都道府県内における市の位置，市の地形や土地利用，交通の広がり，市役所など主な公共施設の場所と働き，古くから残る建造物の分布などに着目して，身近な地域や市の様子を捉え，場所による違いを考え，表現している。	・身近な地域や市区町村の様子について，主体的に問題解決しようとしている。

（2）地域に見られる生産や販売の仕事

知識・技能	思考・判断・表現	主体的に学習に取り組む態度
・生産の仕事は，地域の人々の生活と密接な関わりをもって行われていることを理解している。 ・販売の仕事は，消費者の多様な願いを踏まえ売り上げを高めるよう，工夫して行われていることを理解している。 ・見学・調査したり地図などの資料で調べたりして，白地図などにまとめている。	・仕事の種類や産地の分布，仕事の工程などに着目して，生産に携わっている人々の仕事の様子を捉え，地域の人々の生活との関連を考え，表現している。 ・消費者の願い，販売の仕方，他地域や外国との関わりなどに着目して，販売に携わっている人々の仕事の様子を捉え，それらの仕事に見られる工夫を考え，表現している。	・地域に見られる生産や販売の仕事について，主体的に問題解決しようとしている。

（3）地域の安全を守る働き

知識・技能	思考・判断・表現	主体的に学習に取り組む態度
・消防署や警察署などの関係機関は，地域の安全を守るために，相互に連携して緊急時に対処する体制をとっていることや，関係機関が地域の人々と協力して火災や事故などの防止に努めていることを理解している。 ・見学・調査したり地図などの資料で調べたりして，まとめている。	・施設・設備などの配置，緊急時への備えや対応などに着目して，関係機関や地域の人々の諸活動を捉え，相互の関連や従事する人々の働きを考え，表現している。	・地域の安全を守る働きについて主体的に問題解決しようとしたり，よりよい社会を考え学習したことを社会生活に生かそうとしたりしている。

（4）市の様子の移り変わり

知識・技能	思考・判断・表現	主体的に学習に取り組む態度
・市や人々の生活の様子は，時間の経過に伴い，移り変わってきたことを理解している。 ・聞き取り調査をしたり地図などの資料で調べたりして，年表などにまとめている。	・交通や公共施設，土地利用や人口，生活の道具などの時期による違いに着目して，市や人々の生活の様子を捉え，それらの変化を考え，表現している。	・市の様子の移り変わりについて，主体的に問題解決しようとしたり，よりよい社会を考え学習したことを社会生活に生かそうとしたりしている。

国立教育政策研究所　［内容のまとまりごとの評価規準（例）］

第4学年

1 目標と評価の観点及びその趣旨

目標（1）	目標（2）	目標（3）
自分たちの都道府県の地理的環境の特色，地域の人々の健康と生活環境を支える働きや自然災害から地域の安全を守るための諸活動，地域の伝統と文化や地域の発展に尽くした先人の働きなどについて，人々の生活との関連を踏まえて理解するとともに，調査活動，地図帳や各種の具体的資料を通して，必要な情報を調べまとめる技能を身に付けるようにする。	社会的事象の特色や相互の関連，意味を考える力，社会に見られる課題を把握して，その解決に向けて社会への関わり方を選択・判断する力，考えたことや選択・判断したことを表現する力を養う。	社会的事象について，主体的に学習の問題を解決しようとする態度や，よりよい社会を考え学習したことを社会生活に生かそうとする態度を養うとともに，思考や理解を通して，地域社会に対する誇りと愛情，地域社会の一員としての自覚を養う。

知識・技能	思考・判断・表現	主体的に学習に取り組む態度
自分たちの都道府県の地理的環境の特色，地域の人々の健康と生活環境を支える働きや自然災害から地域の安全を守るための諸活動，地域の伝統と文化や地域の発展に尽くした先人の働きなどについて，人々の生活との関連を踏まえて理解しているとともに，調査活動，地図帳や各種の具体的資料を通して，必要な情報を調べまとめている。	地域における社会的事象の特色や相互の関連，意味を考えたり，社会に見られる課題を把握して，その解決に向けて社会への関わり方を選択・判断したり，考えたことや選択・判断したことを表現したりしている。	地域における社会的事象について，地域社会に対する誇りと愛情をもつ地域社会の将来の担い手として，主体的に問題解決しようとしたり，よりよい社会を考え学習したことを社会生活に生かそうとしたりしている。

2 内容のまとまりごとの評価規準（例）

（1）都道府県（以下第2章第2節において「県」という）の様子

知識・技能	思考・判断・表現	主体的に学習に取り組む態度
・自分たちの県の地理的環境の概要を理解している。また，47都道府県の名称と位置を理解している。 ・地図帳や各種の資料で調べ，白地図などにまとめている。	・我が国における自分たちの県の位置，県全体の地形や主な産業の分布，交通網や主な都市の位置などに着目して，県の様子を捉え，地理的環境の特色を考え，表現している。	・都道府県の様子について，主体的に問題解決しようとしている。

（2）人々の健康や生活環境を支える事業

知識・技能	思考・判断・表現	主体的に学習に取り組む態度
・飲料水，電気，ガスを供給する事業は，安全で安定的に供給できるよう進められていることや，地域の人々の健康な生活の維持と向上に役立っていることを理解している。 ・廃棄物を処理する事業は，衛生的な処理や資源の有効利用ができるよう進められていることや，生活環境の維持と向上に役立っていることを理解している。 ・見学・調査したり地図などの資料で調べたりして，まとめている。	・供給の仕組みや経路，県内外の人々の協力などに着目して，飲料水，電気，ガスの供給のための事業の様子を捉え，それらの事業が果たす役割を考え，表現している。 ・処理の仕組みや再利用，県内外の人々の協力などに着目して，廃棄物の処理のための事業の様子を捉え，その事業が果たす役割を考え，表現している。	・人々の健康や生活環境を支える事業について，主体的に問題解決しようとしたり，よりよい社会を考え学習したことを社会生活に生かそうとしたりしている。

（3）自然災害から人々を守る活動

知識・技能	思考・判断・表現	主体的に学習に取り組む態度
・地域の関係機関や人々は，自然災害に対し，様々な協力をして対処してきたことや，今後想定される災害に対し，様々な備えをしていることを理解している。 ・聞き取り調査をしたり地図や年表などの資料で調べたりして，まとめている。	・過去に発生した地域の自然災害，関係機関の協力などに着目して，災害から人々を守る活動を捉え，その働きを考え，表現している。	・自然災害から人々を守る活動について，主体的に問題解決しようとしたり，よりよい社会を考え学習したことを社会生活に生かそうとしたりしている。

（4）県内の伝統や文化，先人の働き

知識・技能	思考・判断・表現	主体的に学習に取り組む態度
・県内の文化財や年中行事は，地域の人々が受け継いできたことや，それらには地域の発展など人々の様々な願いが込められていることを理解している。 ・地域の発展に尽くした先人は，様々な苦心や努力により当時の生活の向上に貢献したことを理解している。 ・見学・調査したり地図などの資料で調べたりして，年表などにまとめている。	・歴史的背景や現在に至る経過，保存や継承のための取組などに着目して，県内の文化財や年中行事の様子を捉え，人々の願いや努力を考え，表現している。 ・当時の世の中の課題や人々の願いなどに着目して，地域の発展に尽くした先人の具体的事例を捉え，先人の働きを考え，表現している。	・県内の伝統や文化，先人の働きについて，主体的に問題解決しようとしたり，よりよい社会を考え学習したことを社会生活に生かそうとしたりしている。

（5）県内の特色ある地域の様子

知識・技能	思考・判断・表現	主体的に学習に取り組む態度
・県内の特色ある地域では，人々が協力し，特色あるまちづくりや観光などの産業の発展に努めていることを理解している。 ・地図帳や各種の資料で調べ，白地図などにまとめている。	・特色ある地域の位置や自然環境，人々の活動や産業の歴史的背景，人々の協力関係などに着目して，地域の様子を捉え，それらの特色を考え，表現している。	・県内の特色ある地域の様子について，主体的に問題解決しようとしている。

社会

国立教育政策研究所「内容のまとまりごとの評価規準（例）」

143

第5学年

1　目標と評価の観点及びその趣旨

目標（1）	目標（2）	目標（3）
我が国の国土の地理的環境の特色や産業の現状，社会の情報化と産業の関わりについて，国民生活との関連を踏まえて理解するとともに，地図帳や地球儀，統計などの各種の基礎的資料を通して，情報を適切に調べまとめる技能を身に付けるようにする。	社会的事象の特色や相互の関連，意味を多角的に考える力，社会に見られる課題を把握して，その解決に向けて社会への関わり方を選択・判断する力，考えたことや選択・判断したことを説明したり，それらを基に議論したりする力を養う。	社会的事象について，主体的に学習の問題を解決しようとする態度や，よりよい社会を考え学習したことを社会生活に生かそうとする態度を養うとともに，多角的な思考や理解を通して，我が国の国土に対する愛情，我が国の産業の発展を願い我が国の将来を担う国民としての自覚を養う。

知識・技能	思考・判断・表現	主体的に学習に取り組む態度
我が国の国土の地理的環境の特色や産業の現状，社会の情報化と産業の関わりについて，国民生活との関連を踏まえて理解しているとともに，地図帳や地球儀，統計などの各種の基礎的資料を通して，情報を適切に調べまとめている。	我が国の国土や産業の様子に関する社会的事象の特色や相互の関連，意味を多角的に考えたり，社会に見られる課題を把握して，その解決に向けて社会への関わり方を選択・判断したり，考えたことや選択・判断したことを説明したり，それらを基に議論したりしている。	我が国の国土や産業の様子に関する社会的事象について，我が国の国土に対する愛情をもち産業の発展を願う国家及び社会の将来の担い手として，主体的に問題解決しようとしたり，よりよい社会を考え学習したことを社会生活に生かそうとしたりしている。

2　内容のまとまりごとの評価規準（例）

（1）我が国の国土の様子と国民生活

知識・技能	思考・判断・表現	主体的に学習に取り組む態度
・世界における我が国の国土の位置，国土の構成，領土の範囲などを大まかに理解している。 ・我が国の国土の地形や気候の概要を理解しているとともに，人々は自然環境に適応して生活していることを理解している。 ・地図帳や地球儀，各種の資料で調べ，まとめている。	・世界の大陸と主な海洋，主な国の位置，海洋に囲まれ多数の島からなる国土の構成などに着目して，我が国の国土の様子を捉え，その特色を考え，表現している。 ・地形や気候などの様子や自然条件から見て特色ある地域の人々の生活を捉え，国土の自然環境の特色やそれらと国民生活との関連を考え，表現している。	・我が国の国土の様子と国民生活について，主体的に問題解決しようとしている。

（2）我が国の農業や水産業における食料生産

知識・技能	思考・判断・表現	主体的に学習に取り組む態度
・我が国の食料生産は，自然条件を生かして営まれていることや，国民の食料を確保する重要な役割を果たしていることを理解している。 ・食料生産に関わる人々は，生産性や品質を高めるよう努力したり輸送方法や販売方法を工夫したりして，良質な食料を消費地に届けるなど，食料生産を支えていることを理解している。 ・地図帳や地球儀，各種の資料で調べ，まとめている。	・生産物の種類や分布，生産量の変化，輸入など外国との関わりなどに着目して，食料生産の概要を捉え，食料生産が国民生活に果たす役割を考え，表現している。 ・生産の工程，人々の協力関係，技術の向上，輸送，価格や費用などに着目して，食料生産に関わる人々の工夫や努力を捉え，その働きを考え，表現している。	・我が国の農業や水産業における食料生産について，主体的に問題解決しようとしたり，よりよい社会を考え学習したことを社会生活に生かそうとしたりしている。

（3）我が国の工業生産

知識・技能	思考・判断・表現	主体的に学習に取り組む態度
・我が国では様々な工業生産が行われていることや，国土には工業の盛んな地域が広がっていること及び工業製品は国民生活の向上に重要な役割を果たしていることを理解している。	・工業の種類，工業の盛んな地域の分布，工業製品の改良などに着目して，工業生産の概要を捉え，工業生産が国民生活に果たす役割を考え，表現している。	・我が国の工業生産について，主体的に問題解決しようとしたり，よりよい社会を考え学習したことを社会生活に生かそうとしたりしている。

知識・技能	思考・判断・表現	主体的に学習に取り組む態度
・工業生産に関わる人々は，消費者の需要や社会の変化に対応し，優れた製品を生産するよう様々な工夫や努力をして，工業生産を支えていることを理解している。 ・貿易や運輸は，原材料の確保や製品の販売などにおいて，工業生産を支える重要な役割を果たしていることを理解している。 ・地図帳や地球儀，各種の資料で調べ，まとめている。	・製造の工程，工場相互の協力関係，優れた技術などに着目して，工業生産に関わる人々の工夫や努力を捉え，その働きを考え，表現している。 ・交通網の広がり，外国との関わりなどに着目して，貿易や運輸の様子を捉え，それらの役割を考え，表現している。	

（4）我が国の産業と情報との関わり

知識・技能	思考・判断・表現	主体的に学習に取り組む態度
・放送，新聞などの産業は，国民生活に大きな影響を及ぼしていることを理解している。 ・大量の情報や情報通信技術の活用は，様々な産業を発展させ，国民生活を向上させていることを理解している。 ・聞き取り調査をしたり映像や新聞などの各種資料で調べたりして，まとめている。	・情報を集め発信するまでの工夫や努力などに着目して，放送，新聞などの産業の様子を捉え，それらの産業が国民生活に果たす役割を考え，表現している。 ・情報の種類，情報の活用の仕方などに着目して，産業における情報活用の現状を捉え，情報を生かして発展する産業が国民生活に果たす役割を考え，表現している。	・我が国の産業と情報との関わりについて，主体的に問題解決しようとしたり，よりよい社会を考え学習したことを社会生活に生かそうとしたりしている。

（5）我が国の国土の自然環境と国民生活との関連

知識・技能	思考・判断・表現	主体的に学習に取り組む態度
・自然災害は国土の自然条件などと関連して発生していることや，自然災害から国土を保全し国民生活を守るために国や県などが様々な対策や事業を進めていることを理解している。 ・森林は，その育成や保護に従事している人々の様々な工夫と努力により国土の保全など重要な役割を果たしていることを理解している。 ・関係機関や地域の人々の様々な努力により公害の防止や生活環境の改善が図られてきたことを理解しているとともに，公害から国土の環境や国民の健康な生活を守ることの大切さを理解している。 ・地図帳や各種の資料で調べ，まとめている。	・災害の種類や発生の位置や時期，防災対策などに着目して，国土の自然災害の状況を捉え，自然条件との関連を考え，表現している。 ・森林資源の分布や働きなどに着目して，国土の環境を捉え，森林資源が果たす役割を考え，表現している。 ・公害の発生時期や経過，人々の協力や努力などに着目して，公害防止の取組を捉え，その働きを考え，表現している。	・我が国の国土の自然環境と国民生活との関連について，主体的に問題解決しようとしたり，よりよい社会を考え学習したことを社会生活に生かそうとしたりしている。

社会

第6学年

1　目標と評価の観点及びその趣旨

目標（1）	目標（2）	目標（3）
我が国の政治の考え方と仕組みや働き，国家及び社会の発展に大きな働きをした先人の業績や優れた文化遺産，我が国と関係の深い国の生活やグローバル化する国際社会における我が国の役割について理解するとともに，地図帳や地球儀，統計や年表などの各種の基礎的資料を通して，情報を適切に調べまとめる技能を身に付けるようにする。	社会的事象の特色や相互の関連，意味を多角的に考える力，社会に見られる課題を把握して，その解決に向けて社会への関わり方を選択・判断する力，考えたことや選択・判断したことを説明したり，それらを基に議論したりする力を養う。	社会的事象について，主体的に学習の問題を解決しようとする態度や，よりよい社会を考え学習したことを社会生活に生かそうとする態度を養うとともに，多角的な思考や理解を通して，我が国の歴史や伝統を大切にして国を愛する心情，我が国の将来を担う国民としての自覚や平和を願う日本人として世界の国々の人々と共に生きることの大切さについての自覚を養う。

知識・技能	思考・判断・表現	主体的に学習に取り組む態度
我が国の政治の考え方と仕組みや働き，国家及び社会の発展に大きな働きをした先人の業績や優れた文化遺産，我が国と関係の深い国の生活やグローバル化する国際社会における我が国の役割について理解しているとともに，地図帳や地球儀，統計や年表などの各種の基礎的資料を通して，情報を適切に調べまとめている。	我が国の政治と歴史及び国際理解に関する社会的事象の特色や相互の関連，意味を多角的に考えたり，社会に見られる課題を把握して，その解決に向けて社会への関わり方を選択・判断したり，考えたことや選択・判断したことを説明したり，それらを基に議論したりしている。	我が国の政治と歴史及び国際理解に関する社会的事象について，我が国の歴史や伝統を大切にして国を愛する心情をもち平和を願い世界の国々の人々と共に生きることを大切にする国家及び社会の将来の担い手として，主体的に問題解決しようとしたり，よりよい社会を考え学習したことを社会生活に生かそうとしたりしている。

2　内容のまとまりごとの評価規準（例）

（1）我が国の政治の働き

知識・技能	思考・判断・表現	主体的に学習に取り組む態度
・日本国憲法は国家の理想，天皇の地位，国民としての権利及び義務など国家や国民生活の基本を定めていることや，現在の我が国の民主政治は日本国憲法の基本的な考え方に基づいていることを理解しているとともに，立法，行政，司法の三権がそれぞれの役割を果たしていることを理解している。 ・国や地方公共団体の政治は，国民主権の考え方の下，国民生活の安定と向上を図る大切な働きをしていることを理解している。 ・見学・調査したり各種の資料で調べたりして，まとめている。	・日本国憲法の基本的な考え方に着目して，我が国の民主政治を捉え，日本国憲法が国民生活に果たす役割や，国会，内閣，裁判所と国民との関わりを考え，表現している。 ・政策の内容や計画から実施までの過程，法令や予算との関わりなどに着目して，国や地方公共団体の政治の取組を捉え，国民生活における政治の働きを考え，表現している。	・我が国の政治の働きについて，主体的に問題解決しようとしたり，よりよい社会を考え学習したことを社会生活に生かそうとしたりしている。

（2）我が国の歴史上の主な事象

知識・技能	思考・判断・表現	主体的に学習に取り組む態度
・我が国の歴史上の主な事象を手掛かりに，大まかな歴史を理解しているとともに，関連する先人の業績，優れた文化遺産を理解している。 ・遺跡や文化財，地図や年表などの資料で調べ，まとめている。	・世の中の様子，人物の働きや代表的な文化遺産などに着目して，我が国の歴史上の主な事象を捉え，我が国の歴史の展開を考えるとともに，歴史を学ぶ意味を考え，表現している。	・我が国の歴史上の主な事象について，主体的に問題解決しようとしたり，よりよい社会を考え学習したことを社会生活に生かそうとしたりしている。

（3）グローバル化する世界と日本の役割

知識・技能	思考・判断・表現	主体的に学習に取り組む態度
・我が国と経済や文化などの面でつながりの深い国の人々の生活は，多様であることを理解しているとともに，スポーツや文化などを通して他国と交流し，異なる文化や習慣を尊重し合うことが大切であることを理解している。 ・我が国は，平和な世界の実現のために国際連合の一員として重要な役割を果たしたり，諸外国の発展のために援助や協力を行ったりしていることを理解している。 ・地図帳や地球儀，各種の資料で調べ，まとめている。	・外国の人々の生活の様子などに着目して，日本の文化や習慣との違いを捉え，国際交流の果たす役割を考え，表現している。 ・地球規模で発生している課題の解決に向けた連携・協力などに着目して，国際連合の働きや我が国の国際協力の様子を捉え，国際社会において我が国が果たしている役割を考え，表現している。	・グローバル化する世界と日本の役割について，主体的に問題解決しようとしたり，よりよい社会を考え学習したことを社会生活に生かそうとしたりしている。

内容のまとまりごとの評価規準（例）第1学年

「具体的な内容のまとまりごとの評価規準」は168頁へ

1　目標と評価の観点及びその趣旨

目標（1）	目標（2）	目標（3）
数の概念とその表し方及び計算の意味を理解し，量，図形及び数量の関係についての理解の基礎となる経験を重ね，数量や図形についての感覚を豊かにするとともに，加法及び減法の計算をしたり，形を構成したり，身の回りにある量の大きさを比べたり，簡単な絵や図などに表したりすることなどについての技能を身に付けるようにする。	ものの数に着目し，具体物や図などを用いて数の数え方や計算の仕方を考える力，ものの形に着目して特徴を捉えたり，具体的な操作を通して形の構成について考えたりする力，身の回りにあるものの特徴を量に着目して捉え，量の大きさの比べ方を考える力，データの個数に着目して身の回りの事象の特徴を捉える力などを養う。	数量や図形に親しみ，算数で学んだことのよさや楽しさを感じながら学ぶ態度を養う。

知識・技能	思考・判断・表現	主体的に学習に取り組む態度
・数の概念とその表し方及び計算の意味を理解し，量，図形及び数量の関係についての理解の基礎となる経験を積み重ね，数量や図形についての感覚を豊かにしている。 ・加法及び減法の計算をしたり，形を構成したり，身の回りにある量の大きさを比べたり，簡単な絵や図などに表したりすることなどについての技能を身に付けている。	ものの数に着目し，具体物や図などを用いて数の数え方や計算の仕方を考える力，ものの形に着目して特徴を捉えたり，具体的な操作を通して形の構成について考えたりする力，身の回りにあるものの特徴を量に着目して捉え，量の大きさの比べ方を考える力，データの個数に着目して身の回りの事象の特徴を捉える力などを身に付けている。	数量や図形に親しみ，算数で学んだことのよさや楽しさを感じながら学ぼうとしている。

2　内容のまとまりごとの評価規準（例）

A　数と計算

（1）数の構成と表し方

知識・技能	思考・判断・表現	主体的に学習に取り組む態度
・ものとものとを対応させることによって，ものの個数を比べることができる。 ・個数や順番を正しく数えたり表したりすることができる。 ・数の大小や順序を考えることによって，数の系列を作ったり，数直線の上に表したりすることができる。 ・一つの数をほかの数の和や差としてみるなど，ほかの数と関係付けてみることができる。 ・2位数の表し方について理解している。 ・簡単な場合について，3位数の表し方を知っている。 ・数を，十を単位としてみることができる。 ・具体物をまとめて数えたり等分したりして整理し，表すことができる。	・数のまとまりに着目し，数の大きさの比べ方や数え方を考え，それらを日常生活に生かしている。	・数に親しみ，算数で学んだことのよさや楽しさを感じながら学ぼうとしている。

（2）加法，減法

知識・技能	思考・判断・表現	主体的に学習に取り組む態度
・加法及び減法の意味について理解し，それらが用いられる場合について知っている。 ・加法及び減法が用いられる場面を式に表したり，式を読み取ったりすることができる。 ・1位数と1位数との加法及びその逆の減法の計算が確実にできる。 ・簡単な場合について，2位数などについても加法及び減法ができることを知っている。	・数量の関係に着目し，計算の意味や計算の仕方を考えたり，日常生活に生かしたりしている。	・数や式に親しみ，算数で学んだことのよさや楽しさを感じながら学ぼうとしている。

B　図形
（1）図形についての理解の基礎

知識・技能	思考・判断・表現	主体的に学習に取り組む態度
・ものの形を認め，形の特徴を知っている。 ・具体物を用いて形を作ったり分解したりすることができる。 ・前後，左右，上下など方向や位置についての言葉を用いて，ものの位置を表すことができる。	・ものの形に着目し，身の回りにあるものの特徴を捉えたり，具体的な操作を通して形の構成について考えたりしている。	・身の回りにあるものの形に親しみ，算数で学んだことのよさや楽しさを感じながら学ぼうとしている。

C　測定
（1）量と測定についての理解の基礎

知識・技能	思考・判断・表現	主体的に学習に取り組む態度
・長さ，広さ，かさなどの量を，具体的な操作によって直接比べたり，他のものを用いて比べたりすることができる。 ・身の回りにあるものの大きさを単位として，その幾つ分かで大きさを比べることができる。	・身の回りのものの特徴に着目し，量の大きさの比べ方を見いだしている。	・身の回りにあるものの大きさに親しみ，算数で学んだことのよさや楽しさを感じながら学ぼうとしている。

（2）時刻の読み方

知識・技能	思考・判断・表現	主体的に学習に取り組む態度
・日常生活の中で時刻を読むことができる。	・時刻の読み方を用いて，時刻と日常生活を関連付けている。	・時刻に親しみ，算数で学んだことのよさや楽しさを感じながら学ぼうとしている。

D　データの活用
（1）絵や図を用いた数量の表現

知識・技能	思考・判断・表現	主体的に学習に取り組む態度
・ものの個数について，簡単な絵や図などに表したり，それらを読み取ったりすることができる。	・データの個数に着目し，身の回りの事象の特徴を捉えている。	・数量の整理に親しみ，算数で学んだことのよさや楽しさを感じながら学ぼうとしている。

第2学年

1 目標と評価の観点及びその趣旨

目標（1）	目標（2）	目標（3）
数の概念についての理解を深め，計算の意味と性質，基本的な図形の概念，量の概念，簡単な表とグラフなどについて理解し，数量や図形についての感覚を豊かにするとともに，加法，減法及び乗法の計算をしたり，図形を構成したり，長さやかさなどを測定したり，表やグラフに表したりすることなどについての技能を身に付けるようにする。	数とその表現や数量の関係に着目し，必要に応じて具体物や図などを用いて数の表し方や計算の仕方などを考察する力，平面図形の特徴を図形を構成する要素に着目して捉えたり，身の回りの事象を図形の性質から考察したりする力，身の回りにあるものの特徴を量に着目して捉え，量の単位を用いて的確に表現する力，身の回りの事象をデータの特徴に着目して捉え，簡潔に表現したり考察したりする力などを養う。	数量や図形に進んで関わり，数学的に表現・処理したことを振り返り，数理的な処理のよさに気付き生活や学習に活用しようとする態度を養う。

知識・技能	思考・判断・表現	主体的に学習に取り組む態度
・数の概念についての理解を深め，計算の意味と性質，基本的な図形の概念，量の概念，簡単な表とグラフなどについて理解し，数量や図形についての感覚を豊かにしている。 ・加法，減法及び乗法の計算をしたり，図形を構成したり，長さやかさなどを測定したり，表やグラフに表したりすることなどについての技能を身に付けている。	数とその表現や数量の関係に着目し，必要に応じて具体物や図などを用いて数の表し方や計算の仕方などを考察する力，平面図形の特徴を図形を構成する要素に着目して捉えたり，身の回りの事象を図形の性質から考察したりする力，身の回りにあるものの特徴を量に着目して捉え，量の単位を用いて的確に表現する力，身の回りの事象をデータの特徴に着目して捉え，簡潔に表現したり考察したりする力などを身に付けている。	数量や図形に進んで関わり，数学的に表現・処理したことを振り返り，数理的な処理のよさに気付き生活や学習に活用しようとしている。

2 内容のまとまりごとの評価規準（例）

A 数と計算
（1）数の構成と表し方

知識・技能	思考・判断・表現	主体的に学習に取り組む態度
・同じ大きさの集まりにまとめて数えたり，分類して数えたりすることができる。 ・4位数までについて，十進位取り記数法による数の表し方及び数の大小や順序について理解している。 ・数を十や百を単位としてみるなど，数の相対的な大きさについて理解している。 ・一つの数をほかの数の積としてみるなど，ほかの数と関係付けてみることができる。 ・簡単な事柄を分類整理し，それを数を用いて表すことができる。 ・$\frac{1}{2}$，$\frac{1}{3}$ など簡単な分数について知っている。	・数のまとまりに着目し，大きな数の大きさの比べ方や数え方を考え，日常生活に生かしている。	・数に進んで関わり，数学的に表現・処理したことを振り返り，数理的な処理のよさに気付き生活や学習に活用しようとしている。

（2）加法，減法

知識・技能	思考・判断・表現	主体的に学習に取り組む態度
・2位数の加法及びその逆の減法の計算が，1位数などについての基本的な計算を基にしてできることを理解し，それらの計算が確実にできる。また，それらの筆算の仕方について理解している。 ・簡単な場合について，3位数などの加法及び減法の計算の仕方を知っている。 ・加法及び減法に関して成り立つ性質について理解している。 ・加法と減法との相互関係について理解している。	・数量の関係に着目し，計算の仕方を考えたり計算に関して成り立つ性質を見いだしたりしているとともに，その性質を活用して，計算を工夫したり計算の確かめをしたりしている。	・加法及び減法に進んで関わり，数学的に表現・処理したことを振り返り，数理的な処理のよさに気付き生活や学習に活用しようとしている。

（3）乗法

知識・技能	思考・判断・表現	主体的に学習に取り組む態度
・乗法の意味について理解し，それが用いられる場合について知っている。 ・乗法が用いられる場面を式に表したり，式を読み取ったりすることができる。 ・乗法に関して成り立つ簡単な性質について理解している。 ・乗法九九について知り，1位数と1位数との乗法の計算が確実にできる。 ・簡単な場合について，2位数と1位数との乗法の計算の仕方を知っている。	・数量の関係に着目し，計算の意味や計算の仕方を考えたり計算に関して成り立つ性質を見いだしたりしているとともに，その性質を活用して，計算を工夫したり計算の確かめをしたりしている。 ・数量の関係に着目し，計算を日常生活に生かしている。	・乗法に進んで関わり，数学的に表現・処理したことを振り返り，数理的な処理のよさに気付き生活や学習に活用しようとしている。

B　図形
（1）三角形や四角形などの図形

知識・技能	思考・判断・表現	主体的に学習に取り組む態度
・三角形，四角形について知っている。 ・正方形，長方形，直角三角形について知っている。 ・正方形や長方形の面で構成される箱の形をしたものについて理解し，それらを構成したり分解したりすることができる。	・図形を構成する要素に着目し，構成の仕方を考えているとともに，身の回りのものの形を図形として捉えている。	・図形に進んで関わり，数学的に表現・処理したことを振り返り，数理的な処理のよさに気付き，生活や学習に活用しようとしている。

C　測定
（1）長さやかさの単位と測定

知識・技能	思考・判断・表現	主体的に学習に取り組む態度
・長さの単位（ミリメートル（mm），センチメートル（cm），メートル（m））及びかさの単位（ミリリットル（mL），デシリットル（dL），リットル（L））について知り，測定の意味を理解している。 ・長さ及びかさについて，およその見当を付け，単位を適切に選択して測定することができる。	・身の回りのものの特徴に着目し，目的に応じた単位で量の大きさを的確に表現したり，比べたりしている。	・量を比べたり測定したりすることに進んで関わり，数学的に表現・処理したことを振り返り，数理的な処理のよさに気付き，生活や学習に活用しようとしている。

（2）時間の単位

知識・技能	思考・判断・表現	主体的に学習に取り組む態度
・日，時，分について知り，それらの関係を理解している。	・時間の単位に着目し，時刻や時間を日常生活に生かしている。	・時刻と時間に進んで関わり，数学的に表現・処理したことを振り返り，数理的な処理のよさに気付き，生活や学習に活用しようとしている。

D　データの活用
（1）簡単な表やグラフ

知識・技能	思考・判断・表現	主体的に学習に取り組む態度
・身の回りにある数量を分類整理し，簡単な表やグラフを用いて表したり読み取ったりすることができる。	・データを整理する観点に着目し，身の回りの事象について表やグラフを用いて考察している。	・データを整理することに進んで関わり，数学的に表現・処理したことを振り返り，数理的な処理のよさに気付き生活や学習に活用しようとしている。

第3学年

1　目標と評価の観点及びその趣旨

目標（1）	目標（2）	目標（3）
数の表し方，整数の計算の意味と性質，小数及び分数の意味と表し方，基本的な図形の概念，量の概念，棒グラフなどについて理解し，数量や図形についての感覚を豊かにするとともに，整数などの計算をしたり，図形を構成したり，長さや重さなどを測定したり，表やグラフに表したりすることなどについての技能を身に付けるようにする。	数とその表現や数量の関係に着目し，必要に応じて具体物や図などを用いて数の表し方や計算の仕方などを考察する力，平面図形の特徴を図形を構成する要素に着目して捉えたり，身の回りの事象を図形の性質から考察したりする力，身の回りにあるものの特徴を量に着目して捉え，量の単位を用いて的確に表現する力，身の回りの事象をデータの特徴に着目して捉え，簡潔に表現したり適切に判断したりする力などを養う。	数量や図形に進んで関わり，数学的に表現・処理したことを振り返り，数理的な処理のよさに気付き生活や学習に活用しようとする態度を養う。

知識・技能	思考・判断・表現	主体的に学習に取り組む態度
・数の表し方，整数の計算の意味と性質，小数及び分数の意味と表し方，基本的な図形の概念，量の概念，棒グラフなどについて理解し，数量や図形についての感覚を豊かにしている。 ・整数などの計算をしたり，図形を構成したり，長さや重さなどを測定したり，表やグラフに表したりすることなどについての技能を身に付けている。	数とその表現や数量の関係に着目し，必要に応じて具体物や図などを用いて数の表し方や計算の仕方などを考察する力，平面図形の特徴を図形を構成する要素に着目して捉えたり，身の回りの事象を図形の性質から考察したりする力，身の回りにあるものの特徴を量に着目して捉え，量の単位を用いて的確に表現する力，身の回りの事象をデータの特徴に着目して捉え，簡潔に表現したり適切に判断したりする力などを身に付けている。	数量や図形に進んで関わり，数学的に表現・処理したことを振り返り，数理的な処理のよさに気付き生活や学習に活用しようとしている。

2　内容のまとまりごとの評価規準（例）

A　数と計算
（1）数の表し方

知識・技能	思考・判断・表現	主体的に学習に取り組む態度
・万の単位について知っている。 ・10倍，100倍，1000倍，$\frac{1}{10}$ の大きさの数及びそれらの表し方について知っている。 ・数の相対的な大きさについての理解を深めている。	・数のまとまりに着目し，大きな数の大きさの比べ方や表し方を考え，日常生活に生かしている。	・整数に進んで関わり，数学的に表現・処理したことを振り返り，数理的な処理のよさに気付き生活や学習に活用しようとしている。

（2）加法，減法

知識・技能	思考・判断・表現	主体的に学習に取り組む態度
・3位数や4位数の加法及び減法の計算が，2位数などについての基本的な計算を基にしてできることを理解している。また，それらの筆算の仕方について理解している。 ・加法及び減法の計算が確実にでき，それらを適切に用いることができる。	・数量の関係に着目し，計算の仕方を考えたり計算に関して成り立つ性質を見いだしたりしているとともに，その性質を活用して，計算を工夫したり計算の確かめをしたりしている。	・加法及び減法に進んで関わり，数学的に表現・処理したことを振り返り，数理的な処理のよさに気付き生活や学習に活用しようとしている。

（3）乗法

知識・技能	思考・判断・表現	主体的に学習に取り組む態度
・2位数や3位数に1位数や2位数をかける乗法の計算が，乗法九九などの基本的な計算を基にしてできることを理解している。また，その筆算の仕方について理解している。 ・乗法の計算が確実にでき，それを適切に用いることができる。	・数量の関係に着目し，計算の仕方を考えたり計算に関して成り立つ性質を見いだしたりしているとともに，その性質を活用して，計算を工夫したり計算の確かめをしたりしている。	・乗法に進んで関わり，数学的に表現・処理したことを振り返り，数理的な処理のよさに気付き生活や学習に活用しようとしている。

国立教育政策研究所「内容のまとまりごとの評価規準（例）」

知識・技能	思考・判断・表現	主体的に学習に取り組む態度
・乗法に関して成り立つ性質について理解している。		

（4）除法

知識・技能	思考・判断・表現	主体的に学習に取り組む態度
・除法の意味について理解し，それが用いられる場合について知っている。また，余りについて知っている。 ・除法が用いられる場面を式に表したり，式を読み取ったりすることができる。 ・除法と乗法や減法との関係について理解している。 ・除数と商が共に1位数である除法の計算が確実にできる。 ・簡単な場合について，除数が1位数で商が2位数の除法の計算の仕方を知っている。	・数量の関係に着目し，計算の意味や計算の仕方を考えたり，計算に関して成り立つ性質を見いだしたりしているとともに，その性質を活用して，計算を工夫したり計算の確かめをしたりしている。 ・数量の関係に着目し，計算を日常生活に生かしている。	・除法に進んで関わり，数学的に表現・処理したことを振り返り，数理的な処理のよさに気付き生活や学習に活用しようとしている。

（5）小数の意味と表し方

知識・技能	思考・判断・表現	主体的に学習に取り組む態度
・端数部分の大きさを表すのに小数を用いることを知っている。また，小数の表し方及び$\frac{1}{10}$の位について知っている。 ・$\frac{1}{10}$の位までの小数の加法及び減法の意味について理解し，それらの計算ができることを知っている。	・数のまとまりに着目し，小数でも数の大きさを比べたり計算したりできるかどうかを考えているとともに，小数を日常生活に生かしている。	・小数に進んで関わり，数学的に表現・処理したことを振り返り，数理的な処理のよさに気付き生活や学習に活用しようとしている。

（6）分数の意味と表し方

知識・技能	思考・判断・表現	主体的に学習に取り組む態度
・等分してできる部分の大きさや端数部分の大きさを表すのに分数を用いることを知っている。また，分数の表し方について知っている。 ・分数が単位分数の幾つ分かで表すことができることを知っている。 ・簡単な場合について，分数の加法及び減法の意味について理解し，それらの計算ができることを知っている。	・数のまとまりに着目し，分数でも数の大きさを比べたり計算したりできるかどうかを考えているとともに，分数を日常生活に生かしている。	・分数に進んで関わり，数学的に表現・処理したことを振り返り，数理的な処理のよさに気付き生活や学習に活用しようとしている。

（7）数量の関係を表す式

知識・技能	思考・判断・表現	主体的に学習に取り組む態度
・数量の関係を表す式について理解しているとともに，数量を□などを用いて表し，その関係を式に表したり，□などに数を当てはめて調べたりすることができる。	・数量の関係に着目し，数量の関係を図や式を用いて簡潔に表したり，式と図を関連付けて式を読んだりしている。	・数量の関係を表す式に進んで関わり，数学的に表現・処理したことを振り返り，数理的な処理のよさに気付き生活や学習に活用しようとしている。

（8）そろばん

知識・技能	思考・判断・表現	主体的に学習に取り組む態度
・そろばんによる数の表し方について知っている。 ・簡単な加法及び減法の計算の仕方について知り，計算している。	・そろばんの仕組みに着目し，大きな数や小数の計算の仕方を考えている。	・そろばんに進んで関わり，数学的に表現・処理したことを振り返り，数理的な処理のよさに気付き生活や学習に活用しようとしている。

B　図形
（1）二等辺三角形，正三角形などの図形

知識・技能	思考・判断・表現	主体的に学習に取り組む態度
・二等辺三角形，正三角形などについて知り，作図などを通してそれらの関係に次第に着目している。 ・基本的な図形と関連して角について知っている。 ・円について，中心，半径，直径を知っている。また，円に関連して，球についても直径などを知っている。	・図形を構成する要素に着目し，構成の仕方を考えているとともに，図形の性質を見いだし，身の回りのものの形を図形として捉えている。	・図形に進んで関わり，数学的に表現・処理したことを振り返り，数理的な処理のよさに気付き生活や学習に活用しようとしている。

C　測定
（1）長さ，重さの単位と測定

知識・技能	思考・判断・表現	主体的に学習に取り組む態度
・長さの単位（キロメートル（km））及び重さの単位（グラム（g），キログラム（kg））について知り，測定の意味を理解している。 ・長さや重さについて，適切な単位で表したり，およその見当を付け計器を適切に選んで測定したりしている。	・身の回りのものの特徴に着目し，単位の関係を統合的に考察している。	・量を比べたり測定したりすることに進んで関わり，数学的に表現・処理したことを振り返り，数理的な処理のよさに気付き生活や学習に活用しようとしている。

（2）時刻と時間

知識・技能	思考・判断・表現	主体的に学習に取り組む態度
・秒について知っている。 ・日常生活に必要な時刻や時間を求めることができる。	・時間の単位に着目し，時刻や時間の求め方について考察し，日常生活に生かしている。	・時刻と時間を表したり求めたりすることに進んで関わり，数学的に表現・処理したことを振り返り，数理的な処理のよさに気付き生活や学習に活用しようとしている。

D　データの活用
（1）表と棒グラフ

知識・技能	思考・判断・表現	主体的に学習に取り組む態度
・日時の観点や場所の観点などからデータを分類整理し，表に表したり読んだりすることができる。 ・棒グラフの特徴やその用い方を理解している。	・データを整理する観点に着目し，身の回りの事象について表やグラフを用いて考察して，見いだしたことを表現している。	・データを分析することに進んで関わり，数学的に表現・処理したことを振り返り，数理的な処理のよさに気付き生活や学習に活用しようとしている。

算数

第4学年

1　目標と評価の観点及びその趣旨

目標（1）	目標（2）	目標（3）
小数及び分数の意味と表し方，四則の関係，平面図形と立体図形，面積，角の大きさ，折れ線グラフなどについて理解するとともに，整数，小数及び分数の計算をしたり，図形を構成したり，図形の面積や角の大きさを求めたり，表やグラフに表したりすることなどについての技能を身に付けるようにする。	数とその表現や数量の関係に着目し，目的に合った表現方法を用いて計算の仕方などを考察する力，図形を構成する要素及びそれらの位置関係に着目し，図形の性質や図形の計量について考察する力，伴って変わる二つの数量やそれらの関係に着目し，変化や対応の特徴を見いだして，二つの数量の関係を表や式を用いて考察する力，目的に応じてデータを収集し，データの特徴や傾向に着目して表やグラフに的確に表現し，それらを用いて問題解決したり，解決の過程や結果を多面的に捉え考察したりする力などを養う。	数学的に表現・処理したことを振り返り，多面的に捉え検討してよりよいものを求めて粘り強く考える態度，数学のよさに気付き学習したことを生活や学習に活用しようとする態度を養う。

知識・技能	思考・判断・表現	主体的に学習に取り組む態度
・小数及び分数の意味と表し方，四則の関係，平面図形と立体図形，面積，角の大きさ，折れ線グラフなどについて理解している。 ・整数，小数及び分数の計算をしたり，図形を構成したり，図形の面積や角の大きさを求めたり，表やグラフに表したりすることなどについての技能を身に付けている。	数とその表現や数量の関係に着目し，目的に合った表現方法を用いて計算の仕方などを考察する力，図形を構成する要素及びそれらの位置関係に着目し，図形の性質や図形の計量について考察する力，伴って変わる二つの数量やそれらの関係に着目し，変化や対応の特徴を見いだして，二つの数量の関係を表や式を用いて考察する力，目的に応じてデータを収集し，データの特徴や傾向に着目して表やグラフに的確に表現し，それらを用いて問題解決したり，解決の過程や結果を多面的に捉え考察したりする力などを身に付けている。	数学的に表現・処理したことを振り返り，多面的に捉え検討してよりよいものを求めて粘り強く考えたり，数学のよさに気付き学習したことを生活や学習に活用しようとしたりしている。

2　内容のまとまりごとの評価規準（例）

A　数と計算
（1）整数の表し方

知識・技能	思考・判断・表現	主体的に学習に取り組む態度
・億，兆の単位について知り，十進位取り記数法についての理解を深めている。	・数のまとまりに着目し，大きな数の大きさの比べ方や表し方を統合的に捉えているとともに，それらを日常生活に生かしている。	・整数の表し方について，数学的に表現・処理したことを振り返り，数学のよさに気付き学習したことを生活や学習に活用しようとしたりしている。

（2）概数と四捨五入

知識・技能	思考・判断・表現	主体的に学習に取り組む態度
・概数が用いられる場合について知っている。 ・四捨五入について知っている。 ・目的に応じて四則計算の結果の見積りをすることができる。	・日常の事象における場面に着目し，目的に合った数の処理の仕方を考えているとともに，それを日常生活に生かしている。	・概数について，数学的に表現・処理したことを振り返り，多面的に捉え検討してよりよいものを求めて粘り強く考えたり，数学のよさに気付き学習したことを生活や学習に活用しようとしたりしている。

（3）整数の除法

知識・技能	思考・判断・表現	主体的に学習に取り組む態度
・除数が1位数や2位数で被除数が2位数や3位数の場合の計算が，基本的な計算を基にしてできることを理解している。また，その筆算の仕方について理解している。 ・除法の計算が確実にでき，それを適切に用いることができる。	・数量の関係に着目し，計算の仕方を考えたり計算に関して成り立つ性質を見いだしたりしているとともに，その性質を活用して，計算を工夫したり計算の確かめをしたりしている。	・整数の除法について，数学的に表現・処理したことを振り返り，多面的に捉え検討してよりよいものを求めて粘り強く考えたり，数学のよさに気付き学習したことを生活や学習に活用しようとしたりしている。

・除法について，次の関係を理解している。 （被除数） ＝（除数）×（商）＋（余り） ・除法に関して成り立つ性質について理解している。		

（4）小数の仕組みとその計算

知識・技能	思考・判断・表現	主体的に学習に取り組む態度
・ある量の何倍かを表すのに小数を用いることを知っている。 ・小数が整数と同じ仕組みで表されていることを知っているとともに，数の相対的な大きさについての理解を深めている。 ・小数の加法及び減法の計算ができる。 ・乗数や除数が整数である場合の小数の乗法及び除法の計算ができる。	・数の表し方の仕組みや数を構成する単位に着目し，計算の仕方を考えているとともに，それを日常生活に生かしている。	・小数とその計算について，数学的に表現・処理したことを振り返り，多面的に捉え検討してよりよいものを求めて粘り強く考えたり，数学のよさに気付き学習したことを生活や学習に活用しようとしたりしている。

（5）同分母の分数の加法，減法

知識・技能	思考・判断・表現	主体的に学習に取り組む態度
・簡単な場合について，大きさの等しい分数があることを知っている。 ・同分母の分数の加法及び減法の計算ができる。	・数を構成する単位に着目し，大きさの等しい分数を探したり，計算の仕方を考えたりしているとともに，それを日常生活に生かしている。	・分数とその加法及び減法について，数学的に表現・処理したことを振り返り，多面的に捉え検討してよりよいものを求めて粘り強く考えたり，数学のよさに気付き学習したことを生活や学習に活用しようとしたりしている。

（6）数量の関係を表す式

知識・技能	思考・判断・表現	主体的に学習に取り組む態度
・四則の混合した式や（　）を用いた式について理解し，正しく計算することができる。 ・公式についての考え方を理解し，公式を用いることができる。 ・数量を□，△などを用いて表し，その関係を式に表したり，□，△などに数を当てはめて調べたりすることができる。	・問題場面の数量の関係に着目し，数量の関係を簡潔に，また一般的に表現したり，式の意味を読み取ったりしている。	・数量の関係を表す式について，数学的に表現・処理したことを振り返り，多面的に捉え検討してよりよいものを求めて粘り強く考えたり，数学のよさに気付き学習したことを生活や学習に活用しようとしたりしている。

（7）四則に関して成り立つ性質

知識・技能	思考・判断・表現	主体的に学習に取り組む態度
・四則に関して成り立つ性質についての理解を深めている。	・数量の関係に着目し，計算に関して成り立つ性質を用いて計算の仕方を考えている。	・計算に関して成り立つ性質について，数学的に表現・処理したことを振り返り，数学のよさに気付き学習したことを学習に活用しようとしている。

（8）そろばん

知識・技能	思考・判断・表現	主体的に学習に取り組む態度
・加法及び減法の計算をしている。	・そろばんの仕組みに着目し，大きな数や小数の計算の仕方を考えている。	・そろばんについて，数学的に表現・処理したことを振り返り，数学のよさに気付き学習したことを学習に活用しようとしたりしている。

B　図形
（1）平行四辺形，ひし形，台形などの平面図形

知識・技能	思考・判断・表現	主体的に学習に取り組む態度
・直線の平行や垂直の関係について理解している。 ・平行四辺形，ひし形，台形について知っている。	・図形を構成する要素及びそれらの位置関係に着目し，構成の仕方を考察し図形の性質を見いだしているとともに，その性質を基に既習の図形を捉え直している。	・平行四辺形，ひし形，台形などについて，数学的に表現・処理したことを振り返り，多面的に捉え検討してよりよいものを求めて粘り強く考えたり，数学のよさに気付き学習したことを生活や学習に活用しようとしたりしている。

（2）立方体，直方体などの立体図形

知識・技能	思考・判断・表現	主体的に学習に取り組む態度
・立方体，直方体について知っている。 ・直方体に関連して，直線や平面の平行や垂直の関係について理解している。 ・見取図，展開図について知っている。	・図形を構成する要素及びそれらの位置関係に着目し，立体図形の平面上での表現や構成の仕方を考察し図形の性質を見いだしているとともに，日常の事象を図形の性質から捉え直している。	・立方体，直方体などについて，数学的に表現・処理したことを振り返り，多面的に捉え検討してよりよいものを求めて粘り強く考えたり，数学のよさに気付き学習したことを生活や学習に活用しようとしたりしている。

（3）ものの位置の表し方

知識・技能	思考・判断・表現	主体的に学習に取り組む態度
・ものの位置の表し方について理解している。	・平面や空間における位置を決める要素に着目し，その位置を数を用いて表現する方法を考察している。	・ものの位置について，数学的に表現・処理したことを振り返り，数学のよさに気付き学習したことを生活や学習に活用しようとしたりしている。

（4）平面図形の面積

知識・技能	思考・判断・表現	主体的に学習に取り組む態度
・面積の単位（平方センチメートル（cm^2），平方メートル（m^2），平方キロメートル（km^2））について知っている。 ・正方形及び長方形の面積の計算による求め方について理解している。	・面積の単位や図形を構成する要素に着目し，図形の面積の求め方を考えているとともに，面積の単位とこれまでに学習した単位との関係を考察している。	・平面図形の面積について，数学的に表現・処理したことを振り返り，多面的に捉え検討してよりよいものを求めて粘り強く考えたり，数学のよさに気付き学習したことを生活や学習に活用しようとしたりしている。

（5）角の大きさ

知識・技能	思考・判断・表現	主体的に学習に取り組む態度
・角の大きさを回転の大きさとして捉えている。 ・角の大きさの単位（度（°））について知り，角の大きさを測定することができる。	・図形の角の大きさに着目し，角の大きさを柔軟に表現したり，図形の考察に生かしたりしている。	・角の大きさについて，数学的に表現・処理したことを振り返り，多面的に捉え検討してよりよいものを求めて粘り強く考えたり，数学のよさに気付き学習したことを生活や学習に活用しようとしたりしている。

C　変化と関係
（1）伴って変わる二つの数量

知識・技能	思考・判断・表現	主体的に学習に取り組む態度
・変化の様子を表や式，折れ線グラフを用いて表したり，変化の特徴を読み取ったりすることができる。	・伴って変わる二つの数量を見いだして，それらの関係に着目し，表や式を用いて変化や対応の特徴を考察している。	・伴って変わる二つの数量について，数学的に表現・処理したことを振り返り，多面的に捉え検討してよりよいものを求めて粘り強く考えたり，数学のよさに気付き学習したことを生活や学習に活用しようとしたりしている。

（2）簡単な場合についての割合

知識・技能	思考・判断・表現	主体的に学習に取り組む態度
・簡単な場合について，ある二つの数量の関係と別の二つの数量の関係とを比べる場合に割合を用いる場合があることを知っている。	・日常の事象における数量の関係に着目し，図や式などを用いて，ある二つの数量の関係と別の二つの数量の関係との比べ方を考察している。	・二つの数量の関係について，数学的に表現・処理したことを振り返り，多面的に捉え検討してよりよいものを求めて粘り強く考えたり，数学のよさに気付き学習したことを生活や学習に活用しようとしたりしている。

D　データの活用
（1）データの分類整理

知識・技能	思考・判断・表現	主体的に学習に取り組む態度
・データを二つの観点から分類整理する方法を知っている。 ・折れ線グラフの特徴とその用い方を理解している。	・目的に応じてデータを集めて分類整理し，データの特徴や傾向に着目し，問題を解決するために適切なグラフを選択して判断し，その結論について考察している。	・データの収集とその分析について，数学的に表現・処理したことを振り返り，多面的に捉え検討してよりよいものを求めて粘り強く考えたり，数学のよさに気付き学習したことを生活や学習に活用しようとしたりしている。

第5学年

1　目標と評価の観点及びその趣旨

目標（1）	目標（2）	目標（3）
整数の性質，分数の意味，小数と分数の計算の意味，面積の公式，図形の意味と性質，図形の体積，速さ，割合，帯グラフなどについて理解するとともに，小数や分数の計算をしたり，図形の性質を調べたり，図形の面積や体積を求めたり，表やグラフに表したりすることなどについての技能を身に付けるようにする。	数とその表現や計算の意味に着目し，目的に合った表現方法を用いて数の性質や計算の仕方などを考察する力，図形を構成する要素や図形間の関係などに着目し，図形の性質や図形の計量について考察する力，伴って変わる二つの数量やそれらの関係に着目し，変化や対応の特徴を見いだして，二つの数量の関係を表や式を用いて考察する力，目的に応じてデータを収集し，データの特徴や傾向に着目して表やグラフに的確に表現し，それらを用いて問題解決したり，解決の過程や結果を多面的に捉え考察したりする力などを養う。	数学的に表現・処理したことを振り返り，多面的に捉え検討してよりよいものを求めて粘り強く考える態度，数学のよさに気付き学習したことを生活や学習に活用しようとする態度を養う。
知識・技能	**思考・判断・表現**	**主体的に学習に取り組む態度**
・整数の性質，分数の意味，小数と分数の計算の意味，面積の公式，図形の意味と性質，図形の体積，速さ，割合，帯グラフなどについて理解している。 ・小数や分数の計算をしたり，図形の性質を調べたり，図形の面積や体積を求めたり，表やグラフに表したりすることなどについての技能を身に付けている。	数とその表現や計算の意味に着目し，目的に合った表現方法を用いて数の性質や計算の仕方などを考察する力，図形を構成する要素や図形間の関係などに着目し，図形の性質や図形の計量について考察する力，伴って変わる二つの数量やそれらの関係に着目し，変化や対応の特徴を見いだして，二つの数量の関係を表や式を用いて考察する力，目的に応じてデータを収集し，データの特徴や傾向に着目して表やグラフに的確に表現し，それらを用いて問題解決したり，解決の過程や結果を多面的に捉え考察したりする力などを身に付けている。	数学的に表現・処理したことを振り返り，多面的に捉え検討してよりよいものを求めて粘り強く考えたり，数学のよさに気付き学習したことを生活や学習に活用しようとしたりしている。

2　内容のまとまりごとの評価規準（例）

A　数と計算

（1）整数の性質

知識・技能	思考・判断・表現	主体的に学習に取り組む態度
・整数は，観点を決めると偶数と奇数に類別されることを知っている。 ・約数，倍数について知っている。	・乗法及び除法に着目し，観点を決めて整数を類別する仕方を考えたり，数の構成について考察したりしているとともに，日常生活に生かしている。	・整数の性質や構成を調べることについて，数学的に表現・処理したことを振り返り，多面的に捉え検討してよりよいものを求めて粘り強く考えたり，数学のよさに気付き学習したことを生活や学習に活用しようとしたりしている。

（2）整数，小数の記数法

知識・技能	思考・判断・表現	主体的に学習に取り組む態度
・ある数の10倍，100倍，1000倍，$\frac{1}{10}$，$\frac{1}{100}$などの大きさの数を，小数点の位置を移してつくることができる。	・数の表し方の仕組みに着目し，数の相対的な大きさを考察し，計算などに有効に生かしている。	・整数や小数について，数学のよさに気付き学習したことを生活や学習に活用しようとしたりしている。

（3）小数の乗法，除法

知識・技能	思考・判断・表現	主体的に学習に取り組む態度
・乗数や除数が小数である場合の小数の乗法及び除法の意味について理解している。 ・小数の乗法及び除法の計算ができる。また，余りの大きさについて理解している。 ・小数の乗法及び除法についても整数の場合と同じ関係や法則が成り立つことを理解している。	・乗法及び除法の意味に着目し，乗数や除数が小数である場合まで数の範囲を広げて乗法及び除法の意味を捉え直しているとともに，それらの計算の仕方を考えたり，それらを日常生活に生かしたりしている。	・小数の乗法及び除法について，数学的に表現・処理したことを振り返り，多面的に捉え検討してよりよいものを求めて粘り強く考えたり，数学のよさに気付き学習したことを生活や学習に活用しようとしたりしている。

（4）分数の意味と表し方

知識・技能	思考・判断・表現	主体的に学習に取り組む態度
・整数及び小数を分数の形に直したり，分数を小数で表したりすることができる。 ・整数の除法の結果は，分数を用いると常に一つの数として表すことができることを理解している。 ・一つの分数の分子及び分母に同じ数を乗除してできる分数は，元の分数と同じ大きさを表すことを理解している。 ・分数の相等及び大小について知り，大小を比べることができる。	・数を構成する単位に着目し，数の相等及び大小関係について考察している。 ・分数の表現に着目し，除法の結果の表し方を振り返り，分数の意味をまとめている。	・分数について，数学的に表現・処理したことを振り返り，多面的に捉え検討してよりよいものを求めて粘り強く考えたり，数学のよさに気付き学習したことを生活や学習に活用しようとしたりしている。

（5）分数の加法，減法

知識・技能	思考・判断・表現	主体的に学習に取り組む態度
・異分母の分数の加法及び減法の計算ができる。	・分数の意味や表現に着目し，計算の仕方を考えている。	・異分母の分数の加法及び減法について，数学的に表現・処理したことを振り返り，多面的に捉え検討してよりよいものを求めて粘り強く考えたり，数学のよさに気付き学習したことを学習に活用しようとしたりしている。

（6）数量の関係を表す式

知識・技能	思考・判断・表現	主体的に学習に取り組む態度
・数量の関係を表す式についての理解を深めている。	・二つの数量の対応や変わり方に着目し，簡単な式で表されている関係について考察している。	・数量の関係を表す式について，数学的に表現・処理したことを振り返り，多面的に捉え検討してよりよいものを求めて粘り強く考えたり，数学のよさに気付き学習したことを生活や学習に活用しようとしたりしている。

B　図形
（1）平面図形の性質

知識・技能	思考・判断・表現	主体的に学習に取り組む態度
・図形の形や大きさが決まる要素について理解しているとともに，図形の合同について理解している。 ・三角形や四角形など多角形についての簡単な性質を理解している。 ・円と関連させて正多角形の基本的な性質を知っている。 ・円周率の意味について理解し，それを用いることができる。	・図形を構成する要素及び図形間の関係に着目し，構成の仕方を考察したり，図形の性質を見いだし，その性質を筋道を立てて考え説明したりしている。	・平面図形について，数学的に表現・処理したことを振り返り，多面的に捉え検討してよりよいものを求めて粘り強く考えたり，数学のよさに気付き学習したことを生活や学習に活用しようとしたりしている。

（2）立体図形の性質

知識・技能	思考・判断・表現	主体的に学習に取り組む態度
・基本的な角柱や円柱について知っている。	・図形を構成する要素に着目し，図形の性質を見いだしているとともに，その性質を基に既習の図形を捉え直している。	・角柱や円柱について，数学的に表現・処理したことを振り返り，多面的に捉え検討してよりよいものを求めて粘り強く考えたり，数学のよさに気付き学習したことを生活や学習に活用しようとしたりしている。

（3）平面図形の面積

知識・技能	思考・判断・表現	主体的に学習に取り組む態度
・三角形，平行四辺形，ひし形，台形の面積の計算による求め方について理解している。	・図形を構成する要素などに着目して，基本図形の面積の求め方を見いだしているとともに，その表現を振り返り，簡潔かつ的確な表現に高め，公式として導いている。	・三角形，平行四辺形，ひし形，台形の面積の求め方について，数学的に表現・処理したことを振り返り，多面的に捉え検討してよりよいものを求めて粘り強く考えたり，数学のよさに気付き学習したことを生活や学習に活用しようとしたりしている。

（4）立体図形の体積

知識・技能	思考・判断・表現	主体的に学習に取り組む態度
・体積の単位（立方センチメートル（cm³），立方メートル（m³））について知っている。 ・立方体及び直方体の体積の計算による求め方について理解している。	・体積の単位や図形を構成する要素に着目し，図形の体積の求め方を考えているとともに，体積の単位とこれまでに学習した単位との関係を考察している。	・立方体や直方体の体積の求め方について，数学的に表現・処理したことを振り返り，多面的に捉え検討してよりよいものを求めて粘り強く考えたり，数学のよさに気付き学習したことを生活や学習に活用しようとしたりしている。

C　変化と関係
（1）伴って変わる二つの数量の関係

知識・技能	思考・判断・表現	主体的に学習に取り組む態度
・簡単な場合について，比例の関係があることを知っている。	・伴って変わる二つの数量を見いだして，それらの関係に着目して表や式を用いて変化や対応の特徴を考察している。	・伴って変わる二つの数量について，数学的に表現・処理したことを振り返り，多面的に捉え検討してよりよいものを求めて粘り強く考えたり，数学のよさに気付き学習したことを生活や学習に活用しようとしたりしている。

（2）異種の二つの量の割合

知識・技能	思考・判断・表現	主体的に学習に取り組む態度
・速さなど単位量当たりの大きさの意味及び表し方について理解し，それを求めることができる。	・異種の二つの量の割合として捉えられる数量の関係に着目し，目的に応じて大きさを比べたり表現したりする方法を考察し，それらを日常生活に生かしている。	・異種の二つの量の割合として捉えられる数量について，数学的に表現・処理したことを振り返り，多面的に捉え検討してよりよいものを求めて粘り強く考えたり，数学のよさに気付き学習したことを生活や学習に活用しようとしたりしている。

（3）割合

知識・技能	思考・判断・表現	主体的に学習に取り組む態度
・ある二つの数量の関係と別の二つの数量の関係とを比べる場合に割合を用いる場合があることを理解している。 ・百分率を用いた表し方を理解し，割合などを求めることができる。	・日常の事象における数量の関係に着目し，図や式などを用いて，ある二つの数量の関係と別の二つの数量の関係との比べ方を考察し，それを日常生活に生かしている。	・二つの数量の関係について，数学的に表現・処理したことを振り返り，多面的に捉え検討してよりよいものを求めて粘り強く考えたり，数学のよさに気付き学習したことを生活や学習に活用しようとしたりしている。

D　データの活用
（1）円グラフと帯グラフ

知識・技能	思考・判断・表現	主体的に学習に取り組む態度
・円グラフや帯グラフの特徴とそれらの用い方を理解している。 ・データの収集や適切な手法の選択など統計的な問題解決の方法を知っている。	・目的に応じてデータを集めて分類整理し，データの特徴や傾向に着目し，問題を解決するために適切なグラフを選択して判断し，その結論について多面的に捉え考察している。	・データの収集とその分析について，数学的に表現・処理したことを振り返り，多面的に捉え検討してよりよいものを求めて粘り強く考えたり，数学のよさに気付き学習したことを生活や学習に活用しようとしたりしている。

（2）測定値の平均

知識・技能	思考・判断・表現	主体的に学習に取り組む態度
・平均の意味について理解している。	・概括的に捉えることに着目し，測定した結果を平均する方法について考察し，それを学習や日常生活に生かしている。	・平均について，数学的に表現・処理したことを振り返り，多面的に捉え検討してよりよいものを求めて粘り強く考えたり，数学のよさに気付き学習したことを生活や学習に活用しようとしたりしている。

第6学年

1 目標と評価の観点及びその趣旨

目標（1）	目標（2）	目標（3）
分数の計算の意味，文字を用いた式，図形の意味，図形の体積，比例，度数分布を表す表などについて理解するとともに，分数の計算をしたり，図形を構成したり，図形の面積や体積を求めたり，表やグラフに表したりすることなどについての技能を身に付けるようにする。	数とその表現や計算の意味に着目し，発展的に考察して問題を見いだすとともに，目的に応じて多様な表現方法を用いながら数の表し方や計算の仕方などを考察する力，図形を構成する要素や図形間の関係などに着目し，図形の性質や図形の計量について考察する力，伴って変わる二つの数量やそれらの関係に着目し，変化や対応の特徴を見いだして，二つの数量の関係を表や式，グラフを用いて考察する力，身の回りの事象から設定した問題について，目的に応じてデータを収集し，データの特徴や傾向に着目して適切な手法を選択して分析を行い，それらを用いて問題解決したり，解決の過程や結果を批判的に考察したりする力などを養う。	数学的に表現・処理したことを振り返り，多面的に捉え検討してよりよいものを求めて粘り強く考える態度，数学のよさに気付き学習したことを生活や学習に活用しようとする態度を養う。

知識・技能	思考・判断・表現	主体的に学習に取り組む態度
・分数の計算の意味，文字を用いた式，図形の意味，図形の体積，比例，度数分布を表す表などについて理解している。 ・分数の計算をしたり，図形を構成したり，図形の面積や体積を求めたり，表やグラフに表したりすることなどについての技能を身に付けている。	数とその表現や計算の意味に着目し，発展的に考察して問題を見いだすとともに，目的に応じて多様な表現方法を用いながら数の表し方や計算の仕方などを考察する力，図形を構成する要素や図形間の関係などに着目し，図形の性質や図形の計量について考察する力，伴って変わる二つの数量やそれらの関係に着目し，変化や対応の特徴を見いだして，二つの数量の関係を表や式，グラフを用いて考察する力，身の回りの事象から設定した問題について，目的に応じてデータを収集し，データの特徴や傾向に着目して適切な手法を選択して分析を行い，それらを用いて問題解決したり，解決の過程や結果を批判的に考察したりする力などを身に付けている。	数学的に表現・処理したことを振り返り，多面的に捉え検討してよりよいものを求めて粘り強く考えたり，数学のよさに気付き学習したことを生活や学習に活用しようとしたりしている。

2 内容のまとまりごとの評価規準（例）

A 数と計算
（1）分数の乗法，除法

知識・技能	思考・判断・表現	主体的に学習に取り組む態度
・乗数や除数が整数や分数である場合も含めて，分数の乗法及び除法の意味について理解している。 ・分数の乗法及び除法の計算ができる。 ・分数の乗法及び除法についても，整数の場合と同じ関係や法則が成り立つことを理解している。	・数の意味と表現，計算について成り立つ性質に着目し，計算の仕方を多面的に捉え考えている。	・分数の乗法及び除法について，数学的に表現・処理したことを振り返り，多面的に捉え検討してよりよいものを求めて粘り強く考えたり，数学のよさに気付き学習したことを生活や学習に活用しようとしたりしている。

（2）文字を用いた式

知識・技能	思考・判断・表現	主体的に学習に取り組む態度
・数量を表す言葉や□，△などの代わりに，a，x などの文字を用いて式に表したり，文字に数を当てはめて調べたりすることができる。	・問題場面の数量の関係に着目し，数量の関係を簡潔かつ一般的に表現したり，式の意味を読み取ったりしている。	・数量の関係を表す式について，数学的に表現・処理したことを振り返り，多面的に捉え検討してよりよいものを求めて粘り強く考えたり，数学のよさに気付き学習したことを生活や学習に活用しようとしたりしている。

国立教育政策研究所「内容のまとまりごとの評価規準（例）」

161

B　図形
（1）縮図や拡大図，対称な図形

知識・技能	思考・判断・表現	主体的に学習に取り組む態度
・縮図や拡大図について理解している。 ・対称な図形について理解している。	・図形を構成する要素及び図形間の関係に着目し，構成の仕方を考察したり図形の性質を見いだしたりしているとともに，その性質を基に既習の図形を捉え直したり日常生活に生かしたりしている。	・縮図や拡大図及び対称な図形について，数学的に表現・処理したことを振り返り，多面的に捉え検討してよりよいものを求めて粘り強く考えたり，数学のよさに気付き学習したことを生活や学習に活用しようとしたりしている。

（2）概形とおよその面積

知識・技能	思考・判断・表現	主体的に学習に取り組む態度
・身の回りにある形について，その概形を捉え，およその面積などを求めることができる。	・図形を構成する要素や性質に着目し，筋道を立てて面積などの求め方を考え，それを日常生活に生かしている。	・身の回りにある形の概形やおよその面積などについて，数学的に表現・処理したことを振り返り，多面的に捉え検討してよりよいものを求めて粘り強く考えたり，数学のよさに気付き学習したことを生活や学習に活用しようとしたりしている。

（3）円の面積

知識・技能	思考・判断・表現	主体的に学習に取り組む態度
・円の面積の計算による求め方について理解している。	・図形を構成する要素などに着目し，基本図形の面積の求め方を見いだしているとともに，その表現を振り返り，簡潔かつ的確な表現に高め，公式として導いている。	・円の面積について，数学的に表現・処理したことを振り返り，多面的に捉え検討してよりよいものを求めて粘り強く考えたり，数学のよさに気付き学習したことを生活や学習に活用しようとしたりしている。

（4）角柱及び円柱の体積

知識・技能	思考・判断・表現	主体的に学習に取り組む態度
・基本的な角柱及び円柱の体積の計算による求め方について理解している。	・図形を構成する要素に着目し，基本図形の体積の求め方を見いだしているとともに，その表現を振り返り，簡潔かつ的確な表現に高め，公式として導いている。	・立体図形の体積について，数学的に表現・処理したことを振り返り，多面的に捉え検討してよりよいものを求めて粘り強く考えたり，数学のよさに気付き学習したことを生活や学習に活用しようとしたりしている。

C　変化と関係
（1）比例

知識・技能	思考・判断・表現	主体的に学習に取り組む態度
・比例の関係の意味や性質を理解している。 ・比例の関係を用いた問題解決の方法について知っている。 ・反比例の関係について知っている。	・伴って変わる二つの数量を見いだして，それらの関係に着目し，目的に応じて表や式，グラフを用いてそれらの関係を表現して，変化や対応の特徴を見いだしているとともに，それらを日常生活に生かしている。	・伴って変わる二つの数量について，数学的に表現・処理したことを振り返り，多面的に捉え検討してよりよいものを求めて粘り強く考えたり，数学のよさに気付き学習したことを生活や学習に活用しようとしたりしている。

（2）比

知識・技能	思考・判断・表現	主体的に学習に取り組む態度
・比の意味や表し方を理解し，数量の関係を比で表したり，等しい比をつくったりすることができる。	・日常の事象における数量の関係に着目し，図や式などを用いて数量の関係の比べ方を考察し，それを日常生活に生かしている。	・二つの数量の関係について，数学的に表現・処理したことを振り返り，多面的に捉え検討してよりよいものを求めて粘り強く考えたり，数学のよさに気付き学習したことを生活や学習に活用しようとしたりしている。

D データの活用

（1）データの考察

知識・技能	思考・判断・表現	主体的に学習に取り組む態度
・代表値の意味や求め方を理解している。 ・度数分布を表す表やグラフの特徴及びそれらの用い方を理解している。 ・目的に応じてデータを収集したり適切な手法を選択したりするなど、統計的な問題解決の方法を知っている。	・目的に応じてデータを集めて分類整理し、データの特徴や傾向に着目し、代表値などを用いて問題の結論について判断しているとともに、その妥当性について批判的に考察している。	・データを収集したり分析したりすることについて、数学的に表現・処理したことを振り返り、多面的に捉え検討してよりよいものを求めて粘り強く考えたり、数学のよさに気付き学習したことを生活や学習に活用しようとしたりしている。

（2）起こり得る場合

知識・技能	思考・判断・表現	主体的に学習に取り組む態度
・起こり得る場合を順序よく整理するための図や表などの用い方を知っている。	・事象の特徴に着目し、順序よく整理する観点を決めて、落ちや重なりなく調べる方法を考察している。	・起こり得る場合について、数学的に表現・処理したことを振り返り、多面的に捉え検討してよりよいものを求めて粘り強く考えたり、数学のよさに気付き学習したことを生活や学習に活用しようとしたりしている。

算 数

算数 具体的な内容のまとまりごとの評価規準（例）
第1学年

A 数と計算
（1）数の構成と表し方

知識・技能	思考・判断・表現	主体的に学習に取り組む態度
・ものとものとを対応させることによって、ものの個数を比べることができる。 ・個数や順番を正しく数えたり表したりすることができる。 ・数の大小や順序を考えることによって、数の系列を作ったり、数直線の上に表したりすることができる。 ・一つの数をほかの数の和や差としてみるなど、ほかの数と関係付けてみることができる。 ・2位数の表し方について理解している。 ・簡単な場合について、3位数の表し方を理解している。 ・数を、十を単位としてみることができる。 ・具体物をまとめて数えたり等分したりして整理し、表すことができる。	・2ずつや5ずつ、10ずつなどの数のまとまりを用いて、数の数え方を考えている。 ・「10とあと幾つ」などの数の見方を用いて、数の比べ方を考えている。 ・数の大きさの比べ方や数え方を日常生活に生かす具体的な場面を見いだしている。	・身の回りにあるものの個数や順番に親しみ、大きさを比べたり数えたりしようとしている。 ・ものの個数や順番を数を用いて表すことで、日々の生活が効率的になったり豊かになったりするというよさに気付いている。

（2）加法、減法

知識・技能	思考・判断・表現	主体的に学習に取り組む態度
・加法及び減法の意味について理解し、それらが用いられる場合について知っている。 ・合併や増加、求残や求差など、加法及び減法が用いられる場面を式に表したり、式を読み取ったりすることができる。 ・1位数と1位数との加法及びその逆の減法の計算が確実にできる。 ・「10が幾つ」や「10とあと幾つ」という数の見方などを用いると、簡単な場合について、2位数などの加法及び減法ができることを知っている。	・ある場面が加法及び減法を用いることができるかどうかを、数量の関係に着目して、具体物や図などを用いて考えている。 ・日常生活の問題を加法及び減法を活用して解決している。 ・和が10より大きい数になる加法及びその逆の減法について、「10とあと幾つ」という数の見方を用いて、計算の仕方を考えている。	・加法及び減法が用いられる場面の数量の関係を具体物や図などを用いて考えようとしている。 ・加法及び減法の場面を身の回りから見付け、加法及び減法を用いようとしている。 ・学習したことをもとに、和が10より大きい数になる加法及びその逆の減法の計算の仕方を考えようとしている。

B 図形
（1）図形についての理解の基礎

知識・技能	思考・判断・表現	主体的に学習に取り組む態度
・身の回りにあるものの形について、「さんかく」、「しかく」、「まる」などの形を見付けることができる。また、平ら、丸い、かどがあるなどの形の特徴やころがる、重ねられるなどの形の機能的な特徴を知っている。 ・積み木や箱、色板などを用いて、身の回りにある具体物の形を作ったり、作った形から逆に具体物を想像したりすることができる。 ・身の回りにあるものの形について、観察したり、構成したり、分解したりする活動を通して図形についての理解の基礎となる経験を豊かにしている。 ・前後、左右、上下など方向や位置についての言葉を用いて、ものの位置を表すことができる。	・身の回りにある具体物の中から、色や大きさ、位置や材質などを捨象し、形を認め、形の特徴を捉えている。 ・ずらす、回す、裏返すなどの具体的な操作を通して、形のもつ性質や特徴を生かした形の構成について考えている。	・身の回りにあるものの形に親しみ、観察したり、構成したり、分解したりしようとしている。 ・箱の形や筒の形、ボールの形などを身の回りから見付けようとしている。 ・「さんかく」、「しかく」、「まる」などの形を身の回りから見付けようとしている。

C　測定
（1）量と測定についての理解の基礎

知識・技能	思考・判断・表現	主体的に学習に取り組む態度
・長さ，広さ，かさを，具体的な操作によって直接比べたり，他のものを用いて比べたりすることができる。 ・身の回りにあるものの大きさを単位として，その幾つ分かで大きさを比べることができる。 ・身の回りにあるものの長さ，広さ，かさの大小をとらえるなど，量（長さ，広さ，かさ）の大きさについて感覚を豊かにしている。	・身の回りのものの特徴の中で，比べたい量に着目し，量の大きさの比べ方を考え，比べ方を見いだしている。	・身の回りにあるものの長さ，広さ，かさに親しみ，大きさを比較しようとしている。 ・媒介物を用いて大きさを比べることで，直接には比べられないものが比べられるようになるというよさに気付いている。 ・身の回りにあるものの大きさを単位としてその幾つ分かで数値化することで，大きさの違いを明確にすることができるよさに気付いている。

（2）時刻の読み方

知識・技能	思考・判断・表現	主体的に学習に取り組む態度
・時計の長針，短針を見て，時刻を読むことができる。	・時刻の読み方を用いて，時刻と日常生活を関連付けている。	・時刻を用いることで日常生活の行動に生かせるというよさに気付き，日常生活の中で時刻を用いようとしている。

D　データの活用
（1）絵や図を用いた数量の表現

知識・技能	思考・判断・表現	主体的に学習に取り組む態度
・ものの個数について，簡単な絵や図などに表したり，それらを読み取ったりすることができる。 ・対象を絵などに置き換える際には，それらの大きさをそろえることや，並べる際に均等に配置することが必要であることを理解している。	・身の回りの事象について，絵や図などを用いて整理して表すことで，どの項目のデータの個数がどの程度多いかという事象の特徴を捉えている。	・ものの個数を絵や図などに整理して表すことを，楽しんで学んでいる。

第2学年

A　数と計算
（1）数の構成と表し方

知識・技能	思考・判断・表現	主体的に学習に取り組む態度
・ものの個数を，2ずつ,5ずつ,10ずつまとめて数えたり，分類して数えたりすることができる。 ・4位数までの数について，十進位取り記数法による数の表し方及び数の大小や順序について理解している。 ・4位数までの数について，書いたり読んだりすることができる。 ・二つの数の大小関係を「＞」，「＜」を用いて表すことができる。 ・4位数までの数について，数を十や百を単位として捉えることができる。 ・一つの数をほかの数の積と捉えることができる。 ・身の回りに，整数が分類整理に使われていることを理解している。 ・$\frac{1}{2}$，$\frac{1}{3}$など簡単な分数について知っている。	・ものの個数を実際に数え，図に表すなどして，十進位取り記数法の仕組みによる数の表し方を考えている。 ・4位数までの数について，数のまとまりに着目し，数の比べ方を考えている。 ・数の相対的な大きさをとらえたり，一つの数をほかの数の積としてみたりするなど，数を多面的にとらえている。 ・12個を3等分した場面などを「12個の$\frac{1}{3}$は4個」などと表現している。	・身の回りのものの個数を10や100のまとまりにして数えたり，数えたものを数字を使って書いたり読んだりしようとしている。 ・4位数までの数について，簡潔・明瞭・的確に数えようとしている。 ・身の回りから，整数が使われている場面を見付けようとしている。

（2）加法，減法

知識・技能	思考・判断・表現	主体的に学習に取り組む態度
・2位数の加法及びその逆の減法の計算が1位数などについての基本的な計算を基にしてできることを理解している。 ・2位数の加法及びその逆の減法の筆算の仕方について理解している。 ・2位数の加法及びその逆の減法の計算が確実にできる。 ・簡単な場合について，3位数などの加法及び減法の計算の仕方を知っている。 ・加法及び減法に関して成り立つ性質について理解している。 ・加法と減法は互いに逆の関係になっているなど，加法と減法の相互関係について理解している。	・2位数の加法及びその逆の減法の計算の仕方を考えている。 ・2位数の加法及びその逆の減法の計算の仕方と筆算の仕方を関連付けて考えている。 ・簡単な場合について，3位数などの加法及び減法の計算の仕方を考えている。 ・加法及び減法に関して成り立つ性質を調べ，それを用いて，計算の仕方を考えたり，計算の確かめをしたりしている。 ・加法と減法の相互関係について，図を基に考え，式で表現している。	・2位数の加法及びその逆の減法の計算の仕方を考えようとしている。 ・2位数の加法及びその逆の減法の計算を生活や学習に活用しようとしている。 ・簡単な場合について，3位数などの加法及び減法の計算の仕方を考えようとしている。 ・加法及び減法に関して成り立つ性質を用いて，計算の仕方を考えたり計算の確かめをしたりすることを通して，そのよさに気付いている。 ・加法と減法の相互関係を考察するのに用いる図のよさに気付いている。

（3）乗法

知識・技能	思考・判断・表現	主体的に学習に取り組む態度
・乗法は，一つ分の大きさが決まっているときに，その幾つ分かに当たる大きさを求める場合に用いられるなど，乗法の意味について理解し，それが用いられる場合について知っている。 ・乗法は累加で答えを求めることができることを理解している。 ・乗法が用いられる場面を式に表したり，式を読み取ったりすることができる。 ・交換法則など乗法に関して成り立つ簡単な性質を図を用いて理解している。 ・乗法九九について知り，1位数と1位数との乗法の計算が確実にできる。 ・簡単な場合について，2位数と1位数との乗法の計算の仕方を知っている。	・乗法が用いられる場面を，具体物や図などを用いて考え，式に表したり，乗法の式を，具体的な場面に結び付けてとらえたりしている。 ・計算の仕方を振り返り，乗法に関して成り立つ簡単な性質を見いだしたり，それを基に乗法を構成したりしている。 ・日常生活の問題や算数の問題，情報過多の問題，算数以外の教科等の問題などを，乗法を活用して解決している。 ・既習の乗法やその構成の方法を基に，簡単な場合について，2位数と1位数との乗法の計算の仕方を考えている。	・累加の簡潔な表現としての乗法のよさに気付き，ものの総数を乗法を用いて表そうとしている。 ・一つ分の大きさが決まっているときに，その幾つ分かに当たる大きさを求める場合に，乗法を用いるとその総数を簡潔に求めることができるというよさに気付き，乗法の場面を身の回りから見付け，乗法を用いようとしている。 ・累加や乗法に関して成り立つ簡単な性質を用いるなどして，乗法九九を構成しようとしている。 ・簡単な場合について，2位数と1位数との乗法の計算の仕方を発展的に考えようとしている。

B　図形
（1）三角形や四角形などの図形

知識・技能	思考・判断・表現	主体的に学習に取り組む態度
・三角形が3本の直線で囲まれた図形であることなど三角形について知っている。また，四角形について知っている。 ・直角や正方形，長方形，直角三角形について知っている。 ・紙を折って，直角や正方形，長方形，直角三角形を作ることができる。 ・格子状に並んだ点などを用いて，正方形，長方形，直角三角形を作図することができる。	・直線で囲まれた図形について，他の図形との比較によって分類し，三角形や四角形などの特徴を見いだしている。 ・四角形について，角や辺に着目し分類し，正方形や長方形などの特徴を見いだしている。	・身の回りの正方形，長方形，直角三角形が，日常生活でどのように活用されているのか調べようとしている。 ・正方形，長方形，直角三角形で平面を敷き詰める活動を楽しみ，できる模様の美しさや平面の広がりに気付いている。
・箱の形について，3種類の長方形が2組で構成されていることなどを理解している。 ・正方形や長方形を組み合わせたり，ひごなどを用いたりして，箱の形を構成することができる。	・箱の形について，その違いに気付き分類し，分類した箱の形の特徴を見いだしている。	・身の回りの箱の形をしたものが，日常生活でどのように活用されているのか調べようとしている。 ・正方形や長方形を組み合わせるなどして，箱の形を構成しようとしている。

C　測定
（1）長さやかさの単位と測定

知識・技能	思考・判断・表現	主体的に学習に取り組む態度
・長さの単位（ミリメートル（mm），センチメートル（cm），メートル（m））及びかさの単位（ミリリットル（mL），デシリットル（dL），リットル（L））と，量の大きさを単位を用いて数値化するという測定の意味について理解している。 ・測定するものに応じて，適切な長さやかさの単位を選び，身の回りの具体物の長さやかさを測定することができる。 ・1mがどのくらいの長さであるかや，1Lがどのくらいのかさであるかを，身の回りにあるものの大きさを基にしてとらえるなど，長さやかさの大きさについての豊かな感覚をもっている。	・量の大きさを表現したり，比べたりする際，測定するものや目的に応じて，どの単位を用いることが適切か考えている。	・長さやかさを数値に表して比べたことを振り返り，普遍単位の必要性に気付いている。 ・身の回りのものの長さやかさを測定しようとしている。

（2）時間の単位

知識・技能	思考・判断・表現	主体的に学習に取り組む態度
・時間の単位（日，時，分）について知り，時刻や時間を表すことができる。 ・時間の単位（日，時，分）の関係について理解している。	・日常生活における時刻や時間の求め方を考えている。	・日常生活の中で必要な時刻や時間を求めようとしている。

D　データの活用
（1）簡単な表やグラフ

知識・技能	思考・判断・表現	主体的に学習に取り組む態度
・身の回りにある数量を分類整理し簡単な表やグラフを用いて表すことができる。 ・身の回りにある数量を分類整理して表した簡単な表やグラフを読むことができる。	・身の回りの事象について，簡単な表やグラフに表すことで，差の大小や全体の傾向について考えている。	・データの整理に進んで関わり，数量の大きさの違いを一目で捉えることができるなどの，グラフのよさに気付いている。

国立教育政策研究所「内容のまとまりごとの評価規準（例）」

第3学年

A　数と計算

（1）数の表し方

知識・技能	思考・判断・表現	主体的に学習に取り組む態度
・万や億の単位について知っている。 ・10倍，100倍，1000倍，$\frac{1}{10}$の大きさの数及びそれらの表し方について知っている。 ・十，百，千，万を単位とする数の相対的な大きさの見方を用いて数を捉えることができる。	・数のまとまりに着目し，万を超える数の大きさの比べ方や表し方を，図や数直線を用いるなどして考えている。 ・数を比べる際には，十進位取り記数法をもとに大きい位から見れば大小を比べられることに気付いている。 ・十，百，千，万を単位とする数の相対的な見方を活用して，計算の仕方を考えている。	・万の単位の数が使われていることを身の回りから見付け，その大きさをつかんだり読んだりしようとしている。

（2）加法，減法

知識・技能	思考・判断・表現	主体的に学習に取り組む態度
・3位数や4位数の加法及び減法の計算が2位数などについての基本的な計算を基にしてできることを理解している。 ・3位数や4位数の加法及び減法の筆算の仕方について理解している。 ・3位数や4位数の加法及び減法の計算が確実にできる。 ・2位数どうしの加法及びその逆の減法の答えを暗算で求めることができる。	・3位数や4位数の加法及び減法の計算の仕方について，十進位取り記数法による数の表し方や十を単位としてみる数の見方を基に考えている。 ・加法及び減法に関して成り立つ性質を見いだしている。 ・加法及び減法に関して成り立つ性質を活用して，計算を工夫したり計算の確かめをしたりしている。	・学習したことをもとに，3位数や4位数の加法及び減法の計算の仕方を考えようとしている。

（3）乗法

知識・技能	思考・判断・表現	主体的に学習に取り組む態度
・2位数や3位数に1位数や2位数をかける乗法の計算が，乗法九九などの基本的な計算を基にしてできることを理解している。 ・2位数や3位数に1位数や2位数をかける乗法の筆算の仕方について理解している。 ・2位数や3位数に1位数や2位数をかける乗法の筆算が確実にでき，それを適切に用いることができる。 ・乗法の交換法則，結合法則，分配法則など，乗法に関して成り立つ性質について理解している。	・被乗数を多面的に見たり，図と式とを関連付けたりしながら，2位数や3位数に1位数や2位数をかける乗法の計算の仕方を考えている。 ・計算の仕方を振り返ったり，数量と図と関連付けたりしながら，乗法の交換法則，結合法則，分配法則など，計算に関して成り立つ性質を見いだしている。 ・計算に関して成り立つ性質を活用して計算を工夫している。 ・計算に関して成り立つ性質を活用して，計算の確かめをしている。	・乗法の計算の仕方を振り返り，被乗数をどのようにみると既習の計算が使えるのかについて気付き，次の学習に活用しようとしている。 ・計算に関して成り立つ性質を使うと計算が工夫できるというよさに気づき，計算するときに活用しようとしている。 ・筆算をしたり見積りをしたりする際に，暗算が生かせるというよさに気付き，実際にしようとしている。

（4）除法

知識・技能	思考・判断・表現	主体的に学習に取り組む態度
・包含除や等分除など，除法の意味について理解し，それが用いられる場合について知っている。 ・除法が用いられる場面を式に表したり，式を読み取ったりすることができる。 ・除法と乗法や減法との関係について理解している。 ・除数と商が共に1位数である除法の計算が確実にできる。 ・割り切れない場合に余りを出すことや，余りは除数より小さいことを知っている。 ・簡単な場合について，除数が1位数で商が2位数の除法の計算の仕方を知っている。	・除法が用いられる場面の数量の関係を，具体物や図などを用いて考えている。 ・除法は乗法の逆算と捉え，除法の計算の仕方を考えている。 ・余りのある除法の余りについて，日常生活の場面に応じて考えている。 ・「日常生活の問題」（単なる文章題ではない。情報過多の問題，算数以外の教科の問題）を，除法を活用して解決している。 （いろいろな単元が終わった後に日常生活の中から，もしくは他教科等で，除法を適切に用いて問題解決している） ・簡単な場合について，除数が1位数で商が2位数の除法の計算の仕方を考えている。	・除法が用いられる場面の数量の関係を，具体物や図などを用いて考えようとしている。 ・除法が用いられる場面を身の回りから見付け，除法を用いようとしている。「わり算探し」など） ・自分が考えた除法の計算の仕方について，具体物や図と式とを関連付けて考えようとしている。

（5）小数の意味と表し方

知識・技能	思考・判断・表現	主体的に学習に取り組む態度
・端数部分の大きさを表すのに小数を用いることを知っている。 ・小数の表し方及び $\frac{1}{10}$ の位について知っている。 ・量を測定する単位の構成が，十進構造になっていることについて理解している。 ・$\frac{1}{10}$ の位までの小数の加法及び減法の意味について理解し，それらの計算ができることを知っている。	・小数の大きさについて，図や数直線を用いて表したり，0.1の幾つ分かを考えたりして，大きさを比べたり，小数の加法及び減法の計算の仕方を考えたりしている。 ・小数やその計算が日常生活にも使えることに気付いている。	・小数でも数の大きさを比べたり，計算したりできるかどうか考えたことを振り返り，0.1の幾つ分と見ることで整数と同じ見方ができることに気付き，次の学習に活用しようとしている。 ・端数部分の大きさを表すことができるというよさに気付き，身の回りから，小数が用いられる場面を見付けようとしている。

（6）分数の意味と表し方

知識・技能	思考・判断・表現	主体的に学習に取り組む態度
・等分してできる部分の大きさや端数部分の大きさを表すのに分数を用いることを知っている。 ・分数が単位分数の幾つ分かで表すことができることを知っている。 ・数直線を用いて，0.1と $\frac{1}{10}$ の大きさが等しいことを理解している。 ・同分母の分数の加法及び減法の意味について理解している。 ・真分数どうしの加法及び減法，和が1までの加法とその逆の減法の計算の仕方を知っている。	・同分母どうしの場合は，単位分数の個数を基に，分子の大きさを比べることができることに気付き，分数の大きさを比べている。 ・単位分数の幾つ分と見ることで，整数と同じように処理できることに気付き，同分母の分数の加法及び減法の計算の仕方を考えている。 ・同分母の分数の加法及び減法の計算の仕方について，日常生活における場面を基に考えたり，図に表して考えたりしている。	・端数部分の大きさを分数を用いて表そうとしている。 ・数のまとまりに着目し，分数でも数の大きさを比べたり計算したりできるかどうかを考えようとしている。 ・身の回りから，分数が用いられる場面を見付けようとしている。 ・単位として都合のよい大きさを選ぶことで，小数では表せない数も表すことができるよさに気付いている。

（7）数量の関係を表す式

知識・技能	思考・判断・表現	主体的に学習に取り組む態度
・未知の数量を□などを用いて表すことにより，数量の関係を式で表せることを理解している。 ・未知の数量を□などを用いて表し，その関係を式に表すことができる。 ・未知の数量を□などを用いて表した式について，□に数を当てはめて調べることができる。	・数量の関係に着目し，数量の関係を図や□などを用いた式に，簡潔に表している。 ・□などを用いて表した式そのものが，一つの数量を表していることに気付き，式と図を関連付けて，式が表している場面の意味を読み取っている。	・数量の関係を図に表したことを振り返り，□などを用いた式に表すよさに気付き，□などを用いた式を問題解決に活用しようとしている。

（8）そろばん

知識・技能	思考・判断・表現	主体的に学習に取り組む態度
・そろばんによる数の表し方について知っている。 ・そろばんによる簡単な1位数や2位数の加法及び減法の計算の仕方について知り，計算している。	・そろばんによる大きな数や小数の加法及び減法の計算の仕方を考えている。	・そろばんによる数の表し方を振り返り，十進位取り記数法の仕組みでそろばんが作られているよさに気付き，そろばんで整数や小数を表したり，計算したりしようとしている。

B　図形
（1）二等辺三角形，正三角形などの図形

知識・技能	思考・判断・表現	主体的に学習に取り組む態度
・二等辺三角形，正三角形，直角二等辺三角形の意味や性質を理解している。 ・二等辺三角形や正三角形を，定規やコンパスを用いて作図することができる。 ・二等辺三角形を作図する中で，正三角形が作図できることに気付いている。 ・一つの頂点から出る2本の辺が作る形を角ということを知っている。	・二等辺三角形，正三角形などの三角形を観察し，違いに気付いて分類し，それらの特徴を見いだしている。 ・二等辺三角形や正三角形を紙で作ったり，作図したりすることを通して，二等辺三角形や正三角形の性質を見いだしている。	・二等辺三角形や正三角形の観察や構成を通して，それらの特徴や性質を見いだそうとしている。 ・二等辺三角形の作図の仕方を振り返り，正三角形の作図に活用しようとしている。 ・二等辺三角形や正三角形が敷き詰められることなど，二等辺三角形や正三角形のよさに気付き，身の回りの二等辺三角形や正三角形が，日常生活でどのように活用されているのか調べようとしている。

国立教育政策研究所　「内容のまとまりごとの評価規準（例）」

知識・技能	思考・判断・表現	主体的に学習に取り組む態度
・円や球について，中心，半径，直径の意味やそれぞれのもつ性質を知っている。 ・コンパスを用いて，円を作図することなどができる。	・円の半径や直径を観察したり作図したりすることを通して，円の半径や直径は無数にあるなどの性質を見いだしている。 ・球の観察などを通して，球を平面で切ると切り口は円になり，球をちょうど半分に切った場合の切り口が最大になるなどの性質を見いだしている。	・円と球に関心をもち，特徴を調べようとしている。 ・身の回りの円や球が，日常生活でどのように活用されているのか調べようとしている。

C　測定
（1）長さ，重さの単位と測定

知識・技能	思考・判断・表現	主体的に学習に取り組む態度
・長さの単位（km）及び重さの単位（g，kg，t）について知り，長さや重さも単位の幾つ分かで測定できることを理解している。 ・ものの長さや重さについて，適切な単位で表すことができる。 ・長さや重さについて，およその見当を付け計器を適切に選んで測定することができる。 ・メートル法の単位の仕組みについて理解している。	・長さ，体積，重さについて，1kmは1000m，1Lは1000mL，1kgは1000gなどの関係を基に，既習の単位を整理し，接頭語が表す倍の関係などに気付いている。 ・メートル法の単位の仕組みを活用し，新しい単位に出会ったときも類推して量の大きさを考えている。	・長さや重さについて，およその見当を付け，効率的に測定しようとしている。 ・長さや重さなどの単位を用いて表したことを振り返り，「m」「c」「k」などの接頭語が共通に用いられているというメートル法の単位の仕組みのよさに気付き，身の回りで使われている新しい量の単位に出会ったときも類推してその単位の大きさや関係について考えようとしている。

（2）時刻と時間

知識・技能	思考・判断・表現	主体的に学習に取り組む態度
・秒について知っている。 ・日常生活に必要な時刻や時間を求めることができる。	・日常生活の場面について，時計の模型や数直線を用いて時刻や時間の求め方について考えている。	・1秒や10秒，60秒の感覚を，手をたたくなどの体験を通して捉えようとしている。 ・必要になる時刻や時間を測定して表したり，必要な時刻や時間の求め方について考えたりしようとしている。 ・日常生活で時間の単位（秒）が用いられている場面を調べようとしている。

D　データの活用
（1）表と棒グラフ

知識・技能	思考・判断・表現	主体的に学習に取り組む態度
・日時の観点や場所の観点などからデータを分類整理し，簡単な二次元の表に表したり読んだりすることができる。 ・棒グラフで表すと，数量の大小や差などがとらえやすくなることなど，棒グラフの特徴やその用い方を理解している。	・データをどのように分類整理すればよいかについて，解決したい問題に応じて観点を定めている。 ・身の回りの事象について，表や棒グラフに表し，特徴や傾向を捉え考えたことを表現したり，複数のグラフを比較して相違点を考えたりしている。	・進んで分類整理し，それを表や棒グラフに表して読み取るなどの統計的な問題解決のよさに気付き，生活や学習に活用しようとしている。

第4学年

A　数と計算

（1）整数の表し方

知識・技能	思考・判断・表現	主体的に学習に取り組む態度
・億や兆の単位について知るとともに，4桁ごとに新しい単位が用いられていることを理解している。 ・億や兆を用いる大きな数を，十進位取り記数法によって表すことができる。	・4桁で区切るなど単位のまとまりを考え，9桁を超えるような数を読んだり，数の大きさを比べたりしている。 ・これまでに学んだ一，十，百，千の繰り返しと統合的に捉え，さらに大きな数についても類推して考えている。	・十進位取り記数法によって，10個の数字でどのような大きな数でも表すことができるよさに気付き，生活や学習で見られる大きな数を進んで理解しようとしている。

（2）概数と四捨五入

知識・技能	思考・判断・表現	主体的に学習に取り組む態度
・概数が用いられる場合を知り，概数の必要性を理解している。 ・以上，以下，未満の用語とその意味について理解している。 ・四捨五入などについて知り，四捨五入などをして数を概数にすることができる。 ・目的に応じて，和，差，積，商を概数で見積もることができる。	・場面を捉えて判断し，目的に合った概数の処理の仕方を考えている。 ・日常生活で用いられている数が，概数で表された数かどうかを判断し，考察している。	・概数を用いると物事の判断や処理が容易になるなどのよさに気付き，目的に応じて自ら概数で事象を把握しようとしている。 ・生活や学習の場面で，目的に応じて計算の結果を見積もろうとしている。

（3）整数の除法

知識・技能	思考・判断・表現	主体的に学習に取り組む態度
・除数が1位数や2位数で被除数が2位数や3位数の場合の除法の計算が，基本的な計算を基にしてできることを理解している。 ・除数が1位数や2位数で被除数が2位数や3位数の場合の除法の筆算の仕方について理解している。 ・除数が1位数や2位数で被除数が2位数や3位数の場合の除法の計算が確実にできる。 ・除法を用いる場合を知り，適切に用いることができる。 ・簡単な除法について，暗算で答えを求めることができる。 ・用語「商」を知り，整数の除法において，被除数，除数，商及び余りの間の関係について理解している。 ・除法に関して成り立つ性質について理解している。	・除数が1位数や2位数で被除数が2位数や3位数の場合の除法の計算の仕方を考えている。 ・除法に関して成り立つ性質を見いだし，その性質を活用して計算の仕方を考えたり計算の確かめをしたりしている。	・（何十）÷（何十）の計算を十を単位として考えれば一位数の計算として求められるというよさに気付いている。 ・除法に関して成り立つ性質を活用して，工夫して計算しようとしている。 ・暗算を，筆算や見積りに生かし，主体的に計算の仕方を考えようとしている。

（4）小数の仕組みとその計算

知識・技能	思考・判断・表現	主体的に学習に取り組む態度
・ある量の何倍かを表すのに小数を用いることができることを知り，拡張した倍の意味を理解している。 ・$\frac{1}{10}$の位，$\frac{1}{100}$の位と範囲が拡張された小数を知り，小数が整数と同じ仕組みで表されていることを知っている。 ・1.2を0.1が12個集まった数とみるなど，数の相対的な大きさから，小数をとらえることができる。 ・小数の加法及び減法についての理解を深めている。 ・$\frac{1}{100}$の位までの小数の加法及び減法の計算ができる。	・端数部分の大きさを小数で表すとき，0.1の単位をつくったときの考えを基に，0.01の単位をつくることを考えている。 ・$\frac{1}{100}$の位までの小数の加法及び減法の計算の仕方を，整数の計算の仕方などと関連付けて考えている。 ・乗数や除数が整数である場合の小数の乗法及び除法の計算の仕方を，整数の計算の仕方と関連付けて考えている。 ・小数やその計算が日常生活にも使えることに気付いている。	・小数の桁の範囲が拡張されても同じ十進位取り記数法の仕組みで表されることを学んだことから，さらに小さい小数の位についても考えようとしている。 ・小数も，整数と同じように十進位取り記数法の仕組みで表されているから同じように計算できるというよさに気付き，小数の計算の仕方を考えようとしている。

知識・技能	思考・判断・表現	主体的に学習に取り組む態度
・乗数や除数が整数である場合の小数の乗法及び除法の意味について理解している。 ・乗数や除数が整数である場合の小数の乗法及び除法の計算ができる。 ・整数を整数で割って商が小数になる除法について，商の意味を理解している。		

（5）同分母の分数の加法，減法

知識・技能	思考・判断・表現	主体的に学習に取り組む態度
・数直線に示された分数を観察し，表し方が違っても大きさの等しい分数があることに気付き，見つけることができる。 ・数直線や図を用いて，分数の大きさを表すことができる。 ・真分数，仮分数，帯分数の意味について理解している。 ・1より大きい分数を仮分数でも帯分数でも表すことができる。 ・同分母の分数の加法及び減法の計算ができる。	・分数の大きさを，数直線や図などで表したり，分数が表された数直線や図を読み取ったりして，分数の大きさについて判断したり表現したりしている。 ・同分母の分数の加法及び減法の計算の仕方を，日常生活における場面や単位分数の個数に着目して考えている。	・1より小さい分数の意味をもとにして，1より大きい分数の意味や，同分母の分数の加法及び減法の計算の仕方について考えようとしている。

（6）数量の関係を表す式

知識・技能	思考・判断・表現	主体的に学習に取り組む態度
・一つの数量を表すのに（ ）を用いることや乗法，除法を用いて表された式が一つの数量を表すことなどを理解している。 ・乗法，除法を加法，減法より先に計算することや（ ）の中を先に計算することなどのきまりがあることを理解している。 ・公式が一般的な数量の関係を表していることなど，公式についての考え方を理解している。 ・数量の関係を式で簡潔に表したり，式を読み取ったりすることができる。 ・四則の混合した式や（ ）を用いた式について正しく計算することができる。 ・公式を用いて数量の関係を表したり，公式の言葉で表されているものにいろいろな数を当てはめたりすることができる。 ・数量を□，△などを用いて表し，その関係を式にしたり，□，△などに数を当てはめて調べたりすることができる。 ・□，△などを用いた式において，□，△などは変量を表すことを理解している。 ・□，△を用いた式では，□，△の一方の大きさが決まれば，それに伴って，他方の大きさが決まることを理解している。	・数量と数量の間の関係を考える際に，幾つもの数量の組を使って，共通するきまりや関係を考え，見いだしている。 ・式の意味を読み，具体的な場面や思考の筋道を考えている。	・式や公式のよさに気付き，数量の関係を簡潔に表現したり，式の意味を読み取ろうとしている。

（7）四則に関して成り立つ性質

知識・技能	思考・判断・表現	主体的に学習に取り組む態度
・□，△などの記号を用いて，交換法則，結合法則，分配法則を一般的な式に表すことができる。 ・計算の範囲を整数から小数に広げても，交換法則，結合法則，分配法則が成り立つことを理解している。 ・□，△などを用いた式では，「同じ記号には同じ数が入る」ことを理解している。	・交換法則，結合法則，分配法則を用いて計算を簡単に行うことを考えている。 ・交換法則，結合法則，分配法則が整数だけでなく小数について成り立つことを，図などを用いて考えている。	・整数や小数の計算に，計算に関して成り立つ性質を用いると計算を簡単にすることができる場合があることなど，計算に関して成り立つ性質のよさに気付き，工夫して計算しようとしている。

（8）そろばん

知識・技能	思考・判断・表現	主体的に学習に取り組む態度
・そろばんを用いて，簡単な億や兆の単位までの整数や$\frac{1}{100}$の位までの小数の加法及び減法の計算をしている。	・そろばんを用いた大きな数や小数の計算の仕方を考えている。	・そろばんによる簡単な計算の仕方を振り返り，そろばんの仕組みのよさに気付き，大きな数や小数の計算の仕方を考えようとしている。

B 図形
（1）平行四辺形，ひし形，台形などの平面図形

知識・技能	思考・判断・表現	主体的に学習に取り組む態度
・直線の平行や垂直の関係について理解し，平行な二直線や垂直な二直線をかくことができる。 ・平行四辺形，ひし形，台形の意味や性質，対角線について知り，平行四辺形，ひし形，台形をかくことができる。	・図形を構成する要素及びそれらの位置関係に着目し，構成の仕方を考察し図形（平行四辺形，ひし形，台形）の性質を見いだしている。 ・四角形（平行四辺形，ひし形，台形）について，かき方を考えている。 ・見いだした図形の性質を基に，既習の図形（正方形，長方形）を捉え直している。	・身の回りから平行や垂直になっている二直線や平行四辺形，ひし形，台形を見付け，どのような性質を活用しているかを考え，そのよさに気付いている。 ・平行四辺形，ひし形，台形で平面を敷き詰める活動を通して，これらの図形が平面を敷き詰めることができるというよさやできた模様の美しさに気付いている。

（2）立方体，直方体などの立体図形

知識・技能	思考・判断・表現	主体的に学習に取り組む態度
・立方体や直方体について知り，立方体や直方体の構成要素や，それらの位置関係について理解している。 ・立方体や直方体の見取図をかいたり，それらの見取図を見て，構成要素の垂直や平行の関係を読み取ったりすることができる。 ・立方体や直方体の展開図をかき，構成することができる。	・図形を構成する要素及びそれらの位置関係に着目して立体図形を仲間分けし，立方体や直方体の性質を考察している。 ・立方体や直方体を展開図として平面上に表現する仕方を考察し，見いだした立体図形の性質や構成要素の位置関係などを根拠にして，展開図のそれぞれの面の位置や大きさについて表現している。 ・日常の事象を図形の性質を用いて捉え直している。	・日常生活で見いだされる立方体や直方体について，どのような性質を活用しているかを考え，そのよさに気付いている。

（3）ものの位置の表し方

知識・技能	思考・判断・表現	主体的に学習に取り組む態度
・平面の上や空間の中にあるものの位置を表す際，平面上では二つの要素が，空間の中では三つの要素が必要であることを理解している。 ・平面の上でのものの位置を二つの要素で表したり，空間の中でのものの位置を三つの要素で表したりすることができる。	・平面の上や空間の中でのものの位置を表すには，基準を決めることや方向を表す言葉や記号が必要であることに気付いている。 ・直線や平面の上でのものの位置の表し方から類推して，空間の中でのものの位置の表し方を考えている。	・数を使うとものの位置が簡潔に表されるよさに気付き，ホールや乗り物の座席など生活で使われている場面を調べるなど，生活や学習に生かそうとしている。

（4）平面図形の面積

知識・技能	思考・判断・表現	主体的に学習に取り組む態度
・面積の単位（平方センチメートル（cm²），平方メートル（m²），平方キロメートル（km²））について知り，測定の意味について理解している。 ・必要な部分の長さを用いることで，正方形や長方形の面積は計算によって求めることができることを理解している。 ・正方形や長方形の面積を公式を用いて求めることができる。	・面積の単位や図形を構成する要素に着目し，正方形及び長方形の面積の計算による求め方を考えている。 ・長方形を組み合わせた図形の面積の求め方を，図形の構成の仕方に着目して考えている。 ・面積の単位とこれまでに学習した単位との関係を考察している。	・面積の大きさを数値化して表すことのよさに気付き，面積を調べる際に活用しようとしている。 ・長方形を組み合わせた図形の面積の求め方について，多面的に捉え検討してよりよいものを求めて粘り強く考えている。

算　数

国立教育政策研究所「内容のまとまりごとの評価規準（例）」

（5）角の大きさ

知識・技能	思考・判断・表現	主体的に学習に取り組む態度
・角の大きさを回転の大きさとして捉え，その単位（度（°））について知り，測定の意味について理解している。 ・角が90°より大きいか小さいかを判断するなどして，分度器を用いて角の大きさを測定したり，必要な大きさの角を作ったりすることができる。	・角の大きさを加法的に見たり乗法的に見たりするなど，柔軟に考えている。 ・角の大きさを根拠にして図形を判断したり，それを表現したりするなどして図形を考察している。	・角の大きさの学習を生かし，身の回りにある図形を角の大きさに着目して捉えようとしている。

C　変化と関係
（1）伴って変わる二つの数量

知識・技能	思考・判断・表現	主体的に学習に取り組む態度
・身の回りから伴って変わる二つの数量を見付け数量の関係の変化の特徴を見いだしている。 ・折れ線グラフに表された伴って変わる二つの数量の変化の特徴について読み取ることができる。 ・伴って変わる二つの数量の関係を明確にするために，資料を表に表したりグラフを用いて表したりすることができる。 ・折れ線グラフを用いると，伴って変わる二つの数量の変化の様子をわかりやすく表すことができることを理解している。	・身の回りの数量から，それに伴って変わると考えられる別の数量を見付け，一方の数量を決めれば他の数量が決まるかどうか，あるいは一方の数量は他の数量の変化に伴って変化するか，というような関係について考えている。 ・伴って変わる二つの数量の関係を表に整理して，変化や対応の特徴を考察している。 ・対応の特徴を式に表して表現したり，変化の様子を折れ線グラフに表して考察したりしている。	・関数の考えや統計的な見方のよさに気付き，進んで生活や学習に活用しようとしている。 ・表やグラフ，式に表された変化や対応の特徴を振り返り，それぞれの表し方のよさに気付き，さらに考察を進めようとしている。

（2）簡単な場合についての割合

知識・技能	思考・判断・表現	主体的に学習に取り組む態度
・簡単な場合について，ある二つの数量の関係と別の二つの数量の関係とを比べる場合に，割合がいつでも変わらない場合は，割合を用いて比べられることを知り，割合を用いて比べることができる。	・簡単な場合について，日常の事象における数量の関係に着目し，図や式などを用いて，ある二つの数量の関係と別の二つの数量の関係との比べ方を考察し，場面にあった比べ方を判断している。	・簡単な場合について，ある二つの数量の関係と別の二つの数量の関係との比べ方を，場面に即して判断したり，生活や学習に活用したりしようとしている。

D　データの活用
（1）データの分類整理

知識・技能	思考・判断・表現	主体的に学習に取り組む態度
・資料を分析するとき，二つの観点から分類整理する方法を知っている。 ・資料を，二つの観点から落ちや重なりがないように分類整理して表に表すことができる。 ・時系列データについて折れ線グラフに表して時間的変化を読み取ることができる。 ・紙面の大きさや目的に応じて一目盛りの大きさをきめることができる。 ・複数系列のグラフや組み合わせたグラフを読み取ることができる。	・目的に応じて，観点を考えて必要なデータを集めている。 ・問題を解決するために適切な表やグラフを選択してデータの特徴や傾向を捉え問題に対する結論を考えている。	・データを収集したり分析したりした過程を振り返り，よりよい表現や結論の出し方を考えている。 ・統計的な問題解決のよさに気付き，生活や学習に活用しようとしている。

第5学年

A　数と計算
（1）整数の性質

知識・技能	思考・判断・表現	主体的に学習に取り組む態度
・偶数と奇数について知っている。 ・整数は，観点を決めると偶数，奇数に類別されることを知っている。 ・約数，公約数，最大公約数，倍数，公倍数，最小公倍数について知り，それらを求めることができる。	・乗法及び除法に着目し，観点を決めて整数を類別する仕方を考えている。 ・乗法及び除法に着目し，倍数や約数などの求め方を考えている。 ・数の構成について，ある数の約数や倍数の全体をそれぞれ一つの集合としてとらえ，考察している。 ・偶数，奇数や倍数，約数などを，日常生活や算数の学習の問題解決に生かしている。	・偶数，奇数や倍数，約数などの求め方を考えたことを振り返り，それらのよさに気付き，学習したことを生活や学習に活用しようとしている。

（2）整数，小数の記数法

知識・技能	思考・判断・表現	主体的に学習に取り組む態度
・整数や小数について，ある数の10倍，100倍，1000倍，$\frac{1}{10}$，$\frac{1}{100}$などの大きさの数を，小数点の位置を移してつくることができる。	・整数や小数の表し方の仕組みに着目し，数の相対的な大きさを考察し，十進位取り記数法としてまとめ，計算などに有効に生かしている。	・整数と小数が同じ1進位取り記数法で表されていることのよさに気付き，学習したことを生活や学習に活用しようとしている。

（3）小数の乗法，除法

知識・技能	思考・判断・表現	主体的に学習に取り組む態度
・乗数や除数が小数である場合の乗法及び除法の意味について，乗数や除数が整数である場合の計算の考え方を基にして，理解している。 ・$\frac{1}{100}$の位までの小数の乗法及び除法の計算ができる。 ・小数の除法の計算における余りの大きさについて理解している。 ・小数の乗法及び除法について，整数の場合と同じ関係や法則が成り立つことを理解している。	・乗数や除数が小数である場合まで数の範囲を広げて，小数を用いた倍の意味などをもとに，乗法及び除法の意味を捉え直している。 ・小数の乗法及び除法について，小数の意味や表現をもとにしたり，乗法及び除法に関して成り立つ性質を用いたりして，計算の仕方を多面的に考えている。 ・小数の乗法及び除法の計算を用いて，日常生活の問題を解決している。	・学習したことをもとに，小数の乗法及び除法の計算の仕方を考えたり，計算の仕方を振り返り多面的に考え検討したりしようとしている。 ・小数の乗法及び除法の計算の仕方を振り返り，筆算での処理に生かそうとしている。 ・小数の乗法及び除法の計算に，乗法及び除法に関して成り立つ性質などが有効に働いていることのよさに気付き，学習に活用しようとしている。

（4）分数の意味と表し方

知識・技能	思考・判断・表現	主体的に学習に取り組む態度
・整数及び小数を分数の形に直したり，分数を小数で表したりできる。 ・整数の除法の結果を分数を用いて一つの数として表すことができることを理解している。 ・一つの分数の分子及び分母に同じ数を乗除してできる分数は，元の分数と同じ大きさを表すことを理解している。 ・分数を約分することができる。 ・分数の相等及び大小について知り，通分することで，分数の大小を比べることができる。	・分数の性質に基づいて，数の相等及び大小関係について考察している。 ・整数の除法の結果を分数で表すことができることを見いだし，分数の意味を拡張して考えている。	・整数の除法の結果を分数で表すことによって計算の結果をいつでも一つの数で表すことができるというよさに気付き，学習したことを，生活や学習に活用しようとしている。

（5）分数の加法，減法

知識・技能	思考・判断・表現	主体的に学習に取り組む態度
・異分母の分数の加法及び減法の計算ができる。	・異分母の分数の加法及び減法について，分数の意味や表現をもとにしたり，一つの分数の分子及び分母に同じ数を乗除してできる分数は，元の分数と同じ大きさを表すことを用いたりして，計算の仕方を考えている。	・一つの分数の分子及び分母に同じ数を乗除してできる分数は，元の分数と同じ大きさを表すことなど，学習したことをもとに，異分母の分数の加法及び減法の計算の仕方を考えたり，計算の仕方を振り返り多面的に検討したりしようとしている。

算数　国立教育政策研究所「内容のまとまりごとの評価規準（例）」

（6）数量の関係を表す式

知識・技能	思考・判断・表現	主体的に学習に取り組む態度
・式の中にある二つの数量の対応や変化の特徴について，表を用いて調べたり，二つの数量の関係を言葉の式で表したりすることができる。 ・数量の関係や法則などを簡潔かつ一般的に表すという式の役割について理解している。	・簡単な式で表されている関係について，二つの数量の対応の関係を表にまとめ，伴って変わる二つの数量の変化の仕方について考察している。 ・表に示された二つの数量の変化の仕方を基に，対応の関係を見いだし，簡単な式に表現している。	・簡単な式で表されている関係について，二つの数量の対応の関係を表にまとめ，伴って変わる二つの数量の変化の仕方について，考察しようとしている。 ・表に示された二つの数量の変化の仕方を基に，対応の関係を見い出し，簡単な式に表現しようとしている。

B　図形
（1）平面図形の性質

知識・技能	思考・判断・表現	主体的に学習に取り組む態度
・図形の形や大きさが決まる要素について理解している。 ・図形の合同について理解している。 ・合同な図形では，対応する辺の長さ，対応する角の大きさがそれぞれ等しいことを理解している。 ・二つの合同な図形について，ずらしたり，回したり，裏返したりして置かれた場合でも，その位置に関係なく，辺と辺，角と角の対応を付けることができる。 ・合同な三角形を，対応する辺の長さや角の大きさに着目し，作図することができる。	・図形が「決まる」という意味を理解し，合同な三角形について，能率的なかき方を考え，合同な三角形をかくために必要な構成要素を見いだしている。	・図形の形や大きさが決まる要素について考えたことを振り返り，それらのよさに気付き，学習したことを生活や学習に活用しようとしている。
・三角形の三つの角の大きさの和が180°になることや，四角形の四つの角の大きさの和が360°になることを理解している。 ・四角形の四つの角の大きさの和は，三角形の三つの角の大きさの和を基にすれば求められることを理解している。	・三角形の三つの角の大きさの和が180°であることを帰納的に見いだしている。 ・四角形の四つの角の大きさの和が360°になることや五角形の五つの角の大きさの和が540°になることを，三角形の三つの角の大きさの和が180°であることを基に，演繹的に考えている。	・三角形や四角形など多角形についての簡単な性質について考えたことを振り返り，それらのよさに気付き，学習したことを生活や学習に活用しようとしている。
・多角形や正多角形について知り，平面図形についての理解を深めている。 ・円と組み合わせることで，正六角形などを作図することができる。 ・どの円についても（円周）÷（直径）の値が一定であることや，その値を円周率ということ，円周率は3.14を用いることなどを理解している。 ・円周率を用いて，円の直径から円周を求めたり，円周から直径を求めたりすることができる。	・円と組み合わせることで，正多角形を作図する方法を考えている。 ・円と組み合わせることで，正多角形の性質を見いだしている。 ・内接する正六角形と外接する正方形との関係を用いて，円周は直径の3倍より大きく4倍より小さいことを見いだしている。	・円周率について考えたことを振り返り，そのよさに気付き，学習したことを生活や学習に活用しようとしている。

（2）立体図形の性質

知識・技能	思考・判断・表現	主体的に学習に取り組む態度
・角柱や円柱について知り，角柱や円柱の構成要素や，辺や面の位置関係について理解している。 ・角柱や円柱の見取図や展開図をかくことができる。 ・角柱や円柱を展開図を基に構成することができる。	・立体図形について，その違いに気付き角柱，円柱などに分類し，分類した立体図形の性質を見いだしている。 ・立方体や直方体を角柱として捉え直している。 ・辺や面のつながりや位置関係に着目して，角柱や円柱を構成したり，角柱や円柱の見取図や展開図をかいたりする方法を考えている。	・基本的な角柱や円柱を構成する要素に着目し，図形の性質を見いだし，その性質を基に既習の図形を捉え直したことを振り返り，身の回りから，角柱や円柱を見付けようとしている。 ・角柱や円柱を構成したり，角柱や円柱の見取図や展開図をかいたりしようとしている。

（3）平面図形の面積

知識・技能	思考・判断・表現	主体的に学習に取り組む態度
・必要な部分の長さを用いることで，三角形，平行四辺形，ひし形，台形の面積は計算によって求めることができることを理解している。	・三角形，平行四辺形，ひし形，台形の面積の求め方を，求積可能な図形の面積の求め方を基に考えている。	・求積可能な図形に帰着させて考えると面積を求めることができるというよさに気付き，三角形，平行四辺形，ひし形，台形の面積を求めようとしている。

・三角形，平行四辺形，ひし形，台形の面積を，公式を用いて求めることができる。	・見いだした求積方法や式表現を振り返り，簡潔かつ的確な表現を見いだしている。	・見いだした求積方法や式表現を振り返り，簡潔かつ的確な表現に高めようとしている。

（4）立体図形の体積

知識・技能	思考・判断・表現	主体的に学習に取り組む態度
・立方体や直方体の体積を公式を用いて求めることができる。 ・体積の単位（cm^3，m^3）について知り，測定の意味について理解している。 ・必要な部分の長さを用いることで，立方体や直方体の体積は計算によって求めることができることを理解している。	・体積の単位や図形を構成する要素に着目し，立方体や直方体の体積の計算による求め方を考えている。 ・体積の単位とこれまでに学習した単位との関係を考察している。	・立方体や直方体の体積についても，単位の大きさを決めると，その幾つ分として数値化できるというよさに気付き，学習したことを基に，立方体や直方体の体積の公式を導きだそうとしたり，生活や学習に活用しようとしたりしている。

C　変化と関係
（1）伴って変わる二つの数量の関係

知識・技能	思考・判断・表現	主体的に学習に取り組む態度
・簡単な場合について，「一方が2倍，3倍，4倍，…になれば，他方も2倍，3倍，4倍，…になる」という比例の関係があることを知っている。 ・乗法の場面について，「一方が2倍，3倍，4倍，…になれば，他方も2倍，3倍，4倍，…になる」などのように言葉を用いて表すことができる。	・求めたい数量に対して，一方の数量を決めれば他方の数量が決まるか，あるいは伴って一定のきまりで変化するかを観察することで，それと関係のある他の数量を見いだしている。 ・伴って変わる二つの数量の関係を表や式を用いて表し，数量の間の変化や対応の特徴を考察して規則性などを見いだしている。	・求めたい数量に対して，伴って変わる数量の変わり方に関心をもち，特徴を見いだすことのよさに気付き，学習したことを基に，生活や学習に活用しようとしている。

（2）異種の二つの量の割合

知識・技能	思考・判断・表現	主体的に学習に取り組む態度
・異種の二つの量の割合として捉えられる数量について，その比べ方や表し方について理解している。 ・単位量当たりの大きさについて理解している。 ・異種の二つの量の割合で捉えられる速さや人口密度などを比べたり表したりすることができる。	・異種の二つの量の割合として捉えられる数量の関係に着目し，目的に応じた，大きさの比べ方や表し方を考えている。 ・日常生活の問題（活用問題）を，単位量当たりの大きさを活用して解決している。	・異種の二つの量の割合として捉えられる数量の関係に着目し，単位量当たりの大きさを用いて比べることのよさに気付き，学習したことを生活や学習に活用しようとしている。 ・単位量当たりの大きさを活用できる場面を身の回りから見付けようとしている。

（3）割合

知識・技能	思考・判断・表現	主体的に学習に取り組む態度
・ある二つの数量の関係と別の二つの数量の関係とを比べる場合に，割合がいつでも変わらない場合は割合を用いて比べられることを知り，割合を用いて比べることができる。 ・百分率の意味について理解し，百分率を用いて表すことができる。 ・比較量と基準量から割合を求めたり，基準量と割合から比較量を求めたり，比較量と割合から基準量を求めたりすることができる。	・日常の事象における数量の関係に着目し，図や式などを用いて，ある二つの数量の関係と別の二つの数量の関係との比べ方を考察し，場面にあった比べ方を判断している。 ・日常生活の問題（活用問題）を，割合を活用して解決している。	・二つの数量の関係に着目し，割合を用いて比べることのよさに気付き，学習したことを生活や学習に活用しようとしている。

D　データの活用
（1）円グラフや帯グラフ

知識・技能	思考・判断・表現	主体的に学習に取り組む態度
・円グラフや帯グラフの特徴とそれらの用い方を理解している。 ・円グラフや帯グラフを用いて表したり，円グラフや帯グラフを読み取ったりすることができる。	・身近な題材から解決すべき問題を設定し，計画を立て，先を見通して観点を考えて必要なデータを集めている。	・データを収集したり分析したりした過程を振り返り，よりよい表現や結論の出し方を考えている。

・「問題－計画－データ－分析－結論」といった統計的な問題解決の方法を知っている。	・問題を解決するために適切な表やグラフを選択してデータの特徴や傾向を捉え問題に対する結論を考えている。 ・結論や集めたデータなどに対し，別の観点から見直したり再整理したりしている。	・統計的な問題解決のよさに気付き，生活や学習に活用しようとしている。

（2）測定値の平均

知識・技能	思考・判断・表現	主体的に学習に取り組む態度
・平均は，幾つかの数量を同じ大きさの数量にならすことであることを理解している。 ・測定値を平均する方法を理解している。	・身の回りにある事柄について，より信頼できる値を求めるために，得られた測定値を平均する方法を考えている。 ・日常生活の問題（活用問題）を，測定値を平均する方法を用いて解決している。	・より信頼できる値を求めるために平均を用いるよさに気付き，測定値を平均する方法を用いることができる場面を身の回りから見付けようとしている。

第6学年

A　数と計算
（1）分数の乗法，除法

知識・技能	思考・判断・表現	主体的に学習に取り組む態度
・乗数や除数が整数や分数である分数の乗法及び除法の意味について，小数の乗法及び除法の計算の考え方を基にして，理解している。 ・分数の乗法及び除法の計算ができる。 ・分数の乗法及び除法について，整数の場合と同じ関係や法則が成り立つことを理解している。	・分数の乗法及び除法について，数の意味と表現をもとにしたり，乗法及び除法に関して成り立つ性質を用いたりして，計算の仕方を多面的に捉え考えている。 ・逆数を用いて除法を乗法としてみたり，整数や小数の乗法や除法を分数の場合の計算にまとめたりしている。	・学習したことをもとに，分数の乗法及び除法の計算の仕方を考えたり，計算の仕方を振り返り多面的に捉え検討したりしようとしている。 ・整数や小数の乗法や除法を分数の場合の計算にまとめることができるよさに気付き，学習に活用しようとしている。

（2）文字を用いた式

知識・技能	思考・判断・表現	主体的に学習に取り組む態度
・数量を表す言葉や□，△などの代わりに，a，xなどの文字を用いて式に表すことができる。 ・文字に数を当てはめて調べる活動などを通して，文字には，小数や分数も整数と同じように当てはめることができることを理解している。	・問題場面の数量の関係を，簡潔かつ一般的に表現したり，式の意味を読み取ったりしている。 ・文字には，整数だけでなく，小数や分数も当てはめることができることを用いて数の範囲を拡張して考えている。	・問題解決に文字を用いた式を活用することで，数量の関係や自分の思考過程を簡潔に表現できるよさに気付いている。 ・文字を用いた式を，進んで生活や学習に活用しようとしている。

B　図形
（1）縮図や拡大図，対称な図形

知識・技能	思考・判断・表現	主体的に学習に取り組む態度
・縮図や拡大図について，その意味や，対応する角の大きさは全て等しく，対応する辺の長さの比はどこも一定であるなどの性質を理解している。 ・方眼紙のます目を用いたり，対応する角の大きさは全て等しく，対応する辺の長さの比はどこも一定であることを用いたりして，縮図や拡大図をかくことができる。	・図形間の関係を考察し，縮図や拡大図の性質を見いだしている。 ・縮図や拡大図の性質をもとにして，縮図や拡大図のかき方を考えている。 ・縮図や拡大図を活用して，実際には測定しにくい長さの求め方を考えている。	・縮図や拡大図を簡潔・明瞭・的確に描こうとしたり，実際には測定しにくい長さの求め方を工夫して考えたりしている。 ・実際には測定しにくい長さを縮図や拡大図を用いると求めることができるというよさに気付いている。 ・縮図や拡大図を，身の回りから見付けようとしている。
・線対称な図形について，1本の直線を折り目として折ったとき，ぴったり重なる図形であることや，対応する点を結ぶ線分は，対称の軸によって垂直に二等分されることなどを理解している。 ・点対称な図形について，対称の中心Oを中心にして180度回転したときに重なり合う図形であり，対応する点を結ぶ線分は全て，対称の中心を通り，その中心によって二等分されることなどを理解している。 ・線対称な図形や点対称な図形をかくことができる。	・対称という観点から既習の図形を捉え直し，図形を分類整理したり，分類した図形の特徴を見いだしたりしている。 ・図形を構成する要素の関係を考察し，線対称や点対称の図形の性質を見いだしている。 ・線対称や点対称の図形の性質をもとにして，線対称や点対称な図形のかき方を考えている。	・対称な図形を，簡潔・明瞭・的確に描こうとしている。 ・均整のとれた美しさ，安定性など対称な図形の美しさに気付いている。 ・対称な図形を，身の回りから見付けようとしている。

（2）概形やおよその面積

知識・技能	思考・判断・表現	主体的に学習に取り組む態度
・身の回りにある形について，これまでに求積してきた基本的な図形と捉えたり，それらの図形に分割した形として捉えたりすることで，およその面積や体積を求めることができることを理解している。 ・身の回りにある形について，その概形を捉え，目的に応じて，適切な桁数の計算をし，およその面積や体積を求めることができる。	・身の回りにある図の面積や体積を測定する際に，これまでに学習してきた基本的な図形と対応させ，筋道を立てて考えている。	・身の回りにある形について，その概形をとらえて，およその面積を求めようとしている。

算数

国立教育政策研究所「内容のまとまりごとの評価規準（例）」

179

（3）円の面積

知識・技能	思考・判断・表現	主体的に学習に取り組む態度
・円の面積は，（半径）×（半径）×（円周率）で求めることができることを理解し，円の面積を求めることができる。 ・公式が半径を一辺とする正方形の面積の3.14倍を意味していることを，図と関連付けて理解している。	・円の面積の求め方について，図形を構成する要素などに着目して，既習の求積可能な図形の面積の求め方を基に考えたり，説明したりしている。 ・円の面積を求める式を読み，もとの円のどこの長さに着目すると面積を求めることができるのかを振り返って考え，簡潔かつ的確な表現に高めながら，公式を導いている。	・円の面積を求める公式をつくる際に，簡潔かつ的確な表現に高めようとしている。 ・半径の長さがわかれば，公式にあてはめることで円の面積を求めることができるというよさに気付いている。 ・円の面積の求め方を，進んで生活や学習に活用しようとしている。

（4）角柱及び円柱の体積

知識・技能	思考・判断・表現	主体的に学習に取り組む態度
・角柱や円柱の体積について，立方体や直方体の場合の体積の求め方を基にして，計算によって求めることができることを理解している。 ・角柱や円柱の体積は，（底面積）×（高さ）で求めることができることを理解し，角柱や円柱の体積を求めることができる。	・角柱，円柱の体積の求め方について，図形を構成する要素などに着目して，既習の立方体，直方体の体積の求め方を基にしたり，図形の面積の学習と関連付けたりして考えている。 ・体積の求め方を振り返り，式から，どんな角柱も円柱も，（底面積）×（高さ）で求めることができることに気付き，公式として捉え直している。	・角柱，円柱の体積を求める公式をつくる際に，簡潔かつ的確な表現に高めようとしている。 ・底面積と高さがわかれば，公式に当てはめることで角柱や円柱の体積を求めることができるというよさに気付いている。 ・角柱，円柱の体積の求め方を，進んで生活や学習に活用しようとしている。

C　変化と関係
（1）比例

知識・技能	思考・判断・表現	主体的に学習に取り組む態度
・比例の意味として，二つの数量A，Bがあり，一方の数量が2倍，3倍，4倍，…と変化するのに伴って，他方の数量も2倍，3倍，4倍，…と変化し，一方が，$\frac{1}{2}$，$\frac{1}{3}$，$\frac{1}{4}$，…と変化するのに伴って，他方も，$\frac{1}{2}$，$\frac{1}{3}$，$\frac{1}{4}$，…と変化することを理解している。 ・二つの数量の対応している値の商に着目すると，それがどこも一定になっていることを理解している。 ・比例の関係を表す式が，$y=$（決まった数）$\times x$という形で表されることや，グラフが原点を通る直線として表されることを理解している。 ・比例の関係を利用することで，手際よく問題を解決できる場合があることや，比例の関係を用いて問題を解決していく方法を知っている。 ・反比例の意味として，比例の場合に対応して，二つの数量A，Bがあり，一方の数量が2倍，3倍，4倍，…と変化するのに伴って，他方の数量は$\frac{1}{2}$，$\frac{1}{3}$，$\frac{1}{4}$，…と変化し，一方が，$\frac{1}{2}$，$\frac{1}{3}$，$\frac{1}{4}$，…と変化するのに伴って，他方は，2倍，3倍，4倍，…と変化することを知っている。 ・二つの数量の対応している値の積に着目すると，それがどこも一定になっているということを知っている。 ・反比例の関係を表す式が，$x\times y=$（決まった数）という形で表されることや，グラフについて，比例のグラフとの違いを知っている。	・伴って変わる二つの数量について，比例の関係にある数量を見いだしている。 ・比例の関係を用いて問題を解決する際に，目的に応じて，式，表，グラフなどの適切な表現を選択して，変化や対応の特徴を見いだしている。 ・日常生活や算数の学習などの比例が活用できる場面において，比例の関係を生かして問題を解決している。 ・比例を用いた問題解決の方法や結果を評価し，必要に応じて，目的により適したものに改善している。	・生活や学習に，比例が活用できる場面を見付け，能率のよい処理の仕方を求め，積極的に比例の関係を生かしていこうとしている。 ・目的に応じて適切な表現を用いるなど，式，表，グラフの表現の特徴や，そのよさに気付いている。 ・問題解決の方法や結果を評価し，必要に応じて，目的により適したものに改善していこうとしている。

(2) 比

知識・技能	思考・判断・表現	主体的に学習に取り組む態度
・二つの数量の大きさを比較しその割合を表す場合に，簡単な整数などの組を用いて表すことを理解している。 ・数量の関係を比で表すことができる。 ・比の値を用いて，等しい比かどうかを確かめられることを理解し，等しい比をつくることができる。	・二つの数量の関係を，比例の関係を前提に，割合でみてよいかを判断している。 ・日常の事象における数量の関係に着目し，目的に応じて，図や式を関連付けたり用いたりしながら，数量の関係を比に表し考察し，結論を導いている。	・生活や学習に，比が活用できる場面を見付けたり，生かしたりしながら，比による数量の関係への着目の仕方に親しんでいる。 ・二つの数量の関係を捉える際に，整数の組で捉えた方が，数量の関係が見やすかったり，処理がしやすかったりする場合があるという比のよさに気付いている。

D　データの活用

(1) データの考察

知識・技能	思考・判断・表現	主体的に学習に取り組む態度
・平均値，中央値，最頻値などの代表値の意味や求め方を理解している。 ・度数分布を表す表やドットプロットや柱状グラフの特徴及びそれらの用い方を理解している。 ・目的に応じてデータを収集したり適切な手法を選択したりするなど，統計的な問題解決の方法を知っている。	・身の回りにある不確定な事象から統計的に解決する問題として設定し，計画を立て，データの集め方や分析の仕方を見通して必要なデータを集めている。 ・データの種類や項目の数を考え，目的に応じて表やグラフに表し，代表値や全体の分布の様子から，問題に対する結論を判断している。 ・結論や問題解決の過程が妥当であるかどうかを，別の観点や立場から批判的に考察している。	・データを収集したり分析したりした過程を振り返り，よりよい表現や結論の出し方を考えている。 ・統計的な問題解決のよさに気付き，生活や学習に活用しようとしている。

(2) 起こり得る場合

知識・技能	思考・判断・表現	主体的に学習に取り組む態度
・順序や組み合わせなどの事象について，落ちや重なりがないように，図や表などを用いて，規則に従って正しく並べたり，整理して見やすくしたりして，全ての場合を調べる方法を知り，調べることができる。	・落ちや重なりなく調べるために，観点を決め，順序よく整理して考えている。 ・図や表を適切に用いたり，名前を記号化して端的に表したりして，順序よく筋道立てて考えている。	・図，表などを用いて表すなどの工夫をしながら，落ちや重なりがないように，順序よく調べていこうとしている。 ・順序や組み合わせの求め方を，進んで生活や学習に活用しようとしている。

内容のまとまりごとの評価規準（例）
第3学年

1　目標と評価の観点及びその趣旨

目標（1）	目標（2）	目標（3）
物の性質，風とゴムの力の働き，光と音の性質，磁石の性質及び電気の回路についての理解を図り，観察，実験などに関する基本的な技能を身に付けるようにする。	物の性質，風とゴムの力の働き，光と音の性質，磁石の性質及び電気の回路について追究する中で，主に差異点や共通点を基に，問題を見いだす力を養う。	物の性質，風とゴムの力の働き，光と音の性質，磁石の性質及び電気の回路について追究する中で，主体的に問題解決しようとする態度を養う。
身の回りの生物，太陽と地面の様子についての理解を図り，観察，実験などに関する基本的な技能を身に付けるようにする。	身の回りの生物，太陽と地面の様子について追究する中で，主に差異点や共通点を基に，問題を見いだす力を養う。	身の回りの生物，太陽と地面の様子について追究する中で，生物を愛護する態度や主体的に問題解決しようとする態度を養う。

知識・技能	思考・判断・表現	主体的に学習に取り組む態度
物の性質，風とゴムの力の働き，光と音の性質，磁石の性質，電気の回路，身の回りの生物及び太陽と地面の様子について理解しているとともに，器具や機器などを正しく扱いながら調べ，それらの過程や得られた結果を分かりやすく記録している。	物の性質，風とゴムの力の働き，光と音の性質，磁石の性質，電気の回路，身の回りの生物及び太陽と地面の様子について，観察，実験などを行い，主に差異点や共通点を基に，問題を見いだし，表現するなどして問題解決している。	物の性質，風とゴムの力の働き，光と音の性質，磁石の性質，電気の回路，身の回りの生物及び太陽と地面の様子についての事物・現象に進んで関わり，他者と関わりながら問題解決しようとしているとともに，学んだことを学習や生活に生かそうとしている。

2　内容のまとまりごとの評価規準（例）

物と重さ【A　物質・エネルギー（1）】

知識・技能	思考・判断・表現	主体的に学習に取り組む態度
・物は，形が変わっても重さは変わらないことを理解している。 ・物は，体積が同じでも重さは違うことがあることを理解している。 ・観察，実験などに関する技能を身に付けている。	・物の形や体積と重さとの関係について追究する中で，差異点や共通点を基に，物の性質についての問題を見いだし，表現している。	・物の性質についての事物・現象に進んで関わり，他者と関わりながら問題解決しようとしているとともに，学んだことを学習や生活に生かそうとしている。

風とゴムの力の働き【A　物質・エネルギー（2）】

知識・技能	思考・判断・表現	主体的に学習に取り組む態度
・風の力は，物を動かすことができること，また，風の力の大きさを変えると，物が動く様子も変わることを理解している。 ・ゴムの力は，物を動かすことができること，また，ゴムの力の大きさを変えると，物が動く様子も変わることを理解している。 ・観察，実験などに関する技能を身に付けている。	・風とゴムの力で物が動く様子について追究する中で，差異点や共通点を基に，風とゴムの力の働きについての問題を見いだし，表現している。	・風とゴムの力の働きについての事物・現象に進んで関わり，他者と関わりながら問題解決しようとしているとともに，学んだことを学習や生活に生かそうとしている。

光と音の性質【A　物質・エネルギー（3）】

知識・技能	思考・判断・表現	主体的に学習に取り組む態度
・日光は直進し，集めたり反射させたりできることを理解している。 ・物に日光を当てると，物の明るさや暖かさが変わることを理解している。 ・物から音が出たり伝わったりするとき，物は震えていること，また，音の大きさが変わるとき物の震え方が変わることを理解している。 ・観察，実験などに関する技能を身に付けている。	・光を当てたときの明るさや暖かさの様子，音を出したときの震え方の様子について追究する中で，差異点や共通点を基に，光と音の性質についての問題を見いだし，表現している。	・光と音の性質についての事物・現象に進んで関わり，他者と関わりながら問題解決しようとしているとともに，学んだことを学習や生活に生かそうとしている。

磁石の性質【A　物質・エネルギー（4）】

知識・技能	思考・判断・表現	主体的に学習に取り組む態度
・磁石に引き付けられる物と引き付けられない物があること，また，磁石に近付けると磁石になる物があることを理解している。 ・磁石の異極は引き合い，同極は退け合うことを理解している。 ・観察，実験などに関する技能を身に付けている。	・磁石を身の回りの物に近付けたときの様子について追究する中で，差異点や共通点を基に，磁石の性質についての問題を見いだし，表現している。	・磁石の性質についての事物・現象に進んで関わり，他者と関わりながら問題解決しようとしているとともに，学んだことを学習や生活に生かそうとしている。

電気の通り道【A　物質・エネルギー（5）】

知識・技能	思考・判断・表現	主体的に学習に取り組む態度
・電気を通すつなぎ方と通さないつなぎ方があることを理解している。 ・電気を通す物と通さない物があることを理解している。 ・観察，実験などに関する技能を身に付けている。	・乾電池と豆電球などのつなぎ方と乾電池につないだ物の様子について追究する中で，差異点や共通点を基に，電気の回路についての問題を見いだし，表現している。	・電気の回路についての事物・現象に進んで関わり，他者と関わりながら問題解決しようとしているとともに，学んだことを学習や生活に生かそうとしている。

身の回りの生物【B　生命・地球（1）】

知識・技能	思考・判断・表現	主体的に学習に取り組む態度
・生物は，色，形，大きさなど，姿に違いがあること，また，周辺の環境と関わって生きていることを理解している。 ・昆虫の育ち方には一定の順序があること，また，成虫の体は頭，胸及び腹からできていることを理解している。 ・植物の育ち方には一定の順序があること，また，その体は根，茎及び葉からできていることを理解している。 ・観察，実験などに関する技能を身に付けている。	・身の回りの生物の様子について追究する中で，差異点や共通点を基に，身の回りの生物と環境との関わり，昆虫や植物の成長のきまりや体のつくりについての問題を見いだし，表現している。	・身の回りの生物についての事物・現象に進んで関わり，他者と関わりながら問題解決しようとしているとともに，学んだことを学習や生活に生かそうとしている。

「太陽と地面の様子【B　生命・地球（2）】

知識・技能	思考・判断・表現	主体的に学習に取り組む態度
・日陰は太陽の光を遮るとでき，日陰の位置は太陽の位置の変化によって変わることを理解している。 ・地面は太陽によって暖められ，日なたと日陰では地面の暖かさや湿り気に違いがあることを理解している。 ・観察，実験などに関する技能を身に付けている。	・日なたと日陰の様子について追究する中で，差異点や共通点を基に，太陽と地面の様子との関係についての問題を見いだし，表現している。	・太陽と地面の様子についての事物・現象に進んで関わり，他者と関わりながら問題解決しようとしているとともに，学んだことを学習や生活に生かそうとしている。

理科

国立教育政策研究所「内容のまとまりごとの評価規準（例）」

第4学年

1　目標と評価の観点及びその趣旨

目標（1）	目標（2）	目標（3）
空気，水及び金属の性質，電流の働きについての理解を図り，観察，実験などに関する基本的な技能を身に付けるようにする。	空気，水及び金属の性質，電流の働きについて追究する中で，主に既習の内容や生活経験を基に，根拠のある予想や仮説を発想する力を養う。	空気，水及び金属の性質，電流の働きについて追究する中で，主体的に問題解決しようとする態度を養う。
人の体のつくりと運動，動物の活動や植物の成長と環境との関わり，雨水の行方と地面の様子，気象現象，月や星についての理解を図り，観察，実験などに関する基本的な技能を身に付けるようにする。	人の体のつくりと運動，動物の活動や植物の成長と環境との関わり，雨水の行方と地面の様子，気象現象，月や星について追究する中で，主に既習の内容や生活経験を基に，根拠のある予想や仮説を発想する力を養う。	人の体のつくりと運動，動物の活動や植物の成長と環境との関わり，雨水の行方と地面の様子，気象現象，月や星について追究する中で，生物を愛護する態度や主体的に問題解決しようとする態度を養う。

知識・技能	思考・判断・表現	主体的に学習に取り組む態度
空気，水及び金属の性質，電流の働き，人の体のつくりと運動，動物の活動や植物の成長と環境との関わり，雨水の行方と地面の様子，気象現象及び月や星について理解しているとともに，器具や機器などを正しく扱いながら調べ，それらの過程や得られた結果を分かりやすく記録している。	空気，水及び金属の性質，電流の働き，人の体のつくりと運動，動物の活動や植物の成長と環境との関わり，雨水の行方と地面の様子，気象現象及び月や星について，観察，実験などを行い，主に既習の内容や生活経験を基に，根拠のある予想や仮説を発想し，表現するなどして問題解決している。	空気，水及び金属の性質，電流の働き，人の体のつくりと運動，動物の活動や植物の成長と環境との関わり，雨水の行方と地面の様子，気象現象及び月や星についての事物・現象に進んで関わり，他者と関わりながら問題解決しようとしているとともに，学んだことを学習や生活に生かそうとしている。

2　内容のまとまりごとの評価規準（例）

空気と水の性質【A　物質・エネルギー（1）】

知識・技能	思考・判断・表現	主体的に学習に取り組む態度
・閉じ込めた空気を圧すと，体積は小さくなるが，圧し返す力は大きくなることを理解している。 ・閉じ込めた空気は圧し縮められるが，水は圧し縮められないことを理解している。 ・観察，実験などに関する技能を身に付けている。	・空気と水の性質について追究する中で，既習の内容や生活経験を基に，空気と水の体積や圧し返す力の変化と圧す力との関係について，根拠のある予想や仮説を発想し，表現している。	・空気と水の性質についての事物・現象に進んで関わり，他者と関わりながら問題解決しようとしているとともに，学んだことを学習や生活に生かそうとしている。

金属，水，空気と温度【A　物質・エネルギー（2）】

知識・技能	思考・判断・表現	主体的に学習に取り組む態度
・金属，水及び空気は，温めたり冷やしたりすると，それらの体積が変わるが，その程度には違いがあることを理解している。 ・金属は熱せられた部分から順に温まるが，水や空気は熱せられた部分が移動して全体が温まることを理解している。 ・水は，温度によって水蒸気や氷に変わること，また，水が氷になると体積が増えることを理解している。 ・観察，実験などに関する技能を身に付けている。	・金属，水及び空気の性質について追究する中で，既習の内容や生活経験を基に，金属，水及び空気の温度を変化させたときの体積や状態の変化，熱の伝わり方について，根拠のある予想や仮説を発想し，表現している。	・空気，水及び金属の性質についての事物・現象に進んで関わり，他者と関わりながら問題解決しようとしているとともに，学んだことを学習や生活に生かそうとしている。

電流の働き【A　物質・エネルギー（3）】

知識・技能	思考・判断・表現	主体的に学習に取り組む態度
・乾電池の数やつなぎ方を変えると，電流の大きさや向きが変わり，豆電球の明るさやモーターの回り方が変わることを理解している。 ・観察，実験などに関する技能を身に付けている。	・電流の働きについて追究する中で，既習の内容や生活経験を基に，電流の大きさや向きと乾電池につないだ物の様子との関係について，根拠のある予想や仮説を発想し，表現している。	・電流の働きについての事物・現象に進んで関わり，他者と関わりながら問題解決しようとしているとともに，学んだことを学習や生活に生かそうとしている。

人の体のつくりと運動【B　生命・地球（1）】

知識・技能	思考・判断・表現	主体的に学習に取り組む態度
・人の体には骨と筋肉があることを理解している。 ・人が体を動かすことができるのは，骨，筋肉の働きによることを理解している。 ・観察，実験などに関する技能を身に付けている。	・人や他の動物について追究する中で，既習の内容や生活経験を基に，人や他の動物の骨や筋肉のつくりと働きについて，根拠のある予想や仮説を発想し，表現している。	・人の体のつくりと運動についての事物・現象に進んで関わり，他者と関わりながら問題解決しようとしているとともに，学んだことを学習や生活に生かそうとしている。

季節と生物【B　生命・地球（2）】

知識・技能	思考・判断・表現	主体的に学習に取り組む態度
・動物の活動は，暖かい季節，寒い季節などによって違いがあることを理解している。 ・植物の成長は，暖かい季節，寒い季節などによって違いがあることを理解している。 ・観察，実験などに関する技能を身に付けている。	・身近な動物や植物について追究する中で，既習の内容や生活経験を基に，季節ごとの動物の活動や植物の成長の変化について，根拠のある予想や仮説を発想し，表現している。	・動物の活動や植物の成長と環境との関わりについての事物・現象に進んで関わり，他者と関わりながら問題解決しようとしているとともに，学んだことを学習や生活に生かそうとしている。

雨水の行方と地面の様子【B　生命・地球（3）】

知識・技能	思考・判断・表現	主体的に学習に取り組む態度
・水は，高い場所から低い場所へと流れて集まることを理解している。 ・水のしみ込み方は，土の粒の大きさによって違いがあることを理解している。 ・観察，実験などに関する技能を身に付けている。	・雨水の行方と地面の様子について追究する中で，既習の内容や生活経験を基に，雨水の流れ方やしみ込み方と地面の傾きや土の粒の大きさとの関係について，根拠のある予想や仮説を発想し，表現している。	・雨水の行方と地面の様子についての事物・現象に進んで関わり，他者と関わりながら問題解決しようとしているとともに，学んだことを学習や生活に生かそうとしている。

天気の様子【B　生命・地球（4）】

知識・技能	思考・判断・表現	主体的に学習に取り組む態度
・天気によって1日の気温の変化の仕方に違いがあることを理解している。 ・水は，水面や地面などから蒸発し，水蒸気になって空気中に含まれていくこと，また，空気中の水蒸気は，結露して再び水になって現れることがあることを理解している。 ・観察，実験などに関する技能を身に付けている。	・天気や自然界の水の様子について追究する中で，既習の内容や生活経験を基に，天気の様子や水の状態変化と気温や水の行方との関係について，根拠のある予想や仮説を発想し，表現している。	・気象現象についての事物・現象に進んで関わり，他者と関わりながら問題解決しようとしているとともに，学んだことを学習や生活に生かそうとしている。

月と星【B　生命・地球（5）】

知識・技能	思考・判断・表現	主体的に学習に取り組む態度
・月は日によって形が変わって見え，1日のうちでも時刻によって位置が変わることを理解している。 ・空には，明るさや色の違う星があることを理解している。 ・星の集まりは，1日のうちでも時刻によって，並び方は変わらないが，位置が変わることを理解している。 ・観察，実験などに関する技能を身に付けている。	・月や星の特徴について追究する中で，既習の内容や生活経験を基に，月や星の位置の変化と時間の経過との関係について，根拠のある予想や仮説を発想し，表現している。	・月や星についての事物・現象に進んで関わり，他者と関わりながら問題解決しようとしているとともに，学んだことを学習や生活に生かそうとしている。

第5学年

1　目標と評価の観点及びその趣旨

目標（1）	目標（2）	目標（3）
物の溶け方，振り子の運動，電流がつくる磁力についての理解を図り，観察，実験などに関する基本的な技能を身に付けるようにする。	物の溶け方，振り子の運動，電流がつくる磁力について追究する中で，主に予想や仮説を基に，解決の方法を発想する力を養う。	物の溶け方，振り子の運動，電流がつくる磁力について追究する中で，主体的に問題解決しようとする態度を養う。
生命の連続性，流れる水の働き，気象現象の規則性についての理解を図り，観察，実験などに関する基本的な技能を身に付けるようにする。	生命の連続性，流れる水の働き，気象現象の規則性について追究する中で，主に予想や仮説を基に，解決の方法を発想する力を養う。	生命の連続性，流れる水の働き，気象現象の規則性について追究する中で，生命を尊重する態度や主体的に問題解決しようとする態度を養う。

知識・技能	思考・判断・表現	主体的に学習に取り組む態度
物の溶け方，振り子の運動，電流がつくる磁力，生命の連続性，流れる水の働き及び気象現象の規則性について理解しているとともに，観察，実験などの目的に応じて，器具や機器などを選択して，正しく扱いながら調べ，それらの過程や得られた結果を適切に記録している。	物の溶け方，振り子の運動，電流がつくる磁力，生命の連続性，流れる水の働き及び気象現象の規則性について，観察，実験などを行い，主に予想や仮説を基に，解決の方法を発想し，表現するなどして問題解決している。	物の溶け方，振り子の運動，電流がつくる磁力，生命の連続性，流れる水の働き及び気象現象の規則性についての事物・現象に進んで関わり，粘り強く，他者と関わりながら問題解決しようとしているとともに，学んだことを学習や生活に生かそうとしている。

2　内容のまとまりごとの評価規準（例）

物の溶け方【A　物質・エネルギー（1）】

知識・技能	思考・判断・表現	主体的に学習に取り組む態度
・物が水に溶けても，水と物とを合わせた重さは変わらないことを理解している。 ・物が水に溶ける量には，限度があることを理解している。 ・物が水に溶ける量は水の温度や量，溶ける物によって違うこと，また，この性質を利用して，溶けている物を取り出すことができることを理解している。 ・観察，実験などに関する技能を身に付けている。	・物の溶け方について追究する中で，物の溶け方の規則性についての予想や仮説を基に，解決の方法を発想し，表現している。	・物の溶け方についての事物・現象に進んで関わり，粘り強く，他者と関わりながら問題解決しようとしているとともに，学んだことを学習や生活に生かそうとしている。

振り子の運動【A　物質・エネルギー（2）】

知識・技能	思考・判断・表現	主体的に学習に取り組む態度
・振り子が1往復する時間は，おもりの重さなどによっては変わらないが，振り子の長さによって変わることを理解している。 ・観察，実験などに関する技能を身に付けている。	・振り子の運動の規則性について追究する中で，振り子が1往復する時間に関係する条件についての予想や仮説を基に，解決の方法を発想し，表現している。	・振り子の運動についての事物・現象に進んで関わり，粘り強く，他者と関わりながら問題解決しようとしているとともに，学んだことを学習や生活に生かそうとしている。

電流がつくる磁力【A　物質・エネルギー（3）】

知識・技能	思考・判断・表現	主体的に学習に取り組む態度
・電流の流れているコイルは，鉄心を磁化する働きがあり，電流の向きが変わると，電磁石の極も変わることを理解している。 ・電磁石の強さは，電流の大きさや導線の巻数によって変わることを理解している。 ・観察，実験などに関する技能を身に付けている。	・電流がつくる磁力について追究する中で，電流がつくる磁力の強さに関係する条件についての予想や仮説を基に，解決の方法を発想し，表現している。	・電流がつくる磁力についての事物・現象に進んで関わり，粘り強く，他者と関わりながら問題解決しようとしているとともに，学んだことを学習や生活に生かそうとしている。

植物の発芽，成長，結実【B　生命・地球（1）】

知識・技能	思考・判断・表現	主体的に学習に取り組む態度
・植物は，種子の中の養分を基にして発芽することを理解している。 ・植物の発芽には，水，空気及び温度が関係していることを理解している。 ・植物の成長には，日光や肥料などが関係していることを理解している。 ・花にはおしべやめしべなどがあり，花粉がめしべの先に付くとめしべのもとが実になり，実の中に種子ができることを理解している。 ・観察，実験などに関する技能を身に付けている。	・植物の育ち方について追究する中で，植物の発芽，成長及び結実とそれらに関わる条件についての予想や仮説を基に，解決の方法を発想し，表現している。	・生命の連続性についての事物・現象に進んで関わり，粘り強く，他者と関わりながら問題解決しようとしているとともに，学んだことを学習や生活に生かそうとしている。

動物の誕生【B　生命・地球（2）】

知識・技能	思考・判断・表現	主体的に学習に取り組む態度
・魚には雌雄があり，生まれた卵は日がたつにつれて中の様子が変化してかえることを理解している。 ・人は，母体内で成長して生まれることを理解している。 ・観察，実験などに関する技能を身に付けている。	・動物の発生や成長について追究する中で，動物の発生や成長の様子と経過についての予想や仮説を基に，解決の方法を発想し，表現している。	・生命の連続性についての事物・現象に進んで関わり，粘り強く，他者と関わりながら問題解決しようとしているとともに，学んだことを学習や生活に生かそうとしている。

流れる水の働きと土地の変化【B　生命・地球（3）】

知識・技能	思考・判断・表現	主体的に学習に取り組む態度
・流れる水には，土地を侵食したり，石や土などを運搬したり堆積させたりする働きがあることを理解している。 ・川の上流と下流によって，川原の石の大きさや形に違いがあることを理解している。 ・雨の降り方によって，流れる水の速さや量は変わり，増水により土地の様子が大きく変化する場合があることを理解している。 ・観察，実験などに関する技能を身に付けている。	・流れる水の働きについて追究する中で，流れる水の働きと土地の変化との関係についての予想や仮説を基に，解決の方法を発想し，表現している。	・流れる水の働きについての事物・現象に進んで関わり，粘り強く，他者と関わりながら問題解決しようとしているとともに，学んだことを学習や生活に生かそうとしている。

天気の変化【B　生命・地球（4）】

知識・技能	思考・判断・表現	主体的に学習に取り組む態度
・天気の変化は，雲の量や動きと関係があることを理解している。 ・天気の変化は，映像などの気象情報を用いて予想できることを理解している。 ・観察，実験などに関する技能を身に付けている。	・天気の変化の仕方について追究する中で，天気の変化の仕方と雲の量や動きとの関係についての予想や仮説を基に，解決の方法を発想し，表現している。	・気象現象の規則性についての事物・現象に進んで関わり，粘り強く，他者と関わりながら問題解決しようとしているとともに，学んだことを学習や生活に生かそうとしている。

第6学年

1　目標と評価の観点及びその趣旨

目標（1）	目標（2）	目標（3）
燃焼の仕組み，水溶液の性質，てこの規則性及び電気の性質や働きについての理解を図り，観察，実験などに関する基本的な技能を身に付けるようにする。	燃焼の仕組み，水溶液の性質，てこの規則性及び電気の性質や働きについて追究する中で，主にそれらの仕組みや性質，規則性及び働きについて，より妥当な考えをつくりだす力を養う。	燃焼の仕組み，水溶液の性質，てこの規則性及び電気の性質や働きについて追究する中で，主体的に問題解決しようとする態度を養う。
生物の体のつくりと働き，生物と環境との関わり，土地のつくりと変化，月の形の見え方と太陽との位置関係についての理解を図り，観察，実験などに関する基本的な技能を身に付けるようにする。	生物の体のつくりと働き，生物と環境との関わり，土地のつくりと変化，月の形の見え方と太陽との位置関係について追究する中で，主にそれらの働きや関わり，変化及び関係について，より妥当な考えをつくりだす力を養う。	生物の体のつくりと働き，生物と環境との関わり，土地のつくりと変化，月の形の見え方と太陽との位置関係について追究する中で，生命を尊重する態度や主体的に問題解決しようとする態度を養う。

知識・技能	思考・判断・表現	主体的に学習に取り組む態度
燃焼の仕組み，水溶液の性質，てこの規則性，電気の性質や働き，生物の体のつくりと働き，生物と環境との関わり，土地のつくりと変化及び月の形の見え方と太陽との位置関係について理解しているとともに，観察，実験などの目的に応じて，器具や機器などを選択して，正しく扱いながら調べ，それらの過程や得られた結果を適切に記録している。	燃焼の仕組み，水溶液の性質，てこの規則性，電気の性質や働き，生物の体のつくりと働き，生物と環境との関わり，土地のつくりと変化及び月の形の見え方と太陽との位置関係について，観察，実験などを行い，主にそれらの仕組みや性質，規則性，働き，関わり，変化及び関係について，より妥当な考えをつくりだし，表現するなどして問題解決している。	燃焼の仕組み，水溶液の性質，てこの規則性，電気の性質や働き，生物の体のつくりと働き，生物と環境との関わり，土地のつくりと変化及び月の形の見え方と太陽との位置関係についての事物・現象に進んで関わり，粘り強く，他者と関わりながら問題解決しようとしているとともに，学んだことを学習や生活に生かそうとしている。

2　内容のまとまりごとの評価規準（例）

燃焼の仕組み【A　物質・エネルギー（1）】

知識・技能	思考・判断・表現	主体的に学習に取り組む態度
・植物体が燃えるときには，空気中の酸素が使われて二酸化炭素ができることを理解している。 ・観察，実験などに関する技能を身に付けている。	・燃焼の仕組みについて追究する中で，物が燃えたときの空気の変化について，より妥当な考えをつくりだし，表現している。	・燃焼の仕組みについての事物・現象に進んで関わり，粘り強く，他者と関わりながら問題解決しようとしているとともに，学んだことを学習や生活に生かそうとしている。

水溶液の性質【A　物質・エネルギー（2）】

知識・技能	思考・判断・表現	主体的に学習に取り組む態度
・水溶液には，酸性，アルカリ性及び中性のものがあることを理解している。 ・水溶液には，気体が溶けているものがあることを理解している。 ・水溶液には，金属を変化させるものがあることを理解している。 ・観察，実験などに関する技能を身に付けている。	・水溶液の性質や働きについて追究する中で，溶けているものによる性質や働きの違いについて，より妥当な考えをつくりだし，表現している。	・水溶液の性質についての事物・現象に進んで関わり，粘り強く，他者と関わりながら問題解決しようとしているとともに，学んだことを学習や生活に生かそうとしている。

てこの規則性【A　物質・エネルギー（3）】

知識・技能	思考・判断・表現	主体的に学習に取り組む態度
・力を加える位置や力の大きさを変えると，てこを傾ける働きが変わり，てこがつり合うときにはそれらの間に規則性があることを理解している。 ・身の回りには，てこの規則性を利用した道具があることを理解している。 ・観察，実験などに関する技能を身に付けている。	・てこの規則性について追究する中で，力を加える位置や力の大きさとてこの働きとの関係について，より妥当な考えをつくりだし，表現している。	・てこの規則性についての事物・現象に進んで関わり，粘り強く，他者と関わりながら問題解決しようとしているとともに，学んだことを学習や生活に生かそうとしている。

電気の利用【A　物質・エネルギー（4）】

知識・技能	思考・判断・表現	主体的に学習に取り組む態度
・電気は，つくりだしたり蓄えたりすることができることを理解している。 ・電気は，光，音，熱，運動などに変換することができることを理解している。 ・身の回りには，電気の性質や働きを利用した道具があることを理解している。 ・観察，実験などに関する技能を身に付けている。	・電気の性質や働きについて追究する中で，電気の量と働きとの関係，発電や蓄電，電気の変換について，より妥当な考えをつくりだし，表現している。	・電気の性質や働きについての事物・現象に進んで関わり，粘り強く，他者と関わりながら問題解決しようとしているとともに，学んだことを学習や生活に生かそうとしている。

人の体のつくりと働き【B　生命・地球（1）】

知識・技能	思考・判断・表現	主体的に学習に取り組む態度
・体内に酸素が取り入れられ，体外に二酸化炭素などが出されていることを理解している。 ・食べ物は，口，胃，腸などを通る間に消化，吸収され，吸収されなかった物は排出されることを理解している。 ・血液は，心臓の働きで体内を巡り，養分，酸素及び二酸化炭素などを運んでいることを理解している。 ・体内には，生命活動を維持するための様々な臓器があることを理解している。 ・観察，実験などに関する技能を身に付けている。	・人や他の動物の体のつくりと働きについて追究する中で，体のつくりと呼吸，消化，排出及び循環の働きについて，より妥当な考えをつくりだし，表現している。	・生物の体のつくりと働きについての事物・現象に進んで関わり，粘り強く，他者と関わりながら問題解決しようとしているとともに，学んだことを学習や生活に生かそうとしている。

植物の養分と水の通り道【B　生命・地球（2）】

知識・技能	思考・判断・表現	主体的に学習に取り組む態度
・植物の葉に日光が当たるとでんぷんができることを理解している。 ・根，茎及び葉には，水の通り道があり，根から吸い上げられた水は主に葉から蒸散により排出されることを理解している。 ・観察，実験などに関する技能を身に付けている。	・植物の体のつくりと働きについて追究する中で，体のつくり，体内の水などの行方及び葉で養分をつくる働きについて，より妥当な考えをつくりだし，表現している。	・生物の体のつくりと働きについての事物・現象に進んで関わり，粘り強く，他者と関わりながら問題解決しようとしているとともに，学んだことを学習や生活に生かそうとしている。

生物と環境【B　生命・地球（3）】

知識・技能	思考・判断・表現	主体的に学習に取り組む態度
・生物は，水及び空気を通して周囲の環境と関わって生きていることを理解している。 ・生物の間には，食う食われるという関係があることを理解している。 ・人は，環境と関わり，工夫して生活していることを理解している。 ・観察，実験などに関する技能を身に付けている。	・生物と環境について追究する中で，生物と環境との関わりについて，より妥当な考えをつくりだし，表現している。	・生物と環境との関わりについての事物・現象に進んで関わり，粘り強く，他者と関わりながら問題解決しようとしているとともに，学んだことを学習や生活に生かそうとしている。

土地のつくりと変化【B　生命・地球（4）】

知識・技能	思考・判断・表現	主体的に学習に取り組む態度
・土地は，礫，砂，泥，火山灰などからできており，層をつくって広がっているものがあること，また，層には化石が含まれているものがあることを理解している。 ・地層は，流れる水の働きや火山の噴火によってできることを理解している。 ・土地は，火山の噴火や地震によって変化することを理解している。 ・観察，実験などに関する技能を身に付けている。	・土地のつくりと変化について追究する中で，土地のつくりやでき方について，より妥当な考えをつくりだし，表現している。	・土地のつくりと変化についての事物・現象に進んで関わり，粘り強く，他者と関わりながら問題解決しようとしているとともに，学んだことを学習や生活に生かそうとしている。

国立教育政策研究所「内容のまとまりごとの評価規準（例）」

月と太陽【B　生命・地球　(5)】

知識・技能	思考・判断・表現	主体的に学習に取り組む態度
・月の輝いている側に太陽があること，また，月の形の見え方は，太陽と月との位置関係によって変わることを理解している。 ・観察，実験などに関する技能を身に付けている。	・月の形の見え方について追究する中で，月の位置や形と太陽の位置との関係について，より妥当な考えをつくりだし，表現している。	・月の形の見え方と太陽との位置関係についての事物・現象に進んで関わり，粘り強く，他者と関わりながら問題解決しようとしているとともに，学んだことを学習や生活に生かそうとしている。

内容のまとまりごとの評価規準（例）及び 具体的な内容のまとまりごとの評価規準（例） 第1学年及び第2学年

1　教科の目標と評価の観点及びその趣旨

目標（1）	目標（2）	目標（3）
活動や体験の過程において，自分自身，身近な人々，社会及び自然の特徴やよさ，それらの関わり等に気付くとともに，生活上必要な習慣や技能を身に付けるようにする。	身近な人々，社会及び自然を自分との関わりで捉え，自分自身や自分の生活について考え，表現することができるようにする。	身近な人々，社会及び自然に自ら働きかけ，意欲や自信をもって学んだり生活を豊かにしたりしようとする態度を養う。

知識・技能	思考・判断・表現	主体的に学習に取り組む態度
活動や体験の過程において，自分自身，身近な人々，社会及び自然の特徴やよさ，それらの関わり等に気付いているとともに，生活上必要な習慣や技能を身に付けている。	身近な人々，社会及び自然を自分との関わりで捉え，自分自身や自分の生活について考え，表現している。	身近な人々，社会及び自然に自ら働きかけ，意欲や自信をもって学ぼうとしたり，生活を豊かにしたりしようとしている。

2　「内容のまとまりごとの評価規準（例）」及び「具体的な内容のまとまりごとの評価規準（例）」

内容(1) 学校と生活

学校生活に関わる活動を通して，学校の施設の様子や学校生活を支えている人々や友達，通学路の様子やその安全を守っている人々などについて考えることができ，学校での生活は様々な人や施設と関わっていることが分かり，楽しく安心して遊びや生活をしたり，安全な登下校をしたりしようとする。

知識及び技能の基礎	思考力，判断力，表現力等の基礎	学びに向かう力，人間性等
学校生活に関わる活動を通して，学校での生活は様々な人や施設と関わっていることが分かる。	学校生活に関わる活動を通して，学校の施設の様子や学校生活を支えている人々や友達，通学路の様子やその安全を守っている人々などについて考えることができる。	学校生活に関わる活動を通して，楽しく安心して遊びや生活をしたり，安全な登下校をしたりしようとする。

内容のまとまりごとの評価規準		
知識・技能	思考・判断・表現	主体的に学習に取り組む態度
学校生活に関わる活動を通して，学校での生活は様々な人や施設と関わっていることが分かっている。	学校生活に関わる活動を通して，学校の施設の様子や学校生活を支えている人々や友達，通学路の様子やその安全を守っている人々などについて考えている。	学校生活に関わる活動を通して，楽しく安心して遊びや生活をしたり，安全な登下校をしたりしようとしている。

学習指導要領解説生活編における内容に関する資質・能力の記載事項		
知識及び技能の基礎	思考力，判断力，表現力等の基礎	学びに向かう力，人間性等
関わりを深めた施設や人々について，それらの位置や働き，存在や役割などの特徴に気付き，それらと自分との関わりに気付くだけでなく，それらがみんなのためや安全な学校生活のためにあることの意味を見いだすことである。	児童が学校の施設の様子や学校生活を支えている人々や友達，通学路やその安全を守っている人々や，それらが自分とどのように関わっているかを考えることである。	学校の施設，先生や友達などに関心をもって関わろうとすること，思いや願いをもって施設を利用しようとすること，ルールやマナーを守って安全に登下校しようとすることなどである。

具体的な内容のまとまりごとの評価規準（例）

知識・技能	思考・判断・表現	主体的に学習に取り組む態度
・学校の施設の位置や特徴，役割，学校を支えている人々の存在や働きなどが分かっている。 ・みんなで学校の施設を利用する楽しさやよさに気付いている。 ・学校の人々や施設がみんなのためや安全な学校生活のためにあることが分かっている。 ・通学路の様子や危険な箇所，安全を守っている施設や人々の存在が分かっている。 ・学校の施設を使用する際，みんなで気持ちよく使用するためのきまりやマナーを守っている。 ・登下校において，安全を意識して通学路を歩いている。	・学校の施設の位置や特徴を意識して，行ってみたい場所ややってみたいことを選んでいる。 ・学校の施設や人々との関わりを思い描きながら，利用の仕方やマナーについて考えたことを交流している。 ・学校の施設の利用の仕方やマナーについて考えたことを生かしながら，利用している。 ・毎日の登下校において自分たちの安全を守ってくれる人々を思い起こして，感謝の気持ちを表している。	・学校の施設をもっと知りたい，先生や友達などと親しくなりたいという思いをもって，それらと関わろうとしている。 ・学校の施設の利用の仕方やマナーに応じて，楽しく遊んだり生活したりしようとしている。 ・通学路の様子やその安全を守っている人々の存在を感じながら，安全な登下校をしようとしている。

内容（2）家庭と生活

家庭生活に関わる活動を通して，家庭における家族のことや自分でできることなどについて考えることができ，家庭での生活は互いに支え合っていることが分かり，自分の役割を積極的に果たしたり，規則正しく健康に気を付けて生活したりしようとする。

知識及び技能の基礎	思考力，判断力，表現力等の基礎	学びに向かう力，人間性等
家庭生活に関わる活動を通して，家庭での生活は互いに支え合っていることが分かる。	家庭生活に関わる活動を通して，家庭における家族のことや自分でできることなどについて考えることができる。	家庭生活に関わる活動を通して，自分の役割を積極的に果たしたり，規則正しく健康に気を付けて生活したりしようとする。

内容のまとまりごとの評価規準

知識・技能	思考・判断・表現	主体的に学習に取り組む態度
家庭生活に関わる活動を通して，家庭での生活は互いに支え合っていることが分かっている。	家庭生活に関わる活動を通して，家庭における家族のことや自分でできることなどについて考えている。	家庭生活に関わる活動を通して，自分の役割を積極的に果たしたり，規則正しく健康に気を付けて生活したりしようとしている。

学習指導要領解説生活編における内容に関する資質・能力の記載事項

知識及び技能の基礎	思考力，判断力，表現力等の基礎	学びに向かう力，人間性等
家庭生活においてそれぞれのよさや果たしている仕事，役割があること，それらと自分との関わりに気付き，家庭での生活は互いを思い，助け合い，協力し合うことで成立していること，自分も家庭を構成している大切な一人であることが分かることである。	家族一人一人の存在や仕事，役割，家庭における団らんなどが，自分自身や自分の生活とどのように関わっているかを考えることである。	自分の生活を見つめ直すことを通して，自分の役割を自覚し進んで取り組んだり，生活のリズムや健康に気を付けた暮らしを継続していこうとしたりすることである。

具体的な内容のまとまりごとの評価規準（例）

知識・技能	思考・判断・表現	主体的に学習に取り組む態度
・家庭生活には，それぞれの果たしている仕事や役割があることが分かっている。 ・家庭の温かさ，家族一人一人のよさが分かっている。 ・自分でできることや自分の役割に気付いている。 ・家族の大切さや自分が家族によって支えられていることに気付いている。 ・自分も家庭を構成している大切な一人であることに気付いている。 ・日常生活において，生活のリズムや健康を大切にしている。	・家庭生活を思い起こし，家族のことや自分のこと，自分がしていることについて表現している。 ・家族の存在や役割，喜ぶことを意識して，自分でできそうなことを集めている。 ・家庭生活におけるそれぞれの役割を見直しながら，自分の取り組み方を決めている。 ・家庭生活をよりよくするために取り組んだことを振り返りながら，友達と交流している。	・家族のためにという願いをもって，自分でできることに繰り返し取り組もうとしている。 ・家庭生活をよりよくするために自分の取組を見直しながら，自分の役割を果たそうとしている。 ・自分の役割を積極的に果たしたり，規則正しく健康に気を付けたりするようになった自分に自信をもって，生活しようとしている。

内容（3）地域と生活

地域と関わる活動を通して，地域の場所やそこで生活したり働いたりしている人々について考えることができ，自分たちの生活は様々な人や場所と関わっていることが分かり，それらに親しみや愛着をもち，適切に接したり安全に生活したりしようとする。

知識及び技能の基礎	思考力，判断力，表現力等の基礎	学びに向かう力，人間性等
地域に関わる活動を通して，自分たちの生活は様々な人や場所と関わっていることが分かる。	地域に関わる活動を通して，地域の場所やそこで生活したり働いたりしている人々について考えることができる。	地域に関わる活動を通して，それらに親しみや愛着をもち，適切に接したり安全に生活したりしようとする。

内容のまとまりごとの評価規準		
知識・技能	思考・判断・表現	主体的に学習に取り組む態度
地域に関わる活動を通して，自分たちの生活は様々な人や場所と関わっていることが分かっている。	地域に関わる活動を通して，地域の場所やそこで生活したり働いたりしている人々について考えている。	地域に関わる活動を通して，それらに親しみや愛着をもち，適切に接したり安全に生活したりしようとしている。

学習指導要領解説生活編における内容に関する資質・能力の記載事項		
知識及び技能の基礎	思考力，判断力，表現力等の基礎	学びに向かう力，人間性等
地域に出掛け，自分の身の回りには様々な場所があり様々な人たちが生活していること，そこには様々な仕事があり，それらの仕事に携わっている人たちがいること，それらの関係や，自分との関わりに気付くことである。	実際に地域に出掛け，地域で生活したり働いたりしている人々の姿を見たり話を聞いたりするなどして，地域の場所や地域の人，それらが自分とどのように関わっているかを考えることである。	地域の人々や場所のよさに気付くとともに，それらを大切にする気持ちや地域に積極的に関わろうとする気持ちを一層強くもつことである。

具体的な内容のまとまりごとの評価規準（例）		
知識・技能	思考・判断・表現	主体的に学習に取り組む態度
・自分の身の回りには，様々な場所があり，そこには幼児や高齢者，障害のある人など多様な人々が生活していることが分かっている。 ・地域で生活したり働いたりしている人々や様々な場所が自分たちの生活を支えていることや，それらが自分と関わっていることが分かっている。 ・地域の親しみを感じる人々や愛着のある場所が増えたり，それらの人々や場所が自分たちの生活を楽しくしたりしていることに気付いている。 ・様々な人々に関わったりする際，相手や場に応じた挨拶や言葉遣いをしたり，訪問や連絡，依頼を適切に行ったりしている。	・地域の場所や人々を思い起こし，地域の様子について友達と交流している。 ・行きたい場所や会ってみたい人，してみたいことを思い描きながら，計画を立てている。 ・地域の場所におけるふさわしい行動を予想しながら，活動の計画を立てたり，約束を決めたりしている。 ・地域の場所や人々を自分の生活と関連付けながら，捉えている。 ・好きになった場所や親しくなった人々などのことを振り返りながら，友達や地域の人々などに知らせている。	・地域の場所や人々に関わることへの関心や期待をもちながら，それらと繰り返し関わろうとしている。 ・地域の場所や人々に応じて，適切に接したり安全に生活したりしようとしている。 ・地域の場所や人々への親しみや愛着をもって，それらのよさを大切にしようとしている。

内容（4）公共物や公共施設の利用

公共物や公共施設を利用する活動を通して，それらのよさを感じたり働きを捉えたりすることができ，身の回りにはみんなで使うものがあることやそれらを支えている人々がいることなどが分かるとともに，それらを大切にし，安全に気をつけて正しく利用しようとしている。

知識及び技能の基礎	思考力，判断力，表現力等の基礎	学びに向かう力，人間性等
公共物や公共施設を利用する活動を通して，身の回りにはみんなが使うものがあることやそれらを支えている人々がいることなどが分かる。	公共物や公共施設を利用する活動を通して，それらのよさを感じたり働きを捉えたりすることができる。	公共物や公共施設を利用する活動を通して，それらを大切にし，安全に気を付けて正しく利用しようとする。

内容のまとまりごとの評価規準		
知識・技能	思考・判断・表現	主体的に学習に取り組む態度
公共物や公共施設を利用する活動を通して，身の回りにはみんなが使うものがあることやそれらを支えている人々がいることなどが分かっている。	公共物や公共施設を利用する活動を通して，それらのよさを感じたり働きを捉えたりしている。	公共物や公共施設を利用する活動を通して，それらを大切にし，安全に気を付けて正しく利用している。

学習指導要領解説生活編における内容に関する資質・能力の記載事項		
知識及び技能の基礎	思考力，判断力，表現力等の基礎	学びに向かう力，人間性等
生活の中にあるみんなで使うものの存在を，それらが目的に合わせて多様に存在することに気付くことである。	実際に公共物や公共施設を利用することでそれらのよさを実感し，役割や機能を自分や自分の生活とつなげて捉えることである。	公共物や公共施設を大切に扱い，安全で正しい利用をしていくことである。そのことに加えて，支えてくれる人々の思いや願いも大切にしながら，自分たちの生活に生かしていこうとすることである。

具体的な内容のまとまりごとの評価規準（例）		
知識・技能	思考・判断・表現	主体的に学習に取り組む態度
・身の回りにはみんなで使うものやみんなのための施設や場所があることが分かっている。 ・公共物や公共施設について，多くの人が利用していることやそれらを支えている人々がいることが分かっている。 ・ルールやマナーはみんなで気持ちよく利用するためにあること，安全に気を付けて正しく利用することが大切であることなどが分かっている。 ・公共物や公共施設を利用すると，自分たちの生活が楽しく豊かになることに気付いている。 ・公共物や公共施設を利用する際，ルールやマナーを守っている。	・みんなで使うものや場所を思い起こしながら，それらの特徴を捉えている。 ・行きたい場所やしてみたいことを思い描きながら，関わりたい公共物や公共施設を決めたり，計画を立てたりしている。 ・公共物や公共施設のよさを感じたり働きを捉えたりしながら，それらを利用している。 ・公共物や公共施設の利用を振り返り，見付けたよさや働きを公共施設を支えている人々などに知らせている。	・公共物や公共施設への関心や期待をもちながら，それらと繰り返し関わろうとしている。 ・公共物や公共施設の特徴に応じて，安全に気を付けて正しく利用しようとしている。 ・公共物や公共施設，それらを支えている人々に親しみや愛着をもち，大切にしようとしている。

内容（5）季節の変化と生活

身近な自然を観察したり，季節や地域の行事に関わったりするなどの活動を通して，それらの違いや特徴を見付けることができ，自然の様子や四季の変化，季節によって生活の様子が変わることに気付くとともに，それらを取り入れ自分の生活を楽しくしようとする。

知識及び技能の基礎	思考力，判断力，表現力等の基礎	学びに向かう力，人間性等
身近な自然を観察したり，季節や地域の行事に関わったりするなどの活動を通して，自然の様子や四季の変化，季節によって生活の様子が変わることに気付く。	身近な自然を観察したり，季節や地域の行事に関わったりするなどの活動を通して，それらの違いや特徴を見付けることができる。	身近な自然を観察したり，季節や地域の行事に関わったりするなどの活動を通して，それらを取り入れ自分の生活を楽しくしようとする。

内容のまとまりごとの評価規準		
知識・技能	思考・判断・表現	主体的に学習に取り組む態度
身近な自然を観察したり，季節や地域の行事に関わったりするなどの活動を通して，自然の様子や四季の変化，季節によって生活の様子が変わることに気付いている。	身近な自然を観察したり，季節や地域の行事に関わったりするなどの活動を通して，それらの違いや特徴を見付けている。	身近な自然を観察したり，季節や地域の行事に関わったりするなどの活動を通して，それらを取り入れ自分の生活を楽しくしようとしている。

学習指導要領解説生活編における内容に関する資質・能力の記載事項		
知識及び技能の基礎	思考力，判断力，表現力等の基礎	学びに向かう力，人間性等
身近な自然の共通点や相違点，季節の移り変わりに気付いたり，季節の変化と自分たちの生活との関わりに気付いたりすることである。	身近な自然や行事に興味をもち，それらを観察したりそれらに関わったりすることを通して，そこには同じ性質や変化があること，異なる特徴や違いがあること，時間の変化や繰り返しがあること，などに注意を向け，自覚することである。	自然との触れ合いや行事との関わりの中で，気付いたことを毎日の生活に生かし，自分自身の暮らしを楽しく充実したものにしようとすることである。

具体的な内容のまとまりごとの評価規準 （例）		
知識・技能	思考・判断・表現	主体的に学習に取り組む態度
・身近な自然の様子の共通点や違い，季節の移り変わりに気付いている。 ・自分たちの生活の中には，季節や地域にちなんだ行事があることに気付いている。 ・身近な自然と自分たちの生活とが結び付いていることに気付いている。 ・自分たちの生活は，季節によって様子が変わることに気付いている。	・諸感覚を生かして，身近な自然に関わっている。 ・四季の変化や季節の特徴を確かめながら，身近な自然を楽しんでいる。 ・季節による地域の特徴や人々の生活とのつながりを感じながら，地域の行事に関わっている。 ・季節は繰り返し変化していること，そのことは自分たちの生活とも関わっていることを振り返り，表現している。	・楽しみたいという思いや願いをもって，身近な自然と触れ合ったり地域の行事に参加したりしている。 ・身近な自然の様子や季節の特徴に応じながら，それらと関わろうとしている。 ・自分たちの生活が，身近な自然や季節の変化，地域の行事と関わっていることを実感し，それらを取り入れて生活を楽しくしようとしている。

内容（6） 自然や物を使った遊び

身近な自然を利用したり，身近にある物を使ったりするなどして遊ぶ活動を通して，遊びや遊びに使う物を工夫してつくることができ，その面白さや自然の不思議さに気付くとともに，みんなと楽しみながら遊びを創り出そうとする。		
知識及び技能の基礎	思考力，判断力，表現力等の基礎	学びに向かう力，人間性等
身近な自然を利用したり，身近にある物を使ったりするなどして遊ぶ活動を通して，その面白さや自然の不思議さに気付く。	身近な自然を利用したり，身近にある物を使ったりするなどして遊ぶ活動を通して，遊びや遊びに使う物を工夫してつくることができる。	身近な自然を利用したり，身近にある物を使ったりするなどして遊ぶ活動を通して，みんなと楽しみながら遊びを創り出そうとする。

内容のまとまりごとの評価規準		
知識・技能	思考・判断・表現	主体的に学習に取り組む態度
身近な自然を利用したり，身近にある物を使ったりするなどして遊ぶ活動を通して，その面白さや自然の不思議さに気付いている。	身近な自然を利用したり，身近にある物を使ったりするなどして遊ぶ活動を通して，遊びや遊びに使う物を工夫してつくっている。	身近な自然を利用したり，身近にある物を使ったりするなどして遊ぶ活動を通して，みんなと楽しみながら遊びを創り出そうとしている。

学習指導要領解説生活編における内容に関する資質・能力の記載事項		
知識及び技能の基礎	思考力，判断力，表現力等の基礎	学びに向かう力，人間性等
遊びや遊びに使う物を工夫してつくることで，児童が，遊びの面白さとともに，自然の不思議さにも気付くことができるようにすることである。	試行錯誤を繰り返しながら，遊び自体を工夫したり，遊びに使う物をつくったりして考えを巡らせることである。	自分と友達などとのつながりを大切にしながら，遊びを創り出し，毎日の生活を豊かにしていくことである。

具体的な内容のまとまりごとの評価規準 （例）		
知識・技能	思考・判断・表現	主体的に学習に取り組む態度
・身近な自然や物は，いろいろな遊びに利用できることに気付いている。 ・遊びの楽しさや遊びを工夫したり遊びを創り出したりする面白さに気付いている。 ・自然の中のきまり，自然の事象の不思議さに気付いている。 ・約束やルールが大切なことやそれを守って遊ぶと楽しいことに気付いている。 ・みんなで楽しく遊ぶ際，道具や用具の準備や片付け，掃除，整理整頓をしている。	・楽しみたい遊びを思い描きながら，遊びに使う物を選んでいる。 ・予想したり，確かめたり，見直したりしながら，遊びに使う物をつくったり遊んだりしている。 ・比べたり，試したり，見立てたりしながら，遊びを楽しんでいる。 ・遊びの約束やルールなどを工夫しながら，遊んでいる。 ・遊びを工夫したり，友達と楽しく遊んだりしたことを振り返り，表現している。	・みんなで楽しく遊びたいという願いをもち，粘り強く遊びを創り出そうとしている。 ・友達のよさを取り入れたり自分との違いを生かしたりして，遊びを楽しくしようとしている。 ・みんなで遊ぶと生活が楽しくなることを実感し，毎日の生活を豊かにしようとしている。

内容（7） 動植物の飼育・栽培

動物を飼ったり植物を育てたりする活動を通して，それらの育つ場所，変化や成長の様子に関心をもって働きかけることができ，それらは生命をもっていることや成長していることに気付くとともに，生き物への親しみをもち，大切にしようとする。		
知識及び技能の基礎	思考力，判断力，表現力等の基礎	学びに向かう力，人間性等
動物を飼ったり植物を育てたりする活動を通して，それらは生命をもっていることや成長していることに気付く。	動物を飼ったり植物を育てたりする活動を通して，それらの育つ場所，変化や成長の様子に関心をもって働きかけることができる。	動物を飼ったり植物を育てたりする活動を通して，生き物への親しみをもち，大切にしようとする。

内容のまとまりごとの評価規準		
知識・技能	思考・判断・表現	主体的に学習に取り組む態度
動物を飼ったり植物を育てたりする活動を通して、それらは生命をもっていることや成長していることに気付いている。	動物を飼ったり植物を育てたりする活動を通して、それらの育つ場所、変化や成長の様子に関心をもって働きかけている。	動物を飼ったり植物を育てたりする活動を通して、生き物への親しみをもち、大切にしようとしている。

学習指導要領解説生活編における内容に関する資質・能力の記載事項		
知識及び技能の基礎	思考力、判断力、表現力等の基礎	学びに向かう力、人間性等
動植物の飼育・栽培を行う中で、動植物が変化し成長していることに気付き、生命をもっていることやその大切さに気付くことである。	動植物が育つ中でどのように変化し成長していくのか、どのような環境で育っていくのかについて興味や関心をもって、動植物に心を寄せ、よりよい成長を願って行為することである。	生き物に心を寄せ、愛着をもって接するとともに、生命あるものとして世話しようとすることである。

具体的な内容のまとまりごとの評価規準（例）		
知識・技能	思考・判断・表現	主体的に学習に取り組む態度
・動植物の特徴、育つ場所、変化や成長の様子に気付いている。 ・育てている動植物に合った世話の仕方があることに気付いている。 ・生き物は生命をもっていることや成長していることに気付いている。 ・生き物への親しみが増し、上手に世話ができるようになったことに気付いている。 ・動植物の飼育・栽培において、その特徴に合わせた適切な仕方で世話をしている。	・動植物の特徴などを意識しながら、育ててみたい動植物を選んだり決めたりしている。 ・動植物の特徴、育つ場所、変化や成長の様子に着目して、観察したり世話をしたりしている。 ・動植物の立場に立って関わり方を見直しながら、世話をしている。 ・育ててきた動植物のことや心を寄せて世話をしてきたことなどを振り返り、表現している。	・よりよい成長を願って、繰り返し関わろうとしている。 ・動植物の特徴、育つ場所、変化や成長の様子に応じて、世話をしようとしている。 ・生き物に親しみや愛着をもったり、自分の関わりが増したことに自信をもったりしたことを実感し、生命あるものとして関わろうとしている。

内容（8）生活や出来事の伝え合い

自分たちの生活や地域の出来事を身近な人々と伝え合う活動を通して、相手のことを想像したり伝えたいことや伝え方を選んだりすることができ、身近な人々と関わることのよさや楽しさが分かるとともに、進んで触れ合い交流しようとする。

知識及び技能の基礎	思考力、判断力、表現力等の基礎	学びに向かう力、人間性等
自分たちの生活や地域の出来事を身近な人々と伝え合う活動を通して、身近な人々と関わることのよさや楽しさが分かる。	自分たちの生活や地域の出来事を身近な人々と伝え合う活動を通して、相手のことを想像したり伝えたいことや伝え方を選んだりすることができる。	自分たちの生活や地域の出来事を身近な人々と伝え合う活動を通して、進んで触れ合い交流しようとする。

内容のまとまりごとの評価規準		
知識・技能	思考・判断・表現	主体的に学習に取り組む態度
自分たちの生活や地域の出来事を身近な人々と伝え合う活動を通して、身近な人々と関わることのよさや楽しさが分かっている。	自分たちの生活や地域の出来事を身近な人々と伝え合う活動を通して、相手のことを想像したり伝えたいことや伝え方を選んだりしている。	自分たちの生活や地域の出来事を身近な人々と伝え合う活動を通して、進んで触れ合い交流しようとしている。

学習指導要領解説生活編における内容に関する資質・能力の記載事項		
知識及び技能の基礎	思考力、判断力、表現力等の基礎	学びに向かう力、人間性等
自分のことや伝えたいことが相手に伝わることや相手のことや相手が考えていることを理解できることのよさや楽しさが分かることである。また、双方向のやり取りを繰り返す中で、互いの気持ちがつながり、心が豊かになることも大切である。	相手のことを思い浮かべたり、相手の立場を気にかけたりするとともに、伝えたいことが相手に伝わるかどうかを判断して伝える内容や伝える方法を決めることである。	互いのことを理解しようと努力し、積極的に関わっていくことで、自ら協働的な関係を築いていこうとすることである。言語によらない関わりを含め、多様な方法によって能動的に関わり合っていこうとする態度を期待するものである。

具体的な内容のまとまりごとの評価規準（例）		
知識・技能	思考・判断・表現	主体的に学習に取り組む態度
・自分のことや伝えたいことが相手に伝わるよさや楽しさが分かっている。 ・相手のことや相手が伝えたいと考えていることを理解できるよさや楽しさが分かっている。 ・相手や目的に応じて，様々な伝え方があることに気付いている。 ・伝え合う活動において，適切な挨拶や言葉遣いをしている。	・誰に伝えるかを思い描きながら，伝えたいことを選んでいる。 ・相手や目的に応じて，伝え方を選んでいる。 ・これまでの体験を基に，相手のことを思い浮かべながら，伝え方を工夫している。	・自分たちの生活や地域の出来事を伝えたいという思いをもち，進んで触れ合い交流しようとしている。 ・相手の反応や状況に合わせて，多様な方法で伝えたいことや気持ちを表そうとしている。 ・身近な人々と関わることのよさや楽しさを実感し，多様な人々との関わりを自ら築いていこうとしている。

内容(9) 自分の成長

自分自身の生活や成長を振り返る活動を通して，自分のことや支えてくれた人々について考えることができ，自分が大きくなったこと，自分でできるようになったこと，役割が増えたことなどが分かるとともに，これまでの生活や成長を支えてくれた人々に感謝の気持ちをもち，これからの成長への願いをもって，意欲的に生活しようとする。		
知識及び技能の基礎	思考力，判断力，表現力等の基礎	学びに向かう力，人間性等
自分自身の生活や成長を振り返る活動を通して，自分が大きくなったこと，自分でできるようになったこと，役割が増えたことなどが分かる。	自分自身の生活や成長を振り返る活動を通して，自分のことや支えてくれた人々について考えることができる。	自分自身の生活や成長を振り返る活動を通して，これまでの生活や成長を支えてくれた人々に感謝の気持ちをもち，これからの成長への願いをもって意欲的に生活しようとする。

内容のまとまりごとの評価規準		
知識・技能	思考・判断・表現	主体的に学習に取り組む態度
自分自身の生活や成長を振り返る活動を通して，自分が大きくなったこと，自分でできるようになったこと，役割が増えたことなどが分かっている。	自分自身の生活や成長を振り返る活動を通して，自分のことや支えてくれた人々について考えている。	自分自身の生活や成長を振り返る活動を通して，これまでの生活や成長を支えてくれた人々に感謝の気持ちをもち，これからの成長への願いをもって意欲的に生活しようとしている。

学習指導要領解説生活編における内容に関する資質・能力の記載事項		
知識及び技能の基礎	思考力，判断力，表現力等の基礎	学びに向かう力，人間性等
体が大きくなるなどして心も体も成長したこと，技能が習熟し様々なことができるようになったこと，自分の役目が増え役目を果たすことができるようになったことなどに気付くことである。	現在の自分を見つめ，過去の自分と比べることで，自分らしさや成長し続ける自分を実感することである。また，自分の成長を支えてくれた様々な人の存在，自分の成長についての様々な人との関わりを明らかにすることである。	成長した自分を実感し，それを支えてくれた人に対する感謝の気持ちをもつとともに，成長の喜びが更なる成長を願う心につながっていくことである。それらは，それぞれの目標に向けて努力したり挑戦したりして主体的に関わるなど，意欲的に活動する姿になって現れてくる。

具体的な内容のまとまりごとの評価規準（例）		
知識・技能	思考・判断・表現	主体的に学習に取り組む態度
・自分が大きくなったこと，自分でできるようになったこと，役割が増えたことなどが分かっている。 ・自分の成長を支えてくれた人々の存在や自分との関わりに気付いている。 ・優しい気持ち，他者への思いやり，我慢する心など，内面的な成長に気付いている。 ・自分自身のよさや可能性に気付いている。	・具体的な手掛かりを見付けながら，過去の自分自身や出来事を振り返っている。 ・過去の自分と現在の自分を比べながら，自分の成長を捉えている。 ・それまでの生活や出来事を思い浮かべながら，自分らしさや成長し続ける自分を捉えている。 ・自分の成長を支えてくれた様々な人と自分との関わりを振り返り，表現している。 ・自分の成長への願いをもち，これからの生活について表現している。	・自分のことをもっと知りたいという思いをもって，自分の成長を振り返ろうとしている。 ・知りたいことに合わせて，必要な手掛かりを見付けたり集めたりしようとしている。 ・これまでの生活や成長を支えてくれた人々に感謝の気持ちをもち，意欲的に生活しようとしている。

生活

国立教育政策研究所「内容のまとまりごとの評価規準（例）」

内容のまとまりごとの評価規準（例）
第1学年及び第2学年

1 目標と評価の観点及びその趣旨

目標（1）	目標（2）	目標（3）
曲想と音楽の構造などとの関わりについて気付くとともに，音楽表現を楽しむために必要な歌唱，器楽，音楽づくりの技能を身に付けるようにする。	音楽表現を考えて表現に対する思いをもつことや，曲や演奏の楽しさを見いだしながら音楽を味わって聴くことができるようにする。	楽しく音楽に関わり，協働して音楽活動をする楽しさを感じながら，身の回りの様々な音楽に親しむとともに，音楽経験を生かして生活を明るく潤いのあるものにしようとする態度を養う。

知識・技能	思考・判断・表現	主体的に学習に取り組む態度
・曲想と音楽の構造などとの関わりについて気付いている。 ・音楽表現を楽しむために必要な技能を身に付け，歌ったり，演奏したり，音楽をつくったりしている。	音楽を形づくっている要素を聴き取り，それらの働きが生み出すよさや面白さ，美しさを感じ取りながら，聴き取ったことと感じ取ったこととの関わりについて，どのように表すかについて思いをもったり，曲や演奏の楽しさを見いだし，音楽を味わって聴いたりしている。	音や音楽に親しむことができるよう，音楽活動を楽しみながら主体的・協働的に表現及び鑑賞の学習活動に取り組もうとしている。

2 内容のまとまりごとの評価規準（例）

A 表現（1）歌唱 及び〔共通事項〕（1）

知識・技能	思考・判断・表現	主体的に学習に取り組む態度
・曲想と音楽の構造との関わり，曲想と歌詞の表す情景や気持ちとの関わりについて気付いている。 ・思いに合った表現をするために必要な，範唱を聴いて歌ったり，階名で模唱したり暗唱したりする技能を身に付けている。 ・思いに合った表現をするために必要な，自分の歌声及び発音に気を付けて歌う技能を身に付けている。 ・思いに合った表現をするために必要な，互いの歌声や伴奏を聴いて，声を合わせて歌う技能を身に付けている。	・音楽を形づくっている要素を聴き取り，それらの働きが生み出すよさや面白さ，美しさを感じ取りながら，聴き取ったことと感じ取ったこととの関わりについて考え，曲想を感じ取って表現を工夫し，どのように歌うかについて思いをもっている。	・音楽活動を楽しみながら主体的・協働的に歌唱の学習活動に取り組もうとしている。

A 表現（2）器楽 及び〔共通事項〕（1）

知識・技能	思考・判断・表現	主体的に学習に取り組む態度
・曲想と音楽の構造との関わりについて気付いている。 ・楽器の音色と演奏の仕方との関わりについて気付いている。 ・思いに合った表現をするために必要な，範奏を聴いたり，リズム譜などを見たりして演奏する技能を身に付けている。 ・思いに合った表現をするために必要な，音色に気を付けて，旋律楽器及び打楽器を演奏する技能を身に付けている。 ・思いに合った表現をするために必要な，互いの楽器の音や伴奏を聴いて，音を合わせて演奏する技能を身に付けている。	・音楽を形づくっている要素を聴き取り，それらの働きが生み出すよさや面白さ，美しさを感じ取りながら，聴き取ったことと感じ取ったこととの関わりについて考え，曲想を感じ取って表現を工夫し，どのように演奏するかについて思いをもっている。	・音楽活動を楽しみながら主体的・協働的に器楽の学習活動に取り組もうとしている。

A　表現　(3)音楽づくり　及び〔共通事項〕(1)

知識・技能	思考・判断・表現	主体的に学習に取り組む態度
・声や身の回りの様々な音の特徴について，それらが生み出す面白さなどと関わらせて気付いている。 ・音やフレーズのつなげ方の特徴について，それらが生み出す面白さなどと関わらせて気付いている。 ・発想を生かした表現をするために必要な，設定した条件に基づいて，即興的に音を選んだりつなげたりして表現する技能を身に付けている。 ・思いに合った表現をするために必要な，音楽の仕組みを用いて，簡単な音楽をつくる技能を身に付けている。	・音楽を形づくっている要素を聴き取り，それらの働きが生み出すよさや面白さ，美しさを感じ取りながら，聴き取ったことと感じ取ったこととの関わりについて考え，音遊びを通して，音楽づくりの発想を得ている。 ・音楽を形づくっている要素を聴き取り，それらの働きが生み出すよさや面白さ，美しさを感じ取りながら，聴き取ったことと感じ取ったこととの関わりについて考え，どのように音を音楽にしていくかについて思いをもっている。	・音楽活動を楽しみながら主体的・協働的に音楽づくりの学習活動に取り組もうとしている。

B　鑑賞　(1)鑑賞　及び〔共通事項〕(1)

知識・技能	思考・判断・表現	主体的に学習に取り組む態度
・曲想と音楽の構造との関わりについて気付いている。	・音楽を形づくっている要素を聴き取り，それらの働きが生み出すよさや面白さ，美しさを感じ取りながら，聴き取ったことと感じ取ったこととの関わりについて考え，曲や演奏の楽しさを見いだし，曲全体を味わって聴いている。	・音楽活動を楽しみながら主体的・協働的に鑑賞の学習活動に取り組もうとしている。

第3学年及び第4学年

1 目標と評価の観点及びその趣旨

目標（1）	目標（2）	目標（3）
曲想と音楽の構造などとの関わりについて気付くとともに，表したい音楽表現をするために必要な歌唱，器楽，音楽づくりの技能を身に付けるようにする。	音楽表現を考えて表現に対する思いや意図をもつことや，曲や演奏のよさなどを見いだしながら音楽を味わって聴くことができるようにする。	進んで音楽に関わり，協働して音楽活動をする楽しさを感じながら，様々な音楽に親しむとともに，音楽経験を生かして生活を明るく潤いのあるものにしようとする態度を養う。

知識・技能	思考・判断・表現	主体的に学習に取り組む態度
・曲想と音楽の構造などとの関わりについて気付いている。 ・表したい音楽表現をするために必要な技能を身に付け，歌ったり，演奏したり，音楽をつくったりしている。	音楽を形づくっている要素を聴き取り，それらの働きが生み出すよさや面白さ，美しさを感じ取りながら，聴き取ったことと感じ取ったこととの関わりについて考え，どのように表すかについて思いや意図をもったり，曲や演奏のよさなどを見いだし，音楽を味わって聴いたりしている。	音や音楽に親しむことができるよう，音楽活動を楽しみながら主体的・協働的に表現及び鑑賞の学習活動に取り組もうとしている。

2 内容のまとまりごとの評価規準（例）

A 表現 （1）歌唱 及び〔共通事項〕（1）

知識・技能	思考・判断・表現	主体的に学習に取り組む態度
・曲想と音楽の構造や歌詞の内容との関わりについて気付いている。 ・思いや意図に合った表現をするために必要な，範唱を聴いたり，ハ長調の楽譜を見たりして歌う技能を身に付けている。 ・思いや意図に合った表現をするために必要な，呼吸及び発音の仕方に気を付けて，自然で無理のない歌い方で歌う技能を身に付けている。 ・思いや意図に合った表現をするために必要な，互いの歌声や副次的な旋律，伴奏を聴いて，声を合わせて歌う技能を身に付けている。	・音楽を形づくっている要素を聴き取り，それらの働きが生み出すよさや面白さ，美しさを感じ取りながら，聴き取ったことと感じ取ったこととの関わりについて考え，曲の特徴を捉えた表現を工夫し，どのように歌うかについて思いや意図をもっている。	・音楽活動を楽しみながら主体的・協働的に歌唱の学習活動に取り組もうとしている。

A 表現 （2）器楽 及び〔共通事項〕（1）

知識・技能	思考・判断・表現	主体的に学習に取り組む態度
・曲想と音楽の構造との関わりについて気付いている。 ・楽器の音色や響きと演奏の仕方との関わりについて気付いている。 ・思いや意図に合った表現をするために必要な，範奏を聴いたり，ハ長調の楽譜を見たりして演奏する技能を身に付けている。 ・思いや意図に合った表現をするために必要な，音色や響きに気を付けて，旋律楽器及び打楽器を演奏する技能を身に付けている。 ・思いや意図に合った表現をするために必要な，互いの楽器の音や副次的な旋律，伴奏を聴いて，音を合わせて演奏する技能を身に付けている。	・音楽を形づくっている要素を聴き取り，それらの働きが生み出すよさや面白さ，美しさを感じ取りながら，聴き取ったことと感じ取ったこととの関わりについて考え，曲の特徴を捉えた表現を工夫し，どのように演奏するかについて思いや意図をもっている。	・音楽活動を楽しみながら主体的・協働的に器楽の学習活動に取り組もうとしている。

A　表現　(3)音楽づくり　及び〔共通事項〕(1)

知識・技能	思考・判断・表現	主体的に学習に取り組む態度
・いろいろな音の響きやそれらの組合せの特徴について，それらが生み出すよさや面白さなどと関わらせて気付いている。 ・音やフレーズのつなげ方や重ね方の特徴について，それらが生み出すよさや面白さなどと関わらせて気付いている。 ・発想を生かした表現をするために必要な，設定した条件に基づいて，即興的に音を選択したり組み合わせたりして表現する技能を身に付けている。 ・思いや意図に合った表現をするために必要な，音楽の仕組みを用いて，音楽をつくる技能を身に付けている。	・音楽を形づくっている要素を聴き取り，それらの働きが生み出すよさや面白さ，美しさを感じ取りながら，聴き取ったことと感じ取ったこととの関わりについて考え，即興的に表現することを通して，音楽づくりの発想を得ている。 ・音楽を形づくっている要素を聴き取り，それらの働きが生み出すよさや面白さ，美しさを感じ取りながら，聴き取ったことと感じ取ったこととの関わりについて考え，音を音楽へと構成することを通して，どのようにまとまりを意識した音楽をつくるかについて思いや意図をもっている。	・音楽活動を楽しみながら主体的・協働的に音楽づくりの学習活動に取り組もうとしている。

B　鑑賞　(1)鑑賞　及び〔共通事項〕(1)

知識・技能	思考・判断・表現	主体的に学習に取り組む態度
・曲想及びその変化と，音楽の構造との関わりについて気付いている。	・音楽を形づくっている要素を聴き取り，それらの働きが生み出すよさや面白さ，美しさを感じ取りながら，聴き取ったことと感じ取ったこととの関わりについて考え，曲や演奏のよさなどを見いだし，曲全体を味わって聴いている。	・音楽活動を楽しみながら主体的・協働的に鑑賞の学習活動に取り組もうとしている。

音楽

第5学年及び第6学年

1 目標と評価の観点及びその趣旨

目標（1）	目標（2）	目標（3）
曲想と音楽の構造などとの関わりについて理解するとともに，表したい音楽表現をするために必要な歌唱，器楽，音楽づくりの技能を身に付けるようにする。	音楽表現を考えて表現に対する思いや意図をもつことや，曲や演奏のよさなどを見いだしながら音楽を味わって聴くことができるようにする。	主体的に音楽に関わり，協働して音楽活動をする楽しさを味わいながら，様々な音楽に親しむとともに，音楽経験を生かして生活を明るく潤いのあるものにしようとする態度を養う。

知識・技能	思考・判断・表現	主体的に学習に取り組む態度
・曲想と音楽の構造などとの関わりについて理解している。 ・表したい音楽表現をするために必要な技能を身に付け，歌ったり，演奏したり，音楽をつくったりしている。	音楽を形づくっている要素を聴き取り，それらの働きが生み出すよさや面白さ，美しさを感じ取りながら，聴き取ったことと感じ取ったこととの関わりについて考え，どのように表すかについて思いや意図をもったり，曲や演奏のよさなどを見いだし，音楽を味わって聴いたりしている。	音や音楽に親しむことができるよう，音楽活動を楽しみながら主体的・協働的に表現及び鑑賞の学習活動に取り組もうとしている。

2 内容のまとまりごとの評価規準（例）

A 表現（1）歌唱 及び〔共通事項〕（1）

知識・技能	思考・判断・表現	主体的に学習に取り組む態度
・曲想と音楽の構造や歌詞の内容との関わりについて理解している。 ・思いや意図に合った表現をするために必要な，範唱を聴いたり，ハ長調及びイ短調の楽譜を見たりして歌う技能を身に付けている。 ・思いや意図に合った表現をするために必要な，呼吸及び発音の仕方に気を付けて，自然で無理のない，響きのある歌い方で歌う技能を身に付けている。 ・思いや意図に合った表現をするために必要な，各声部の歌声や全体の響き，伴奏を聴いて，声を合わせて歌う技能を身に付けている。	・音楽を形づくっている要素を聴き取り，それらの働きが生み出すよさや面白さ，美しさを感じ取りながら，聴き取ったことと感じ取ったこととの関わりについて考え，曲の特徴にふさわしい表現を工夫し，どのように歌うかについて思いや意図をもっている。	・音楽活動を楽しみながら主体的・協働的に歌唱の学習活動に取り組もうとしている。

A 表現（2）器楽 及び〔共通事項〕（1）

知識・技能	思考・判断・表現	主体的に学習に取り組む態度
・曲想と音楽の構造との関わりについて理解している。 ・多様な楽器の音色や響きと演奏の仕方との関わりについて理解している。 ・思いや意図に合った表現をするために必要な，範奏を聴いたり，ハ長調及びイ短調の楽譜を見たりして演奏する技能を身に付けている。 ・思いや意図に合った表現をするために必要な，音色や響きに気を付けて旋律楽器及び打楽器を演奏する技能を身に付けている。 ・思いや意図に合った表現をするために必要な，各声部の楽器の音や全体の響き，伴奏を聴いて，音を合わせて演奏する技能を身に付けている。	・音楽を形づくっている要素を聴き取り，それらの働きが生み出すよさや面白さ，美しさを感じ取りながら，聴き取ったことと感じ取ったこととの関わりについて考え，曲の特徴にふさわしい表現を工夫し，どのように演奏するかについて思いや意図をもっている。	・音楽活動を楽しみながら主体的・協働的に器楽の学習活動に取り組もうとしている。

A　表現　(3)音楽づくり　及び〔共通事項〕(1)

知識・技能	思考・判断・表現	主体的に学習に取り組む態度
・いろいろな音の響きやそれらの組合せの特徴について，それらが生み出すよさや面白さなどと関わらせて理解している。 ・音やフレーズのつなげ方や重ね方の特徴について，それらが生み出すよさや面白さなどと関わらせて理解している。 ・発想を生かした表現をするために必要な，設定した条件に基づいて，即興的に音を選択したり組み合わせたりして表現する技能を身に付けている。 ・思いや意図に合った表現をするために必要な，音楽の仕組みを用いて，音楽をつくる技能を身に付けている。	・音楽を形づくっている要素を聴き取り，それらの働きが生み出すよさや面白さ，美しさを感じ取りながら，聴き取ったことと感じ取ったこととの関わりについて考え，即興的に表現することを通して，音楽づくりの様々な発想を得ている。 ・音楽を形づくっている要素を聴き取り，それらの働きが生み出すよさや面白さ，美しさを感じ取りながら，聴き取ったことと感じ取ったこととの関わりについて考え，音を音楽へと構成することを通して，どのように全体のまとまりを意識した音楽をつくるかについて思いや意図をもっている。	・音楽活動を楽しみながら主体的・協働的に音楽づくりの学習活動に取り組もうとしている。

B　鑑賞　(1)鑑賞　及び〔共通事項〕(1)

知識・技能	思考・判断・表現	主体的に学習に取り組む態度
・曲想及びその変化と，音楽の構造との関わりについて理解している。	・音楽を形づくっている要素を聴き取り，それらの働きが生み出すよさや面白さ，美しさを感じ取りながら，聴き取ったことと感じ取ったこととの関わりについて考え，曲や演奏のよさなどを見いだし，曲全体を味わって聴いている。	・音楽活動を楽しみながら主体的・協働的に鑑賞の学習活動に取り組もうとしている。

音楽

国立教育政策研究所「内容のまとまりごとの評価規準（例）」

図画工作 内容のまとまりごとの評価規準（例）
第1学年及び第2学年

1　目標と評価の観点及びその趣旨

目標（1）	目標（2）	目標（3）
対象や事象を捉える造形的な視点について自分の感覚や行為を通して気付くとともに，手や体全体の感覚などを働かせ材料や用具を使い，表し方などを工夫して，創造的につくったり表したりすることができるようにする。	造形的な面白さや楽しさ，表したいこと，表し方などについて考え，楽しく発想や構想をしたり，身の回りの作品などから自分の見方や感じ方を広げたりすることができるようにする。	楽しく表現したり鑑賞したりする活動に取り組み，つくりだす喜びを味わうとともに，形や色などに関わり楽しい生活を創造しようとする態度を養う。

知識・技能	思考・判断・表現	主体的に学習に取り組む態度
・対象や事象を捉える造形的な視点について自分の感覚や行為を通して気付いている。 ・手や体全体の感覚などを働かせ材料や用具を使い，表し方などを工夫して，創造的につくったり表したりしている。	形や色などを基に，自分のイメージをもちながら，造形的な面白さや楽しさ，表したいこと，表し方などについて考えるとともに，楽しく発想や構想をしたり，身の回りの作品などから自分の見方や感じ方を広げたりしている。	つくりだす喜びを味わい楽しく表現したり鑑賞したりする学習活動に取り組もうとしている。

2　内容のまとまりごとの評価規準（例）

（1）「造形遊び」

知識・技能	思考・判断・表現	主体的に学習に取り組む態度
・自分の感覚や行為を通して，形や色などに気付いている。 ・身近で扱いやすい材料や用具に十分に慣れるとともに，並べたり，つないだり，積んだりするなど手や体全体の感覚などを働かせ，活動を工夫してつくっている。	形や色などを基に，自分のイメージをもちながら，身近な自然物や人工の材料の形や色などを基に造形的な活動を思い付き，感覚や気持ちを生かしながら，どのように活動するかについて考えている。	つくりだす喜びを味わい楽しく表現する学習活動に取り組もうとしている。

（2）「絵や立体，工作」

知識・技能	思考・判断・表現	主体的に学習に取り組む態度
・自分の感覚や行為を通して，形や色などに気付いている。 ・身近で扱いやすい材料や用具に十分に慣れるとともに，手や体全体の感覚などを働かせ，表したいことを基に表し方を工夫して表している。	形や色などを基に，自分のイメージをもちながら，感じたこと，想像したことから，表したいことを見付け，好きな形や色を選んだり，いろいろな形や色を考えたりしながら，どのように表すかについて考えている。	つくりだす喜びを味わい楽しく表現する学習活動に取り組もうとしている。

（3）「鑑賞」

知識・技能	思考・判断・表現	主体的に学習に取り組む態度
自分の感覚や行為を通して，形や色などに気付いている。	形や色などを基に，自分のイメージをもちながら，自分たちの作品や身近な材料などの造形的な面白さや楽しさ，表したいこと，表し方などについて，感じ取ったり考えたりし，自分の見方や感じ方を広げている。	つくりだす喜びを味わい楽しく鑑賞する学習活動に取り組もうとしている。

第3学年及び第4学年

1 目標と評価の観点及びその趣旨

目標（1）	目標（2）	目標（3）
対象や事象を捉える造形的な視点について自分の感覚や行為を通して分かるとともに，手や体全体を十分に働かせ材料や用具を使い，表し方などを工夫して，創造的につくったり表したりすることができるようにする。	造形的なよさや面白さ，表したいこと，表し方などについて考え，豊かに発想や構想をしたり，身近にある作品などから自分の見方や感じ方を広げたりすることができるようにする。	進んで表現したり鑑賞したりする活動に取り組み，つくりだす喜びを味わうとともに，形や色などに関わり楽しく豊かな生活を創造しようとする態度を養う。

知識・技能	思考・判断・表現	主体的に学習に取り組む態度
・対象や事象を捉える造形的な視点について自分の感覚や行為を通して分かっている。 ・手や体全体を十分に働かせ材料や用具を使い，表し方などを工夫して，創造的につくったり表したりしている。	形や色などの感じを基に，自分のイメージをもちながら，造形的なよさや面白さ，表したいこと，表し方などについて考えるとともに，豊かに発想や構想をしたり，身近にある作品などから自分の見方や感じ方を広げたりしている。	つくりだす喜びを味わい進んで表現したり鑑賞したりする学習活動に取り組もうとしている。

2 内容のまとまりごとの評価規準（例）

(1) 「造形遊び」

知識・技能	思考・判断・表現	主体的に学習に取り組む態度
・自分の感覚や行為を通して，形や色などの感じが分かっている。 ・材料や用具を適切に扱うとともに，前学年までの材料や用具についての経験を生かし，組み合わせたり，切ってつないだり，形を変えたりするなどして，手や体全体を十分に働かせ，活動を工夫してつくっている。	形や色などの感じを基に，自分のイメージをもちながら，身近な材料や場所などを基に造形的な活動を思い付き，新しい形や色などを思い付きながら，どのように活動するかについて考えている。	つくりだす喜びを味わい進んで表現する学習活動に取り組もうとしている。

(2) 「絵や立体，工作」

知識・技能	思考・判断・表現	主体的に学習に取り組む態度
・自分の感覚や行為を通して，形や色などの感じが分かっている。 ・材料や用具を適切に扱うとともに，前学年までの材料や用具についての経験を生かし，手や体全体を十分に働かせ，表したいことに合わせて表し方を工夫して表している。	形や色などの感じを基に，自分のイメージをもちながら，感じたこと，想像したこと，見たことから，表したいことを見付け，表したいことや用途などを考え，形や色，材料などを生かしながら，どのように表すかについて考えている。	つくりだす喜びを味わい進んで表現する学習活動に取り組もうとしている。

(3) 「鑑賞」

知識・技能	思考・判断・表現	主体的に学習に取り組む態度
自分の感覚や行為を通して，形や色などの感じが分かっている。	形や色などの感じを基に，自分のイメージをもちながら，自分たちの作品や身近な美術作品，製作の過程などの造形的なよさや面白さ，表したいこと，いろいろな表し方などについて，感じ取ったり考えたりし，自分の見方や感じ方を広げている。	つくりだす喜びを味わい進んで鑑賞する学習活動に取り組もうとしている。

第5学年及び第6学年

1 目標と評価の観点及びその趣旨

目標（1）	目標（2）	目標（3）
対象や事象を捉える造形的な視点について自分の感覚や行為を通して理解するとともに，材料や用具を活用し，表し方などを工夫して，創造的につくったり表したりすることができるようにする。	造形的なよさや美しさ，表したいこと，表し方などについて考え，創造的に発想や構想をしたり，親しみのある作品などから自分の見方や感じ方を深めたりすることができるようにする。	主体的に表現したり鑑賞したりする活動に取り組み，つくりだす喜びを味わうとともに，形や色などに関わり楽しく豊かな生活を創造しようとする態度を養う。

知識・技能	思考・判断・表現	主体的に学習に取り組む態度
・対象や事象を捉える造形的な視点について自分の感覚や行為を通して理解している。 ・材料や用具を活用し，表し方などを工夫して，創造的につくったり表したりしている。	形や色などの造形的な特徴を基に，自分のイメージをもちながら，造形的なよさや美しさ，表したいこと，表し方などについて考えるとともに，創造的に発想や構想をしたり，親しみのある作品などから自分の見方や感じ方を深めたりしている。	つくりだす喜びを味わい主体的に表現したり鑑賞したりする学習活動に取り組もうとしている。

2 内容のまとまりごとの評価規準（例）

（1）「造形遊び」

知識・技能	思考・判断・表現	主体的に学習に取り組む態度
・自分の感覚や行為を通して，形や色などの造形的な特徴を理解している。 ・活動に応じて材料や用具を活用するとともに，前学年までの材料や用具についての経験や技能を総合的に生かしたり，方法などを組み合わせたりするなどして，活動を工夫してつくっている。	形や色などの造形的な特徴を基に，自分のイメージをもちながら，材料や場所，空間などの特徴を基に造形的な活動を思い付き，構成したり周囲の様子を考え合わせたりしながら，どのように活動するかについて考えている。	つくりだす喜びを味わい主体的に表現する学習活動に取り組もうとしている。

（2）「絵や立体，工作」

知識・技能	思考・判断・表現	主体的に学習に取り組む態度
・自分の感覚や行為を通して，形や色などの造形的な特徴を理解している。 ・表現方法に応じて材料や用具を活用するとともに，前学年までの材料や用具などについての経験や技能を総合的に生かしたり，表現に適した方法などを組み合わせたりするなどして，表したいことに合わせて表し方を工夫して表している。	形や色などの造形的な特徴を基に，自分のイメージをもちながら，感じたこと，想像したこと，見たこと，伝え合いたいことから，表したいことを見付け，形や色，材料の特徴，構成の美しさなどの感じ，用途などを考えながら，どのように主題を表すかについて考えている。	つくりだす喜びを味わい主体的に表現する学習活動に取り組もうとしている。

（3）「鑑賞」

知識・技能	思考・判断・表現	主体的に学習に取り組む態度
自分の感覚や行為を通して，形や色などの造形的な特徴を理解している。	形や色などの造形的な特徴を基に，自分のイメージをもちながら，自分たちの作品，我が国や諸外国の親しみのある美術作品，生活の中の造形などの造形的なよさや美しさ，表現の意図や特徴，表し方の変化などについて，感じ取ったり考えたりし，自分の見方や感じ方を深めている。	つくりだす喜びを味わい主体的に鑑賞する学習活動に取り組もうとしている。

家庭

内容のまとまりごとの評価規準（例）
第5学年及び第6学年

1 教科の目標と評価の観点及びその趣旨

目標（1）	目標（2）	目標（3）
家族や家庭，衣食住，消費や環境などについて，日常生活に必要な基礎的な理解を図るとともに，それらに係る技能を身に付けるようにする。	日常生活の中から問題を見いだして課題を設定し，様々な解決方法を考え，実践を評価・改善し，考えたことを表現するなど，課題を解決する力を養う。	家庭生活を大切にする心情を育み，家族や地域の人々との関わりを考え，家族の一員として，生活をよりよくしようと工夫する実践的な態度を養う。

知識・技能	思考・判断・表現	主体的に学習に取り組む態度
日常生活に必要な家族や家庭，衣食住，消費や環境などについて理解しているとともに，それらに係る技能を身に付けている。	日常生活の中から問題を見いだして課題を設定し，様々な解決方法を考え，実践を評価・改善し，考えたことを表現するなどして課題を解決する力を身に付けている。	家族の一員として，生活をよりよくしようと，課題の解決に主体的に取り組んだり，振り返って改善したりして，生活を工夫し，実践しようとしている。

2 内容のまとまりごとの評価規準（例）

A 家族・家庭生活
（1）自分の成長と家族・家庭生活

知識・技能	思考・判断・表現	主体的に学習に取り組む態度
自分の成長を自覚し，家庭生活と家族の大切さや家庭生活が家族の協力によって営まれていることに気付いている。		家族の一員として，生活をよりよくしようと，2学年間の学習に見通しをもち，課題の解決に向けて主体的に取り組んだり，振り返って改善したりして，生活を工夫し，実践しようとしている。

（2）家庭生活と仕事

知識・技能	思考・判断・表現	主体的に学習に取り組む態度
家庭には，家庭生活を支える仕事があり，互いに協力し分担する必要があることや生活時間の有効な使い方について理解している。	家庭の仕事について問題を見いだして課題を設定し，様々な解決方法を考え，実践を評価・改善し，考えたことを表現するなどして課題を解決する力を身に付けている。	家族の一員として，生活をよりよくしようと，家庭生活と仕事について，課題の解決に向けて主体的に取り組んだり，振り返って改善したりして，生活を工夫し，実践しようとしている。

（3）家族や地域の人々との関わり

知識・技能	思考・判断・表現	主体的に学習に取り組む態度
・家族との触れ合いや団らんの大切さについて理解している。 ・家庭生活は地域の人々との関わりで成り立っていることが分かり，地域の人々との協力が大切であることを理解している。	家族や地域の人々とのよりよい関わりについて問題を見いだして課題を設定し，様々な解決方法を考え，実践を評価・改善し，考えたことを表現するなどして課題を解決する力を身に付けている。	家族の一員として，生活をよりよくしようと，家族や地域の人々との関わりについて，課題の解決に向けて主体的に取り組んだり，振り返って改善したりして，生活を工夫し，実践しようとしている。

（4）家族・家庭生活についての課題と実践

知識・技能	思考・判断・表現	主体的に学習に取り組む態度
	家庭の仕事又は家族や地域の人々との関わりについて日常生活の中から問題を見いだして課題を設定し，様々な解決方法を考え，計画を立てて実践した結果を評価・改善し，考えたことを表現するなどして課題を解決する力を身に付けている。	家族の一員として，生活をよりよくしようと，家庭の仕事又は家族や地域の人々との関わりについて，課題の解決に向けて主体的に取り組んだり，振り返って改善したりして，生活を工夫し，家庭や地域などで実践しようとしている。

B　衣食住の生活

（1）食事の役割

知識・技能	思考・判断・表現	主体的に学習に取り組む態度
食事の役割が分かり，日常の食事の大切さと食事の仕方について理解している。	楽しく食べるために日常の食事の仕方について問題を見いだして課題を設定し，様々な解決方法を考え，実践を評価・改善し，考えたことを表現するなどして課題を解決する力を身に付けている。	家族の一員として，生活をよりよくしようと，食事の役割について，課題の解決に向けて主体的に取り組んだり，振り返って改善したりして，生活を工夫し，実践しようとしている。

（2）調理の基礎

知識・技能	思考・判断・表現	主体的に学習に取り組む態度
・調理に必要な材料の分量や手順が分かり，調理計画について理解している。 ・調理に必要な用具や食器の安全で衛生的な取扱い及び加熱用調理器具の安全な取扱いについて理解しているとともに，適切に使用できる。 ・材料に応じた洗い方，調理に適した切り方，味の付け方，盛り付け，配膳及び後片付けを理解しているとともに，適切にできる。 ・材料に適したゆで方，いため方を理解しているとともに，適切にできる。 ・伝統的な日常食である米飯及びみそ汁の調理の仕方を理解しているとともに，適切にできる。	おいしく食べるために調理計画や調理の仕方について問題を見いだして課題を設定し，様々な解決方法を考え，実践を評価・改善し，考えたことを表現するなどして課題を解決する力を身に付けている。	家族の一員として，生活をよりよくしようと，調理の基礎について，課題の解決に向けて主体的に取り組んだり，振り返って改善したりして，生活を工夫し，実践しようとしている。

（3）栄養を考えた食事

知識・技能	思考・判断・表現	主体的に学習に取り組む態度
・体に必要な栄養素の種類と主な働きについて理解している。 ・食品の栄養的な特徴が分かり，料理や食品を組み合わせてとる必要があることを理解している。 ・献立を構成する要素が分かり，1食分の献立作成の方法について理解している。	1食分の献立の栄養のバランスについて問題を見いだして課題を設定し，様々な解決方法を考え，実践を評価・改善し，考えたことを表現するなどして課題を解決する力を身に付けている。	家族の一員として，生活をよりよくしようと，栄養を考えた食事について，課題の解決に向けて主体的に取り組んだり，振り返って改善したりして，生活を工夫し，実践しようとしている。

（4）衣服の着用と手入れ

知識・技能	思考・判断・表現	主体的に学習に取り組む態度
・衣服の主な働きが分かり，季節や状況に応じた日常着の快適な着方について理解している。 ・日常着の手入れが必要であることや，ボタンの付け方及び洗濯の仕方を理解しているとともに，適切にできる。	日常着の快適な着方や手入れの仕方について問題を見いだして課題を設定し，様々な解決方法を考え，実践を評価・改善し，考えたことを表現するなどして課題を解決する力を身に付けている。	家族の一員として，生活をよりよくしようと，衣服の着用と手入れについて，課題の解決に向けて主体的に取り組んだり，振り返って改善したりして，生活を工夫し，実践しようとしている。

（5）生活を豊かにするための布を用いた製作

知識・技能	思考・判断・表現	主体的に学習に取り組む態度
・製作に必要な材料や手順が分かり，製作計画について理解している。 ・手縫いやミシン縫いによる目的に応じた縫い方及び用具の安全な取扱いについて理解しているとともに，適切にできる。	生活を豊かにするための布を用いた物の製作計画や製作について問題を見いだして課題を設定し，様々な解決方法を考え，実践を評価・改善し，考えたことを表現するなどして課題を解決する力を身に付けている。	家族の一員として，生活をよりよくしようと，生活を豊かにするための布を用いた製作について，課題の解決に向けて主体的に取り組んだり，振り返って改善したりして，生活を工夫し，実践しようとしている。

（6）快適な住まい方

知識・技能	思考・判断・表現	主体的に学習に取り組む態度
・住まいの主な働きが分かり，季節の変化に合わせた生活の大切さや住まい方について理解している。 ・住まいの整理・整頓や清掃の仕方を理解しているとともに，適切にできる。	季節の変化に合わせた住まい方，整理・整頓や清掃の仕方について問題を見いだして課題を設定し，様々な解決方法を考え，実践を評価・改善し，考えたことを表現するなどして課題を解決する力を身に付けている。	家族の一員として，生活をよりよくしようと，快適な住まい方について，課題の解決に向けて主体的に取り組んだり，振り返って改善したりして，生活を工夫し，実践しようとしている。

C　消費生活・環境
（1）物や金銭の使い方と買物

知識・技能	思考・判断・表現	主体的に学習に取り組む態度
・買物の仕組みや消費者の役割が分かり，物や金銭の大切さと計画的な使い方について理解している。 ・身近な物の選び方，買い方を理解しているとともに，購入するために必要な情報の収集・整理が適切にできる。	身近な物の選び方，買い方について問題を見いだして課題を設定し，様々な解決方法を考え，実践を評価・改善し，考えたことを表現するなどして課題を解決する力を身に付けている。	家族の一員として，生活をよりよくしようと，物や金銭の使い方と買物について，課題の解決に向けて主体的に取り組んだり，振り返って改善したりして，生活を工夫し，実践しようとしている。

（2）環境に配慮した生活

知識・技能	思考・判断・表現	主体的に学習に取り組む態度
自分の生活と身近な環境との関わりや環境に配慮した物の使い方などについて理解している。	環境に配慮した生活について物の使い方などに問題を見いだして課題を設定し，様々な解決方法を考え，実践を評価・改善し，考えたことを表現するなどして課題を解決する力を身に付けている。	家族の一員として，生活をよりよくしようと，環境に配慮した生活について，課題の解決に向けて主体的に取り組んだり，振り返って改善したりして，生活を工夫し，実践しようとしている。

家庭

国立教育政策研究所「内容のまとまりごとの評価規準（例）」

209

体育 内容のまとまりごとの評価規準（例）第1学年及び第2学年

1 目標と評価の観点及びその趣旨

目標（1）	目標（2）	目標（3）
各種の運動遊びの楽しさに触れ，その行い方を知るとともに，基本的な動きを身に付けるようにする。	各種の運動遊びの行い方を工夫するとともに，考えたことを他者に伝える力を養う。	各種の運動遊びに進んで取り組み，きまりを守り誰とでも仲よく運動をしたり，健康・安全に留意したりし，意欲的に運動をする態度を養う。

知識・技能	思考・判断・表現	主体的に学習に取り組む態度
各種の運動遊びの行い方について知っているとともに，基本的な動きを身に付けている。	各種の運動遊びの行い方を工夫しているとともに，考えたことを他者に伝えている。	各種の運動遊びの楽しさに触れることができるよう，各種の運動遊びに進んで取り組もうとしている。

2 内容のまとまりごとの評価規準（例）

A 体つくりの運動遊び

知識・技能	思考・判断・表現	主体的に学習に取り組む態度
次の運動遊びの行い方を知っているとともに，体を動かす心地よさを味わったり基本的な動きを身に付けたりしている。 ・体ほぐしの運動遊びでは，手軽な運動遊びを行い，心と体の変化に気付いたり，みんなで関わり合ったりしている。 ・多様な動きをつくる運動遊びでは，体のバランスをとる動き，体を移動する動き，用具を操作する動き，力試しの動きをしている。	体をほぐしたり多様な動きをつくったりする遊び方を工夫しているとともに，考えたことを友達に伝えている。	運動遊びに進んで取り組もうとし，きまりを守り誰とでも仲よく運動をしようとしていたり，場の安全に気を付けたりしている。

B 器械・器具を使っての運動遊び

知識・技能	思考・判断・表現	主体的に学習に取り組む態度
次の運動遊びの行い方を知っているとともに，その動きを身に付けている。 ・固定施設を使った運動遊びでは，登り下りや懸垂移行，渡り歩きや跳び下りをしている。 ・マットを使った運動遊びでは，いろいろな方向への転がり，手で支えての体の保持や回転をしている。 ・鉄棒を使った運動遊びでは，支持しての揺れや上がり下り，ぶら下がりや易しい回転をしている。 ・跳び箱を使った運動遊びでは，跳び乗りや跳び下り，手を着いてのまたぎ乗りやまたぎ下りをしている。	器械・器具を用いた簡単な遊び方を工夫しているとともに，考えたことを友達に伝えている。	運動遊びに進んで取り組もうとし，順番やきまりを守り誰とでも仲よく運動をしようとしていたり，場や器械・器具の安全に気を付けたりしている。

C 走・跳の運動遊び

知識・技能	思考・判断・表現	主体的に学習に取り組む態度
次の運動遊びの行い方を知っているとともに，その動きを身に付けている。 ・走の運動遊びでは，いろいろな方向に走ったり，低い障害物を走り越えたりしている。 ・跳の運動遊びでは，前方や上方に跳んだり，連続して跳んだりしている。	走ったり跳んだりする簡単な遊び方を工夫しているとともに，考えたことを友達に伝えている。	運動遊びに進んで取り組もうとし，順番やきまりを守り誰とでも仲よく運動をしようとしていたり，勝敗を受け入れようとしていたり，場の安全に気を付けたりしている。

D 水遊び

知識・技能	思考・判断・表現	主体的に学習に取り組む態度
次の運動遊びの行い方を知っているとともに，その動きを身に付けている。 ・水の中を移動する運動遊びでは，水につかって歩いたり走ったりしている。 ・もぐる・浮く運動遊びでは，息を止めたり吐いたりしながら，水にもぐったり浮いたりしている。	水の中を移動したり，もぐったり浮いたりする簡単な遊び方を工夫しているとともに，考えたことを友達に伝えている。	運動遊びに進んで取り組もうとし，順番やきまりを守り誰とでも仲よく運動をしようとしていたり，水遊びの心得を守って安全に気を付けたりしている。

E ゲーム

知識・技能	思考・判断・表現	主体的に学習に取り組む態度
次の運動遊びの行い方を知っているとともに，易しいゲームをしている。 ・ボールゲームでは，簡単なボール操作と攻めや守りの動きによって，易しいゲームをしている。 ・鬼遊びでは，一定の区域で，逃げる，追いかける，陣地を取り合うなどをしている。	簡単な規則を工夫したり，攻め方を選んだりしているとともに，考えたことを友達に伝えている。	運動遊びに進んで取り組もうとし，規則を守り誰とでも仲よく運動をしようとしていたり，勝敗を受け入れようとしていたり，場や用具の安全に気を付けたりしている。

F 表現リズム遊び

知識・技能	思考・判断・表現	主体的に学習に取り組む態度
次の運動遊びの行い方を知っているとともに，題材になりきったりリズムに乗ったりして踊っている。 ・表現遊びでは，身近な題材の特徴を捉え，全身で踊っている。 ・リズム遊びでは，軽快なリズムに乗って踊っている。	身近な題材の特徴を捉えて踊ったり，軽快なリズムに乗って踊ったりする簡単な踊り方を工夫しているとともに，考えたことを友達に伝えている。	運動遊びに進んで取り組もうとし，誰とでも仲よく踊ろうとしていたり，場の安全に気を付けたりしている。

第3学年及び第4学年

1　目標と評価の観点及びその趣旨

目標（1）	目標（2）	目標（3）
各種の運動の楽しさや喜びに触れ，その行い方及び健康で安全な生活や体の発育・発達について理解するとともに，基本的な動きや技能を身に付けるようにする。	自己の運動や身近な生活における健康の課題を見付け，その解決のための方法や活動を工夫するとともに，考えたことを他者に伝える力を養う。	各種の運動に進んで取り組み，きまりを守り誰とでも仲よく運動をしたり，友達の考えを認めたり，場や用具の安全に留意したりし，最後まで努力して運動をする態度を養う。また，健康の大切さに気付き，自己の健康の保持増進に進んで取り組む態度を養う。

知識・技能	思考・判断・表現	主体的に学習に取り組む態度
各種の運動の行い方について知っているとともに，基本的な動きや技能を身に付けている。また，健康で安全な生活や体の発育・発達について理解している。	自己の運動の課題を見付け，その解決のための活動を工夫しているとともに，考えたことを他者に伝えている。また，身近な生活における健康の課題を見付け，その解決のための方法を工夫しているとともに，考えたことを他者に伝えている。	各種の運動の楽しさや喜びに触れることができるよう，各種の運動に進んで取り組もうとしている。また，健康の大切さに気付き，自己の健康の保持増進についての学習に進んで取り組もうとしている。

2　内容のまとまりごとの評価規準（例）

A　体つくり運動

知識・技能	思考・判断・表現	主体的に学習に取り組む態度
次の運動の行い方を知っているとともに，体を動かす心地よさを味わったり，基本的な動きを身に付けたりしている。 ・体ほぐしの運動では，手軽な運動を行い，心と体の変化に気付いたり，みんなで関わり合ったりしている。 ・多様な動きをつくる運動では，体のバランスをとる動き，体を移動する動き，用具を操作する動き，力試しの動きをしていて，それらを組み合わせている。	自己の課題を見付け，その解決のための活動を工夫しているとともに，考えたことを友達に伝えている。	運動に進んで取り組もうとし，きまりを守り誰とでも仲よく運動をしようとしていたり，友達の考えを認めようとしていたり，場や用具の安全に気を付けたりしている。

B　器械運動

知識・技能	思考・判断・表現	主体的に学習に取り組む態度
次の運動の行い方を知っているとともに，その技を身に付けている。 ・マット運動では，回転系や巧技系の基本的な技をしている。 ・鉄棒運動では，支持系の基本的な技をしている。 ・跳び箱運動では，切り返し系や回転系の基本的な技をしている。	自己の能力に適した課題を見付け，技ができるようになるための活動を工夫しているとともに，考えたことを友達に伝えている。	運動に進んで取り組もうとし，きまりを守り誰とでも仲よく運動をしようとしていたり，友達の考えを認めようとしていたり，場や器械・器具の安全に気を付けたりしている。

C　走・跳の運動

知識・技能	思考・判断・表現	主体的に学習に取り組む態度
次の運動の行い方を知っているとともに，その動きを身に付けている。 ・かけっこ・リレーでは，調子よく走ったりバトンの受渡しをしたりしている。 ・小型ハードル走では，小型ハードルを調子よく走り越えている。 ・幅跳びでは，短い助走から踏み切って跳んでいる。 ・高跳びでは，短い助走から踏み切って跳んでいる。	自己の能力に適した課題を見付け，動きを身に付けるための活動や競争の仕方を工夫しているとともに，考えたことを友達に伝えている。	運動に進んで取り組もうとし，きまりを守り誰とでも仲よく運動をしようとしていたり，勝敗を受け入れようとしていたり，友達の考えを認めようとしていたり，場や用具の安全に気を付けたりしている。

D　水泳運動

知識・技能	思考・判断・表現	主体的に学習に取り組む態度
次の運動の行い方を知っているとともに、その動きを身に付けている。 ・浮いて進む運動では、け伸びや初歩的な泳ぎをしている。 ・もぐる・浮く運動では、息を止めたり吐いたりしながら、いろいろなもぐり方や浮き方をしている。	自己の能力に適した課題を見付け、水の中での動きを身に付けるための活動を工夫しているとともに、考えたことを友達に伝えている。	運動に進んで取り組もうとし、きまりを守り誰とでも仲よく運動をしようとしていたり、友達の考えを認めようとしていたり、水泳運動の心得を守って安全に気を付けたりしている。

E　ゲーム

知識・技能	思考・判断・表現	主体的に学習に取り組む態度
次の運動の行い方を知っているとともに、易しいゲームをしている。 ・ゴール型ゲームでは、基本的なボール操作とボールを持たないときの動きによって、易しいゲームをしている。 ・ネット型ゲームでは、基本的なボール操作とボールを操作できる位置に体を移動する動きによって、易しいゲームをしている。 ・ベースボール型ゲームでは、蹴る、打つ、捕る、投げるなどのボール操作と得点をとったり防いだりする動きによって、易しいゲームをしている。	規則を工夫したり、ゲームの型に応じた簡単な作戦を選んだりしているとともに、考えたことを友達に伝えている。	運動に進んで取り組もうとし、規則を守り誰とでも仲よく運動をしようとしていたり、勝敗を受け入れようとしていたり、友達の考えを認めようとしていたり、場や用具の安全に気を付けたりしている。

F　表現運動

知識・技能	思考・判断・表現	主体的に学習に取り組む態度
次の運動の行い方を知っているとともに、表したい感じを表現したりリズムに乗ったりして踊っている。 ・表現では、身近な生活などの題材からその主な特徴を捉え、表したい感じをひと流れの動きで踊っている。 ・リズムダンスでは、軽快なリズムに乗って全身で踊っている。	自己の能力に適した課題を見付け、題材やリズムの特徴を捉えた踊り方や交流の仕方を工夫しているとともに、考えたことを友達に伝えている。	運動に進んで取り組もうとし、誰とでも仲よく踊ろうとしていたり、友達の動きや考えを認めようとしていたり、場の安全に気を付けたりしている。

G　保健
（1）健康な生活

知識・技能	思考・判断・表現	主体的に学習に取り組む態度
・心や体の調子がよいなどの健康の状態は、主体の要因や周囲の環境の要因が関わっていることを理解している。 ・毎日を健康に過ごすには、運動、食事、休養及び睡眠の調和のとれた生活を続けること、また、体の清潔を保つことなどが必要であることを理解している。 ・毎日を健康に過ごすには、明るさの調節、喚起などの生活環境を整えることなどが必要であることを理解している。	・健康な生活について、課題を見付け、その解決に向けて考えているとともに、それを表現している。	・健康の大切さに気付き、健康な生活についての学習に進んで取り組もうとしている。

（2）体の発育・発達

知識・技能	思考・判断・表現	主体的に学習に取り組む態度
・体は、年齢に伴って変化することや体の発育・発達には、個人差があることを理解している。 ・体は、思春期になると次第に大人の体に近付き、体つきが変わったり、初経、精通などが起こったりすること、また、異性への関心が芽生えることを理解している。 ・体をよりよく発育・発達させるには、適切な運動、食事、休養及び睡眠が必要であることを理解している。	・体がよりよく発育・発達するために、課題を見付け、その解決に向けて考えているとともに、それを表現している。	・健康の大切さに気付き、体の発育・発達についての学習に進んで取り組もうとしている。

国立教育政策研究所「内容のまとまりごとの評価規準（例）」

第5学年及び第6学年

1 目標と評価の観点及びその趣旨

目標（1）	目標（2）	目標（3）
各種の運動の楽しさや喜びを味わい，その行い方及び心の健康やけがの防止，病気の予防について理解するとともに，各種の運動の特性に応じた基本的な技能及び健康で安全な生活を営むための技能を身に付けるようにする。	自己やグループの運動の課題や身近な健康に関わる課題を見付け，その解決のための方法や活動を工夫するとともに，自己や仲間の考えたことを他者に伝える力を養う。	各種の運動に積極的に取り組み，約束を守り助け合って運動をしたり，仲間の考えや取組を認めたり，場や用具の安全に留意したりし，自己の最善を尽くして運動をする態度を養う。また，健康・安全の大切さに気付き，自己の健康の保持増進や回復に進んで取り組む態度を養う。

知識・技能	思考・判断・表現	主体的に学習に取り組む態度
各種の運動の行い方について理解しているとともに，各種の運動の特性に応じた基本的な技能を身に付けているとともに，心の健康やけがの防止，病気の予防について理解しているとともに，健康で安全な生活を営むための技能を身に付けている。	自己やグループの運動の課題を見付け，その解決のための活動を工夫しているとともに，自己や仲間の考えたことを他者に伝えている。また，身近な健康に関する課題を見付け，その解決のための方法や活動を工夫しているとともに，自己や仲間の考えたことを他者に伝えている。	各種の運動の楽しさや喜びを味わうことができるよう，各種の運動に積極的に取り組もうとしている。また，健康・安全の大切さに気付き，自己の健康の保持増進や回復についての学習に進んで取り組もうとしている。

2 内容のまとまりごとの評価規準（例）

A 体つくり運動

知識・技能	思考・判断・表現	主体的に学習に取り組む態度
次の運動の行い方を理解しているとともに，体を動かす心地よさを味わったり，体の動きを高めたりしている。 ・体ほぐしの運動では，手軽な運動を行い，心と体との関係に気付いたり，仲間と関わり合ったりしている。 ・体の動きを高める運動では，ねらいに応じて，体の柔らかさ，巧みな動き，力強い動き，動きを持続する能力を高めるための運動をしている。	自己の体の状態や体力に応じて，運動の行い方を工夫しているとともに，自己や仲間の考えたことを他者に伝えている。	運動に積極的に取り組もうとし，約束を守り助け合って運動をしようとしていたり，仲間の考えや取組を認めようとしていたり，場や用具の安全に気を配ったりしている。

B 器械運動

知識・技能	思考・判断・表現	主体的に学習に取り組む態度
次の運動の行い方を理解しているとともに，その技を身に付けている。 ・マット運動では，回転系や巧技系の基本的な技を安定して行ったり，その発展技を行ったり，それらを繰り返したり組み合わせたりしている。 ・鉄棒運動では，支持系の基本的な技を安定して行ったり，その発展技を行ったり，それらを繰り返したり組み合わせたりしている。 ・跳び箱運動では，切り返し系や回転系の基本的な技を安定して行ったり，その発展技を行ったりしている。	自己の能力に適した課題の解決の仕方や技の組み合わせ方を工夫しているとともに，自己や仲間の考えたことを他者に伝えている。	運動に積極的に取り組もうとし，約束を守り助け合って運動をしようとしていたり，仲間の考えや取組を認めようとしていたり，場や器械・器具の安全に気を配ったりしている。

C 陸上運動

知識・技能	思考・判断・表現	主体的に学習に取り組む態度
次の運動の行い方を理解しているとともに，その技能を身に付けている。 ・短距離走・リレーでは，一定の距離を全力で走ったり，滑らかなバトンの受渡しをしたりしている。	自己の能力に適した課題の解決の仕方，競争や記録への挑戦の仕方を工夫しているとともに，自己や仲間の考えたことを他者に伝えている。	運動に積極的に取り組もうとし，約束を守り助け合って運動をしようとしていたり，勝敗を受け入れようとしていたり，仲間の考えや取組を認めようとしていたり，場や用具の安全に気を配ったりしている。

- ハードル走では，ハードルをリズミカルに走り越えている。
- 走り幅跳びでは，リズミカルな助走から踏み切って跳んでいる。
- 走り高跳びでは，リズミカルな助走から踏み切って跳んでいる。

D　水泳運動

知識・技能	思考・判断・表現	主体的に学習に取り組む態度
次の運動の行い方を理解しているとともに，その技能を身に付けている。 ・クロールでは，手や足の動きに呼吸を合わせて続けて長く泳いでいる。 ・平泳ぎでは，手や足の動きに呼吸を合わせて続けて長く泳いでいる。 ・安全確保につながる運動では，背浮きや浮き沈みをしながら続けて長く浮いている。	自己の能力に適した課題の解決の仕方や記録への挑戦の仕方を工夫しているとともに，自己や仲間の考えたことを他者に伝えている。	運動に積極的に取り組もうとし，約束を守り助け合って運動をしようとしていたり，仲間の考えや取組を認めようとしていたり，水泳運動の心得を守って安全に気を配ったりしている。

E　ボール運動

知識・技能	思考・判断・表現	主体的に学習に取り組む態度
次の運動の行い方を理解しているとともに，その技能を身に付け，簡易化されたゲームをしている。 ・ゴール型では，ボール操作とボールを持たないときの動きによって，簡易化されたゲームをしている。 ・ネット型では，個人やチームによる攻撃と守備によって，簡易化されたゲームをしている。 ・ベースボール型では，ボールを打つ攻撃と隊形をとった守備によって，簡易化されたゲームをしている。	ルールを工夫したり，自己やチームの特徴に応じた作戦を選んだりしているとともに，自己や仲間の考えたことを他者に伝えている。	運動に積極的に取り組もうとし，ルールを守り助け合って運動をしようとしていたり，勝敗を受け入れようとしていたり，仲間の考えや取組を認めようとしていたり，場や用具の安全に気を配ったりしている。

F　表現運動

知識・技能	思考・判断・表現	主体的に学習に取り組む態度
次の運動の行い方を理解しているとともに，表したい感じを表現したり踊りで交流したりしている。 ・表現では，いろいろな題材からそれらの主な特徴を捉え，表したい感じをひと流れの動きで即興的に踊ったり，簡単なひとまとまりの動きにして踊ったりしている。 ・フォークダンスでは，日本の民踊や外国の踊りから，それらの踊り方の特徴を捉え，音楽に合わせて簡単なステップや動きで踊っている。	自己やグループの課題の解決に向けて，表したい内容や踊りの特徴を捉えた練習や発表・交流の仕方を工夫しているとともに，自己や仲間の考えたことを他者に伝えている。	運動に積極的に取り組もうとし，互いのよさを認め合い助け合って踊ろうとしていたり，場の安全に気を配ったりしている。

G　保健
（1）心の健康

知識・技能	思考・判断・表現	主体的に学習に取り組む態度
・心は，いろいろな生活経験を通して，年齢に伴って発達することを理解している。 ・心と体には，密接な関係があることを理解している。 ・不安や悩みへの対処には，大人や友達に相談する，仲間と遊ぶ，運動をするなどいろいろな方法があることを理解しているとともに，技能を身に付けている。	・心の健康について，課題を見付け，その解決に向けて思考し判断しているとともに，それらを表現している。	・健康・安全の大切さに気付き，心の健康についての学習に進んで取り組もうとしている。

（2）けがの防止

知識・技能	思考・判断・表現	主体的に学習に取り組む態度
・交通事故や身の回りの生活の危険が原因となって起こるけがの防止には，周囲の危険に気付くこと，的確な判断の下に安全に行動すること，環境を安全に整えることが必要であることを理解している。 ・けがなどの簡単な手当は，速やかに行う必要があることを理解しているとともに，技能を身に付けている	・けがを防止するために，危険の予測や回避の方法を考えているとともに，それらを表現している。	・健康・安全の大切さに気付き，けがの防止についての学習に進んで取り組もうとしている。

（3）病気の予防

知識・技能	思考・判断・表現	主体的に学習に取り組む態度
・病気は，病原体，体の抵抗力，生活行動，環境が関わりあって起こることを理解している。 ・病原体が主な要因となって起こる病気の予防には，病原体が体に入ることを防ぐことや病原体に対する体の抵抗力を高めることが必要であることを理解している。 ・生活習慣病など生活行動が主な要因となって起こる病気の予防には，適切な運動，栄養の偏りのない食事をとること，口腔の衛生を保つことなど，望ましい生活習慣を身に付ける必要があることを理解している。 ・喫煙，飲酒，薬物乱用などの行為は，健康を損なう原因となることを理解している。 ・地域では，保健に関わる様々な活動が行われていることを理解している。	・病気を予防するために，課題を見付け，その解決に向けて思考し判断しているとともに，それらを表現している。	・健康・安全の大切さ気付き，病気の予防についての学習に進んで取り組もうとしている。

外国語活動 内容のまとまりごとの評価規準（例）

外国語科は218頁へ

1 領域別の目標

	知識及び技能	思考力，判断力，表現力等	学びに向かう力，人間性等
聞くこと	ア ゆっくりはっきりと話された際に，自分のことや身の回りの物を表す簡単な語句を聞き取るようにする。 イ ゆっくりはっきりと話された際に，身近で簡単な事柄に関する基本的な表現の意味が分かるようにする。 ウ 文字の読み方が発音されるのを聞いた際に，どの文字であるかが分かるようにする。		
話すこと[やり取り]	ア 基本的な表現を用いて挨拶，感謝，簡単な指示をしたり，それらに応じたりするようにする。 イ 自分のことや身の回りの物について，動作を交えながら，自分の考えや気持ちなどを，簡単な語句や基本的な表現を用いて伝え合うようにする。 ウ サポートを受けて，自分や相手のこと及び身の回りの物に関する事柄について，簡単な語句や基本的な表現を用いて質問をしたり質問に答えたりするようにする。		
話すこと[発表]	ア 身の回りの物について，人前で実物などを見せながら，簡単な語句や基本的な表現を用いて話すようにする。 イ 自分のことについて，人前で実物などを見せながら，簡単な語句や基本的な表現を用いて話すようにする。 ウ 日常生活に関する身近で簡単な事柄について，人前で実物などを見せながら，自分の考えや気持ちなどを，簡単な語句や基本的な表現を用いて話すようにする。		

2 内容のまとまりごとの評価規準（例）

	知識・技能	思考・判断・表現	主体的に学習に取り組む態度
聞くこと	自分のことや身の回りの物を表す簡単な語句を聞き取ったり，身近で簡単な事柄に関する基本的な表現を聞いたりすることに慣れ親しんでいる。また，文字の読み方が発音されるのを聞くことに慣れ親しんでいる。	コミュニケーションを行う目的や場面，状況などに応じて，自分のことや身の回りの物を表す簡単な語句を聞き取ったり，身近で簡単な事柄に関する基本的な表現の意味が分かったりしている。また，文字の読み方が発音されるのを聞いて，どの文字であるかが分かっている。	言語やその背景にある文化に対する理解を深め，相手に配慮しながら，主体的に外国語で話されることを聞こうとしている。
話すこと[やり取り]	挨拶，感謝，簡単な指示をしたり，それらに応じたりすることに慣れ親しんでいる。また，自分のことや身の回りの物について，自分の考えや気持ちなどを伝え合ったり，自分や相手のこと及び身の回りの物に関する事柄について，質問をしたり質問に答えたりすることに慣れ親しんでいる。	コミュニケーションを行う目的や場面，状況などに応じて，挨拶，感謝，簡単な指示をしたり，それらに応じたりしている。また，自分のことや身の回りの物について，自分の考えや気持ちなどを伝え合ったり，自分や相手のこと及び身の回りの物に関する事柄について，質問をしたり質問に答えたりしている。	言語やその背景にある文化に対する理解を深め，相手に配慮しながら，主体的に外国語を用いて伝え合おうとしている。
話すこと[発表]	身の回りの物や自分のことについてや，日常生活に関する身近で簡単な事柄について，自分の考えや気持ちなどを話すことに慣れ親しんでいる。	コミュニケーションを行う目的や場面，状況などに応じて，身の回りの物や自分のことについてや，日常生活に関する身近で簡単な事柄について，自分の考えや気持ちなどを話している。	言語やその背景にある文化に対する理解を深め，相手に配慮しながら，主体的に外国語を用いて話そうとしている。

外国語　内容のまとまりごとの評価規準（例）

1　領域別の目標

	知識及び技能	思考力，判断力，表現力等	学びに向かう力，人間性等
聞くこと	ア　ゆっくりはっきりと話されれば，自分のことや身近で簡単な事柄について，簡単な語句や基本的な表現を聞き取ることができるようにする。 イ　ゆっくりはっきりと話されれば，日常生活に関する身近で簡単な事柄について，具体的な情報を聞き取ることができるようにする。 ウ　ゆっくりはっきりと話されれば，日常生活に関する身近で簡単な事柄について，短い話の概要を捉えることができるようにする。		
読むこと	ア　活字体で書かれた文字を識別し，その読み方を発音することができるようにする。 イ　音声で十分に慣れ親しんだ簡単な語句や基本的な表現の意味が分かるようにする。		
話すこと[やり取り]	ア　基本的な表現を用いて指示，依頼をしたり，それらに応じたりすることができるようにする。 イ　日常生活に関する身近で簡単な事柄について，自分の考えや気持ちなどを，簡単な語句や基本的な表現を用いて伝え合うことができるようにする。 ウ　自分や相手のこと及び身の回りの物に関する事柄について，簡単な語句や基本的な表現を用いてその場で質問をしたり質問に答えたりして，伝え合うことができるようにする。		
話すこと[発表]	ア　日常生活に関する身近で簡単な事柄について，簡単な語句や基本的な表現を用いて話すことができるようにする。 イ　自分のことについて，伝えようとする内容を整理した上で，簡単な語句や基本的な表現を用いて話すことができるようにする。 ウ　身近で簡単な事柄について，伝えようとする内容を整理した上で，自分の考えや気持ちなどを，簡単な語句や基本的な表現を用いて話すことができるようにする。		
書くこと	ア　大文字，小文字を活字体で書くことができるようにする。また，語順を意識しながら音声で十分に慣れ親しんだ簡単な語句や基本的な表現を書き写すことができるようにする。 イ　自分のことや身近で簡単な事柄について，例文を参考に，音声で十分に慣れ親しんだ簡単な語句や基本的な表現を用いて書くことができるようにする。		

2　内容のまとまりごとの評価規準（例）

	知識・技能	思考・判断・表現	主体的に学習に取り組む態度
聞くこと	［知識］ 英語の特徴やきまりに関する事項を理解している。 ［技能］ 実際のコミュニケーションにおいて，自分のことや身近で簡単な事柄についての簡単な語句や基本的な表現，日常生活に関する身近で簡単な事柄についての具体的な情報を聞き取ったり，日常生活に関する身近で簡単な事柄についての短い話の概要を捉えたりする技能を身に付けている。	コミュニケーションを行う目的や場面，状況などに応じて，自分のことや身近で簡単な事柄についての簡単な語句や基本的な表現，日常生活に関する身近で簡単な事柄についての具体的な情報を聞き取ったり，日常生活に関する身近で簡単な事柄についての短い話の概要を捉えたりしている。	外国語の背景にある文化に対する理解を深め，他者に配慮しながら，主体的に英語で話されることを聞こうとしている。
読むこと	［知識］ 英語の特徴やきまりに関する事項を理解している。 ［技能］ 実際のコミュニケーションにおいて，活字体で書かれた文字を識別し，その読み方(名称)を発音する技能を身に付けている。 音声で十分に慣れ親しんだ簡単な語句や基本的な表現を読んで意味が分かるために必要な技能を身に付けている。	コミュニケーションを行う目的や場面，状況などに応じて，活字体で書かれた文字を識別し，その読み方(名称)を発音している。音声で十分に慣れ親しんだ簡単な語句や基本的な表現を読んで意味が分かっている。	外国語の背景にある文化に対する理解を深め，他者に配慮しながら，主体的に英語で書かれたことを読んで意味を分かろうとしている。

話すこと[やり取り]	［知識］ 英語の特徴やきまりに関する事項を理解している。 ［技能］ 実際のコミュニケーションにおいて，指示，依頼をしたり，それらに応じたりする技能を身に付けている。日常生活に関する身近で簡単な事柄についての自分の考えや気持ちなどを伝え合ったり，自分や相手のこと及び身の回りの物に関する事柄について，その場で質問をしたり質問に答えたりして，伝え合ったりする技能を身に付けている。	コミュニケーションを行う目的や場面，状況などに応じて，指示，依頼をしたり，それらに応じたりしている。日常生活に関する身近で簡単な事柄についての自分の考えや気持ちなどを伝え合ったり，自分や相手のこと及び身の回りの物に関する事柄などについて，その場で質問をしたり質問に答えたりして，伝え合ったりしている。	外国語の背景にある文化に対する理解を深め，他者に配慮しながら，主体的に英語を用いて伝え合おうとしている。
話すこと[発表]	［知識］ 英語の特徴やきまりに関する事項を理解している。 ［技能］ 実際のコミュニケーションにおいて，日常生活に関する身近で簡単な事柄や自分のことについて話す技能を身に付けている。身近で簡単な事柄についての自分の考えや気持ちなどを話す技能を身に付けている。	コミュニケーションを行う目的や場面，状況などに応じて，日常生活に関する身近で簡単な事柄や自分のことについて話している。身近で簡単な事柄についての自分の考えや気持ちなどを話している。	外国語の背景にある文化に対する理解を深め，他者に配慮しながら，主体的に英語を用いて話そうとしている。
書くこと	［知識］ 英語の特徴やきまりに関する事項を理解している。 ［技能］ 実際のコミュニケーションにおいて，大文字，小文字を活字体で書いたり，音声で十分に慣れ親しんだ簡単な語句や基本的な表現を書き写したりする技能を身に付けている。自分のことや身近で簡単な事柄について，音声で十分に慣れ親しんだ簡単な語句や基本的な表現を用いて書く技能を身に付けている。	コミュニケーションを行う目的や場面，状況などに応じて，大文字，小文字を活字体で書いたり，音声で十分に慣れ親しんだ簡単な語句や基本的な表現を書き写したりしている。自分のことや身近で簡単な事柄について，音声で十分に慣れ親しんだ簡単な語句や基本的な表現を用いて書いている。	外国語の背景にある文化に対する理解を深め，他者に配慮しながら，主体的に英語を用いて書き写したり書いたりしようとしている。

外国語

国立教育政策研究所「内容のまとまりごとの評価規準（例）」

引用・参考文献

[第Ⅰ部]

石井英真（2015）．今求められる学力と学びとは――コンピテンシー・ベースのカリキュラムの光と影――．日本標準．

石井英真・西岡加名恵・田中耕治編著（2019）．小学校指導要録改訂のポイント．日本標準．

石井英真（2020a）．再増補版・現代アメリカにおける学力形成論――スタンダードに基づくカリキュラム設計――．東信堂．

石井英真（2020b）．授業づくりの深め方――「よい授業」をデザインするための5つのツボ――．ミネルヴァ書房．

ウィギンズ, G.・マクタイ, J.（西岡加名恵訳）（2012）．理解をもたらすカリキュラム設計――「逆向き設計」の理論と方法――．日本標準．（Wiggins, G.・McTighe, J.（2005）. *Understanding by Design*, Expanded 2nd Ed., ASCD.）

西岡加名恵編著（2008）．「逆向き設計」でたしかな学力を保障する．明治図書出版．

西岡加名恵（2013）．「知の構造」と評価方法・評価基準．西岡加名恵・石井英真・川地亜弥子・北原琢也．教職実践演習ワークブック．ミネルヴァ書房．

文部科学省中央教育審議会初等中等教育分科会教育課程部会（2019）．学習評価の在り方について（報告）（平成31年1月21日）．

文部科学省初等中等教育局（2019）．小学校，中学校，高等学校及び特別支援学校等における児童生徒の学習評価及び指導要録の改善等について（通知）（30文科初第1845号）（平成31年3月29日）．

文部科学省国立教育政策研究所教育課程研究センター（2019）．学習評価の在り方ハンドブック（小・中学校編）．

文部科学省国立教育政策研究所教育課程研究センター（2020）．「指導と評価の一体化」のための学習評価に関する参考資料．

Anderson, L.W & Krathwohl, D. R. eds.（2001）. *A Taxonomy for Learning, Teaching, and Assessing: A Revision of Bloom's Taxonomy of Educational Objectives*, Longman.

Erickson, H. L.（2008）. *Stirring the head, Heart, and Soul*, 3rd Ed., Corwin Press. p31.

Marzano, R. J.（1992）. *A Different Kind of Classroom: Teaching with Dimensions of Learning*, ASCD.

McTighe, J. & Wiggins, G.（2004）. *Understanding by Design: Professional Development Workbook*, ASCD. p65.

[第Ⅱ部]

文部科学省国立教育政策研究所教育課程研究センター（2020）．「指導と評価の一体化」のための学習評価に関する参考資料．

[付　録]

北尾倫彦監修　山森光陽・鈴木秀幸全体編集（2011）．観点別学習状況の評価規準と判定基準・小学校．図書文化．

奈須正裕・江間史明編著（2015）．教科の本質から迫るコンピテンシー・ベイスの授業づくり．図書文化

無藤隆・石田恒好・山中ともえ・吉冨芳正・石塚等・櫻井茂男・平山祐一郎編著（2020）．新指導要録の記入例と用語例・小学校．図書文化．

文部科学省（2017）．小学校・学習指導要領．

文部科学省中央教育審議会児童生徒の学習評価に関するワーキンググループ（2018）．学習評価に関する資料（平成30年9月20日）．

文部科学省中央教育審議会初等中等教育分科会教育課程部会（2019）．学習評価の在り方について（報告）（平成31年1月21日）．

文部科学省国立教育政策研究所教育課程研究センター（2019）．学習評価の在り方ハンドブック（小・中学校編）．

文部科学省国立教育政策研究所教育課程研究センター（2020）．「指導と評価の一体化」のための学習評価に関する参考資料．

あとがき

　イギリスのブラック（Black,P.）等は，形成的評価が世界的に注目されるきっかけを作った論文を発表した後，形成的評価が効果を上げるために必要な改善点について研究しました。教師を含めたその実践研究の中で，「児童がどのような理解や考え方をしているかを教師が知るためには，児童の理解していることや思考していることを上手く引き出す課題の工夫が必要であることが分かった」と言っています。児童が学んだことを試す場としての「ヤマ場」や「見せ場」は，ブラック等の指摘した課題の工夫と重なる部分があります。指導や評価に充てることのできる時間は限られていますから，その制約の中で「ヤマ場」や「見せ場」を工夫することが教師の腕の見せ所と言えるでしょう。本書がそのような腕を磨くための参考になることを願っております。

　第1部では，ヤマ場をおさえる学習評価の基本的な考え方を説明しています。内容を精選し実践とのかかわりを漫画で示すなどして，評価の初学者にも読み通せるように工夫しました。第2部では，教科ごとに，学習評価のポイントと実践例を紹介しています。まず観点ごとの評価規準と指導と評価の計画を示し，「つまずきと支援（指導に生かす評価）」として形成的評価を紹介し，続いて「総括に用いる評価（記録に残す評価）」として総括的評価を紹介しています。教師の仕事はまず児童の学習を支援することです。そのつながりがイメージしやすいように，形成的評価とせずに「つまずきと支援（指導に生かす評価）」，総括的評価という代わりに「総括に用いる評価（記録に残す評価）」としました。

　最後の「総括に用いる評価（記録に残す評価）」の評価例は，評価規準がB基準を示しているだけなのに対して，個々の学習評価の課題（ペーパーテストを含む）に応じてではありますが，AまたはCと評価した事例も示しています。国立教育政策研究所の参考資料に掲載された評価事例を補完するものとしてご活用いただきましたら幸いです。

　第3部は，学習評価の理論的背景や現行制度の課題について，できる限りコンパクトにまとめました。これからの教育の在り方を考える上で，評価の専門書にまで手が伸びない読者にもおさえてほしい，基本的な内容です。

「主体的に学習に取り組む態度」に関しては，解釈の難しい観点です。その観点で意味する内容がかなり広い上，評価例も少ないのが現状であり，具体的にどんな資料でどんな姿を捉えればよいか分かりづらいという課題があります。本文中にその解釈の手がかりとなる類型化のおもな例を示しています。参考になれば幸いです。

2021年6月

鈴木　秀幸

■執筆者一覧　　※原稿掲載順　所属は2021年4月時点

石井　英真　　いしい・てるまさ　　　　第1部［pp.10-13, pp.18-21, p.24, p.26, p.28,
　　　編者，京都大学大学院教育学研究科准教授　　pp.32-33, pp.38-40, pp.42-44, pp.48-49］
　　　　　　　　　　　　　　　　　　　第2部［p.54］

盛永　俊弘　　もりなが・としひろ　　　　コラム［pp.14-15］
　　　編集協力者，佛教大学教育学部特任教授，京都教育大学大学院連合教職実践研究科教授

青山　由紀　　あおやま・ゆき　　　　　第2部 国語［pp.58-65］
　　　編集協力者，筑波大学附属小学校教諭

黒田　拓志　　くろだ・ひろし　　　　　第2部 社会［pp.66-69］
　　　香川県高松市立川東小学校主幹教諭

森　　和穂　　もり・かずほ　　　　　　第2部 算数［pp.70-77］
　　　北海道札幌市立稲穂小学校教諭

辻　　健　　　つじ・たけし　　　　　　第2部 理科［pp.78-81］
　　　筑波大学附属小学校教諭

松村　英治　　まつむら・えいじ　　　　第2部 生活［pp.82-85］
　　　東京都大田区立松仙小学校主任教諭

石井　ゆきこ　いしい・ゆきこ　　　　　第2部 音楽［pp.86-89］
　　　東京都港区立芝小学校主任教諭

堀口　基一　　ほりぐち・きいち　　　　第2部 図画工作［pp.90-93］
　　　北海道教育大学附属札幌小学校副校長

岸田　蘭子　　きしだ・らんこ　　　　　第2部 家庭［pp.94-97］
　　　編集協力者，滋賀大学教職大学院特任教授，もと京都市立高倉小学校校長

平塚　修一郎　ひらつか・しゅういちろう　第2部 体育［pp.98-101］
　　　京都市教育委員会総合育成支援課首席指導主事，もと京都市立御所南小学校校長

矢野　智子　　やの・さとこ　　　　　　第2部 外国語［pp.102-105］
　　　京都市教育委員会指導部学校指導課首席指導主事，もと京都市立朱雀第二小学校校長

鈴木　秀幸　　すずき・ひでゆき　　　　第3部［pp.108-117］
　　　編者，一般社団法人 教育評価総合研究所代表理事

石井　英真　いしい・てるまさ　京都大学大学院教育学研究科准教授

　博士（教育学）。専門は教育方法学。学校で育成すべき学力のモデル化，授業研究を軸にした学校改革。日本教育方法学会理事，日本カリキュラム学会理事，文部科学省「中央教育審議会教育課程部会」「児童生徒の学習評価に関するワーキンググループ」委員などを務める。主な著書に『未来の学校　ポスト・コロナの公教育のリデザイン』日本標準，2020年，『授業づくりの深め方：「よい授業」をデザインするための5つのツボ』ミネルヴァ書房，2020年，『流行に踊る日本の教育』東洋館出版社，2021年，ほか多数。

鈴木　秀幸　すずき・ひでゆき　一般社団法人 教育評価総合研究所代表理事

　早稲田大学政治経済学部卒業，もと静岡県立袋井高等学校教諭。専門は社会科教育，教育評価。2000年教育課程審議会「指導要録検討のためのワーキンググループ」専門調査員，2006〜2008年国立教育政策研究所客員研究員，2009年中央教育審議会「児童生徒の学習評価のあり方に関するワーキンググループ」専門委員，2018年中央教育審議会「児童生徒の学習評価に関するワーキンググループ」委員。著書は『教師と子供のポートフォリオ評価』『新しい評価を求めて』（論創社，ともに翻訳），『スタンダード準拠評価』（図書文化）ほか。

ヤマ場をおさえる 学習評価 小学校

2021年7月20日　初版第1刷発行　［検印省略］
2022年3月1日　初版第4刷発行

編　著　者　　石井英真・鈴木秀幸
発　行　人　　則岡秀卓
発　行　所　　株式会社　図書文化社
　　　　　　　〒112-0012　東京都文京区大塚1-4-15
　　　　　　　Tel：03-3943-2511　Fax：03-3943-2519
　　　　　　　http://www.toshobunka.co.jp/
漫画・装画　　石山さやか
カバーデザイン　　新井大輔
印刷・製本　　株式会社 Sun Fuerza